监禁刑之流变

本书为云南省丽江监狱"论信息化背景下监狱工作的现代化"课题成果之一

杨锦芳 著

知识产权出版社

全国百佳图书出版单位

图书在版编目（CIP）数据

监禁刑之流变/杨锦芳著 . —北京：知识产权出版社，2017.7

ISBN 978－7－5130－5042－5

Ⅰ. ①监… Ⅱ. ①杨… Ⅲ. ①刑罚—研究—中国 Ⅳ. ①D924. 104

中国版本图书馆 CIP 数据核字（2017）第 208109 号

责任编辑：雷春丽　　　　　　　　　　　　责任出版：刘译文

封面设计：SUN 工作室　韩建文

监禁刑之流变

杨锦芳　著

出版发行：	知识产权出版社 有限责任公司	网　　址：	http：//www. ipph. cn
社　　址：	北京市海淀区气象路 50 号院	邮　　编：	100081
责编电话：	010－82000860 转 8004	责编邮箱：	leichunli@ cnipr. com
发行电话：	010－82000860 转 8101/8102	发行传真：	010－82000893/82005070/82000270
印　　刷：	北京嘉恒彩色印刷有限责任公司	经　　销：	各大网上书店、新华书店及相关专业书店
开　　本：	720mm×1000mm　1/16	印　　张：	19. 5
版　　次：	2017 年 7 月第 1 版	印　　次：	2017 年 7 月第 1 次印刷
字　　数：	278 千字	定　　价：	50. 00 元

ISBN 978－7－5130－5042－5

前　言

监禁刑从其产生之日起被人们寄予理想的刑罚愿望——既能实现惩罚罪犯的目的，又能实现刑罚文明。然而，在监禁刑产生、发展之初，其与生俱来的行刑悖论——行刑封闭化和回归社会化一直困扰着人们，监禁刑在人们对其存废的犹豫和徘徊中不断发展。监禁刑应向何方发展？其行刑悖论是否无法化解？在刑罚现代化的进程中，监禁刑的定位和使命是什么？

从某种意义上说，监禁刑的发展是在刑罚发展的背景下进行的，其产生和发展起源于人们对犯罪和刑罚的逐步深入认识。起源于人们对酷刑的抛弃和对同类的尊重，监禁刑因此而产生；在对行刑悖论的探索中，监禁刑得到了发展；进入现代社会，监禁刑实践的内敛与人文性明显增强。这隐喻监禁刑中的"自由"内涵是不断变化的。正如学者所言："随着社会的发展，人类需求的变化，监禁刑中的自由也会相应发生变化，国家对犯罪人自由的干涉方式也会有所变更"。由此，"罪犯权利"在几百年的发展中已经找到了自己坚实的基础和有力的保障。总之，监禁刑自诞生之日起，在获得顽强的生命力的同时，也在不断完善。西方发达国家在实现监禁刑现代化的过程中，曾进行了多样化的尝试：医疗模式、监禁替代模式、更新模式、监管模式、公正模式。在尝试过程中，人们取得了很多推进行刑文明的经验和知识，同时也遭遇到一些挫折，譬如，监禁刑行刑的医疗模式把监禁刑提高到一个新的层次，也将其置于一个危险的边缘。欧美国家的监狱在分类制、累进制，以及开放待遇、危险评估、心理辅导与行为治疗等制度设计和制度创新方面取得了突破性的发展。与此同时，狱政管理和监狱运行效益评估等方面，则造就了一系列完备而又符合当代社会要求的运行规范和技术准则。可以认为，这是第二次世界大战结束后欧美国家形成的第一次监禁制度的变革，也是积极体现新的历史条件下应对恶化了的犯罪形势的一种有效举措。

在我国建设社会主义法治国家的历程中，实现监禁刑行刑法治化已迫在眉睫，为此本书在对监禁刑产生和发展的历史沿革及其规律做了分析以后，围绕着人们对监禁刑认识的困惑做了思考，提出基于刑罚对罪犯权利的剥夺以必要为限，监禁刑限制的罪犯的权利仅指狭义范围的人身自由权，也就是罪犯自由与监狱之外的社会交往的权利。监禁刑目的和效果的实现仅剥夺罪犯的人身自由权，即身体活动的自由。除此之外，罪犯应当享有作为人、作为公民的未被法律剥夺的那部分权利，这是罪犯权利的主体部分。本书还探讨了监禁刑在人类刑罚史上被各国长期作为主要刑种的原因，提出监禁刑基本上符合边沁提出的多个刑罚的基本特性，尽管并不是在每一个特性上都能够有最好的体现，但是毫无疑问，监禁刑是所有现行刑罚方法中最大限度上符合上述刑罚特性的刑罚方法，为此监禁刑具有顽强的刑罚生命力。累犯率和矫正效果是两个有一定联系但并非具有必然联系的概念。本书中所指的犯罪是在特定的时空条件下由多种因素综合作用产生的，犯罪人的自身素质只是引发犯罪的一个方面，还应考虑社会环境、自然环境、犯罪实施当时的情境等多种因素。因此，我们不能苛求监禁刑矫正的成果，不能把对犯罪人矫正成功的评判标准建立在犯罪人出狱后永远不会冲动、不会为外界所引诱、不会犯错误这样的基础之上。

本书对我国监禁刑行刑实践的考察是从对行刑功效的视角出发，考察结论为：监禁刑在发挥着其不可替代的作用的同时，从不同程度上存在着目标与手段错位、职能与功能不分、本质与现象混同的问题。最为突出的问题就是，劳动改造在行刑中的分量过大。这不仅与监禁刑本身所具有的悖论有关，也与我国行刑的传统理念和定位密不可分。总结国外行刑现代化的经验，结合我国监狱转型的背景，本书的结论是我国监禁刑现代化的未来走向是以恢复性刑罚和矫正刑罚相互融合的行刑社会化，并应该以狱内行刑社会化为起点。

　　狱内行刑社会化是行刑社会化的重要内容之一。其基本思路是在监禁刑的执行过程中，通过放宽罪犯的自由、拓宽罪犯和社会之间的联系，促使罪犯掌握生活技能和有关的社会知识，塑造罪犯符合社会的正常的信仰和人格，最终促成罪犯顺利复归社会。狱内行刑社会化不再把监狱看作单纯的国家机关，而是视为一种实现社会事业的机构，关注监狱自身的开放程度，即社会化程度，通过监狱等刑罚执行机构的活动，使罪犯与社会保持更多的接触，并积极利用各种社会力量参与对罪犯的矫正活动，为其营造类似正常的社会环境。为此目的之实现，我国狱内行刑社会化应从罪犯和监狱的分类入手，以改善狱内环境和教育、矫治手段为根本，不断开拓多种渠道吸收社会力量参与矫正罪犯的工作。

目　录
CONTENTS

第一章

监禁刑的发展
及其规律

第一节　监禁刑的发展脉络

社会发展的意义在于承前启后、继往开来。追根溯源成为社会发展的起点和动力，法学的发展亦是从研究学科的沿革开始。介绍部门法的诞生、发展与演进历程的历史方法推崇为该学科或是部门法正式的、标准的研究方法。作为惩罚犯罪的措施，刑罚同犯罪一样具有漫长的历史，而监禁刑是在刑罚不断发展的过程中出现和发展的。对监禁刑从其历史发展的沿革进行研究，探究其内在的发展规律，这不仅有利于丰富刑罚理论的研究，而且对监禁刑的发展起到促进作用。

一、监禁刑的萌芽

（一）西方古代监禁刑的萌芽

奴隶社会，是人类第一个有了阶级区分的社会，在其初期，由于社会发展水平较低，与之相对应的古代刑罚不可避免地承袭了原始社会的复仇习俗，带有不可避免的复仇色彩。带有强烈的以牙还牙色彩的蒙昧思想意识是刑罚在该阶段的最大特点。由于受同态复仇意识的影响，这一时期，刑罚与具体的犯罪形式密切相关。有学者曾经说，在奴隶社会初期，有多少种犯罪就有多少种刑罚。① 这样的说法有一定的道理。到了奴隶社会后期，各国刑罚逐渐形成了各自的体系，体现出不同的特征，但是有一点是共同的：各国在这个时期的刑罚体系，都是以肉刑和生命刑为中心的刑罚体系。

《乌尔纳姆法典》被认为是迄今为止人类历史上的第一部成文刑事法典。该法典是西亚乌尔第三王朝（前 2113 ~ 前 2006 年）时制定的。从其不完整的刑法规范来看，当时比较常见的两种刑罚是死刑和罚金。如该法第 4 条和

---

① 蒋石平、尹振国："刑罚进化阶段论纲"，载《河北公安警察职业学院学报》，2013 年第 3 期，第 35 页。

第 16 条分别规定："如果某人之妻凭借其姿色，跟随另一男人，并与他有床第之欢，则该女人应被处死，但该男人应获自由"；"如果某人在打斗过程中，用棍棒打断了他人之肢体，他应偿银一明那。"① 古巴比伦王国时期（前 1894 年～前 1595 年）的《汉谟拉比法典》亦将同态复仇反映在法典中，例如第 20 条规定，倘自由民损毁人和自由民之子之眼，则应毁其眼。在该法典中还规定了死刑、毁伤身体器官、体刑（鞭笞）、侮辱性的烙印、逐出所在公社或家庭、罚金和撤职并且永不录用等刑罚。②《摩西法典》中死刑和肉刑的适用规定得也较为广泛，不仅谋杀需要判处死刑，通奸、不贞、亵渎、诅咒父母等也被适用死刑。在古代希腊的雅典刑法和古罗马法中，也有血亲复仇的痕迹，死刑、肉刑的适用也较为普遍。从英国、德国的古代刑罚看，当时虽未形成完整的刑罚体系，但是刑种也主要以死刑和肉刑为主，死刑的执行方式多样，如砍头、绞死、砸死、溺死、烧死、铡死、车裂、截肢、墨面、鞭挞。这些刑罚措施更易于体现人们的复仇心理，对执行者来说成本也较小，易于操作。由此看出，当时的刑罚中都未见监禁刑这一刑种。

这一时期属于野蛮刑和威慑刑时代，过分强调重刑的威慑和报应性，加之对人的生命的尊重不够，刑种虽具多样性，但以生命刑和身体刑为主，主要选择死刑和肉刑。"从中世纪一直持续到 18 世纪的典型刑罚方法是在公共场所展示犯罪人的身体，使其蒙羞和肉体遭受痛苦是刑罚的目标。"③ 在 12 世纪的英格兰，随着皇权日益增长，体现复仇心态的"以牙还牙、以眼还眼"的规则在刑法中以文字方式予以确认。断肢、去势等肉刑也开始实施，以防止再犯；肉刑的执行时常伴随着耻辱刑：用热烙铁烫出的印记将暂时的丑陋和长期的耻辱这两种功能结合在一起，在颈手枷上鞭打和示众。被处以上颈手枷的人连续几小时被关在枷架上，然后任由集市那天来赶集的人群摆布。示众是最常见的刑罚，一个缺斤短两的面包师会被在脖子上挂一块发霉

---

① 王洪青：《附加刑研究》，华东政法大学 2008 年博士毕业论文。

② 何勤华："关于西方刑法史研究的几个问题"，载《河北法学》，2006 年第 6 期，第 12 页。

③ 西莉亚·布朗奇菲尔德：《刑罚的故事》，郭建安译，法律出版社 2006 年版，第 32 页。

的面包在广场上示众，一个不诚实的鱼贩子会被在脖子上挂上一圈烂鱼在广场上示众。① 在断头台上所执行的不仅仅是死刑。以 1650～1670 年欧洲的公开行刑为例，其种类主要包括示众、鞭刑、烙刑、其他肉刑以及死刑。其中示众是一种纯粹的耻辱刑，示众的方式可能是带枷示众，也可能是绑在断头台的柱子上示众。

当然，据史书记载，在古希腊和古罗马就有拘禁人犯的专门设施，譬如，宫殿城址的一隅塔宇、寺庙、地窖等都可以用来囚禁人犯。这些设施均不是用于执行监禁刑刑罚的，而只是拘押待审的刑事被告人和等待执行死刑和肉刑的已决犯的场所，相当于我国目前的看守所。关于囚禁人犯的场所——监狱的用途，古罗马法学家乌尔比安（Ulpian）的一句话在很长时间内为后世所恪守："监狱应用于拘留人而非惩罚人。"② 公元 5 世纪，查士丁尼编撰法典时将这段话作为法律施行于全国，直至 1532 年的德国《加洛林纳刑法典》，1670 年的法国《关于审判程序的法令》，1768 年的奥地利铁列西亚女王的刑法典之规定依然如此。③ 欧洲中世纪时期，由于封建等级森严，不同的人有不同的身份，不同身份的人在处刑上待遇是极不相同的。刑罚被恣意行使，罪刑擅断主义泛滥。西方国家，特别是欧洲，由于基督教神学的影响，法与宗教、道德合三为一。教会具有强大的力量和势力，它不仅有自己的宗教裁判所，还有自己的监狱。据记载，教会监狱关押着被判处监禁及免除死刑的异教徒。修道院的主院周围一般都有一些分部在位置较差地区的卫星院，有证据表明，这些卫星院通常都属于惩罚机构。④ 中世纪教会监禁有两种形式，一种是普通监禁的统牢，具惩罚属性；另一种是严格监禁的单人小牢，用于异教徒反思。总的来说，教会监狱对监禁的执行极不规范，因此，宗教

① Norval Morris and David J. Rothman (eds.), The Oxford History of the Prison: the Practice of Punishment in Western Society, Oxford UniversityPress, 1998, p. 20.
② ［美］理查德·霍金斯、杰弗里·P. 阿尔珀特：《美国监狱制度——刑罚与正义》，孙晓雳、林遐译，中国人民公安大学出版社 1991 年版，第 5～6 页。
③ 李贵方：《自由刑比较研究》，吉林出版社 1992 年版，第 11～12 页。
④ ［美］克莱门斯·巴特勒斯：《矫正导论》，中国人民公安大学出版社 1991 年版，第 5 页。

裁判官个人的喜好、倾向可使某些被羁押的人在监狱体验地狱经历，同样也可在监狱度过相对较为轻松的日子。虽然教会监狱体现出一定的随意性，但从此可以看出当时的教会监狱已具备惩罚罪犯的功能，这些教会监狱对后来西方监狱有较大的影响，为以后监禁刑的产生和发展也具一定的推动作用，有些教会监狱后来逐步演变成世俗监狱。

（二）中国古代监禁刑的萌芽和发展

1. 西周监禁刑的萌芽

奴隶时代具有代表性的刑法即奴隶制五刑，其始于夏，具体包括墨、劓、剕、宫、大辟，其中除了大辟是死刑外，其余的全是肉刑，然而，在国家刑罚体系中根本没有提到监禁刑。虽然有流传比较广的"皋陶造狱"，即"皋陶造狱法律存"的说法，但无信史可证，只是古代的传说。在此，我们可以推断，作为夏禹的得力助手，皋陶在当时的社会环境下，即使有"造狱"之措施，但也可断定并非执行监禁刑的场所。我国社会发展至西周时期，便出现了监禁刑的萌芽。从《周礼秋官大司寇》记载的情况看，国家对于危害社会的人，"禁闭于圜土之内，施以刑罚，使其感到耻辱，能改过就释放，让其返回故乡，接受三年的监督考验，对不能改过而逃出圜土的，就杀之"。① 这里所说的圜土就是早期中国的监狱雏形，因用土筑墙，形状又为圆形，故谓圜土。在西周时期出现监狱雏形有其一定的历史原因：当时实行的分封制决定了统治者的许多权力和利益要通过土地和授民来体现，这就决定了授民不得流离他乡，当时的法律也有规定：民不迁，农不移，工贾不变。因此，对于那些不受约束、肆意到处流浪、迁徙的罢民，通过在圜土中以强制劳役方式进行惩罚改造，表现好的，再遣返回故乡，在故乡接受三年的考验，确定改造好后再恢复平民的资格，这在监禁刑历史上不能不说是一大进步。圜土制包括以下内容：圜土刑是一种剥夺自由的刑罚，比肉刑轻，体现了刑罚文明化发展的趋势；圜土刑的适用对象是"罢民"，对于罢民有轻微犯罪行

---

① 崔永东："中国传统司法文化再评价"，载《法治研究》2010 年第 12 期，第 40 页。

为的，不经过审判，直接收教于圜土之中；根据罪行轻重分为上中下三等，刑期分别为三年、二年、一年。圜土制度的产生，是西周统治阶级明德慎罚思想和政策的具体体现，表明了监禁刑在中国的萌芽。当然，西周监禁刑的萌芽并不意味着监禁刑就从此开始发挥其应有的作用，圜土制度在当时只是作为五刑的一种替代措施，适用于一些轻微的违法者。从周朝的周穆王时期，司寇吕侯受命制定五刑的情况看，"五刑之律共三千条，其中墨刑一千条，劓刑一千条，腓之刑五百条，宫刑三百条，大辟二百条"①，刑种上除了死刑就是肉刑，圜土之刑，在其刑罚制度中并未得以体现。如沈家本称其为：此罢民本无故心，直是过误，此入五刑者为轻，比坐嘉石者为重，故云以丽于法。② 因此，这种圜土形式的监禁刑制度并未在中国正式确立。

2. 中国古代监禁刑的发展

春秋时期，受到当时历史条件和环境的影响，监禁刑呈现着复杂、混乱、多变的特点。由于奴隶制度逐步瓦解并向封建制度转化，新兴的地主阶级在封建割据中突出强化了监禁的军事化色彩，监狱更多地成为关押敌国俘虏的主要场所，狱制不统一，如有的监狱称图圄，有的称狸狴等。在战国时期，兴起了刑徒。刑徒是奴隶社会末期和封建社会初期因犯罪而被判服劳役者的总称。对此蔡枢衡先生在考证徒刑概念时指出：所谓徒刑即以强制劳动为内容的自由刑，刑借为创，徒借为努。努创为肉刑劳动犯人。故徒刑与刑徒有别。在刑徒制下，有罪的人和战争中俘获来的战俘，在接受一种或两种肉刑后，再到社会中服一定刑期的劳作，除修城外，还参加筑路、冶铜的劳作，刑徒劳作时要戴刑具。

秦朝时期刑徒制有了很大的发展，其种类有城旦、舂、鬼薪、白粲、隶臣妾、司寇、侯等劳役刑，刑期一般是 1～6 年。虽然实质都有剥夺自由和确定其期限的特点，但总体而言，由于更多地表现为一种奴役性的惩罚劳动，在当时的刑罚制度中都不叫徒刑，其在内容结构上不完善，适用范围较小，

① 高绍先：《重刑考》，载《现代法学》2003 年第 4 期，第 104 页。
② 赵文卓：《〈周礼〉中赦免制度研究》，东北师范大学 2011 年硕士学位论文。

即使适用也往往附加其他肉刑或财产刑，在执行的场所上也不太固定，没有固定的监狱，服刑地点往往是边关、建筑工地、城堡等。秦朝尊奉法家思想，青睐"行刑重其轻者，轻者不治，重者不来，是谓以刑去刑"的重刑理论，遂而出现了"赭衣塞路，囹圄成市"①的现象。

汉初的徒刑虽沿用秦制，但是不同之处在于已经有了明确的刑期，如髡钳城旦舂，五岁刑；完城旦舂，四岁刑；鬼薪白粲，三岁刑；司寇和作如司寇，皆二岁刑，男罚作和女复作，皆一岁到三月刑。经历四百余年的封建统治的汉朝最终确立了儒家思想在国家政治生活中的统治地位。在狱制上体现为提出了德主刑辅的思想，创制了恤囚、录囚、秋冬行刑等制度，奠定了封建狱制的基础。在刑制改革上，汉文帝以徒刑取代了肉刑，文景二帝用徒、笞、死刑来代替自奴隶社会以来一直实行的肉刑，推动了封建制五刑的形成。这是我国刑罚制度上的一个重大改革和历史进步。这种改革推动了封建监狱制度的发展，使那些在劳役监服劳役的犯罪人，既是失去自由的受刑人，又是创造社会财富的劳动者。刑制的重大改革促进了我国古代监禁刑的发展。战国以来，随着刑徒制的兴起和发展，我国的监狱建制由单一的拘禁监发展而为拘禁监和劳役监同时并存。由此可见，监狱的劳作功能在西汉时期得到进一步发展。魏晋南北朝时期，监狱的劳役作用仍然明显，"刑徒在官府手工业的劳动中占绝大多数这一特点，正是封建社会前期的一个重要特征"②。

以强制劳动为内容的监禁刑，定名为徒刑始于南北朝的北周时期（公元563年）。周律以杖、鞭、徒、流、死五种刑罚为骨干，其徒刑分五等，即一年、二年、三年、四年、五年。徒一年者鞭六十，笞十；徒二年者鞭七十，笞二十；徒三年者鞭八十，笞三十；徒四年者鞭九十，笞四十；徒五年者鞭一百，笞五十。到了隋朝时期，隋文帝杨坚为了缓和阶级矛盾，针对当时滥

---

① 黄春燕："我国刑罚思想的演变对监狱改良的影响"，载《中国经贸》2010 年第 8 期，第32 页。

② 《三国两晋时代的狱政管理》，http://www.jywho.com/gjjy/201102/13-281.html，访问日期：2016 年 10 月 5 日。

施刑具、酷刑虐囚的状况，主张法令宽简、慎狱恤刑，在刑罚体制上废除了自北周以来一些较残酷的死刑和肉刑，而代之以较文明的笞、杖、徒、流、死。《开皇律》所确定的徒刑分一年、一年半、两年、两年半、三年，共五等。隋文帝推行慎狱恤刑，把囹圄空虚作为治狱的目标，以体现自己的惠政。应该说，到了隋朝的徒刑制度的确定，我国封建社会的刑罚制度基本定型，以后各封建朝代的刑罚制度中都规定有徒刑，而且都为有期徒刑。

　　唐朝的监禁刑制度应该说是封建社会的完善形态，其狱制在承袭前代成果的基础上，又有自己的创新和发展。唐朝刑罚体现出与以前各代较为轻缓的状况，死刑、流刑大为减少。死刑执行方法变少，只有绞、斩两种，徒刑期限较短，仅一年至三年，笞杖数目也大为减少，更重要的是，其适用刑罚以从轻为原则。唐朝的法定刑种分别为笞、杖、徒、流、死五种。笞刑无须关押，杖、徒、流、死从逮捕、审判到执行期间关押在监狱，杖刑执行完毕，刑罚执行也随之结束，死刑执行完毕，监狱关押的对象已经不存在。笞、杖、死三种刑罚的执行，是即时的，不具有连续性，监狱的监禁与隔离的功能只在特定的一段时间里得到体现，这个意义上的监狱扮演的是看守所、拘留所的角色。因此，监狱的功能表现在徒、流刑罚的执行中，除了限制自由，它最主要的作用就是劳役，即居作制度。唐朝的居作内容和场所，法律有明确规定，"犯徒应配居作，在京送将作监，在外州者供当处官役"。[①] 流刑犯和地方徒刑犯在当地做官役，京城徒刑犯送将作监劳役。劳役内容繁杂，男性修楼造桥，女性纺织染布。

　　宋朝罪犯的劳役与唐朝的不同之处在于出现了配隶制度，即将流配罪犯送到边疆强迫服军役或劳役，且为终身服役。流刑的居作期限为一至三年不等。元朝的监狱渗透歧视、宗教和军事化等因素。明朝罪犯的劳役制度有新的发展。从刑种上，增加了充军刑，将重于流刑的罪犯发配到边远地区强迫其进行开荒种地或戍守边疆；罪犯劳役扩展到徒刑和流刑之外，以役代刑得到发展。《明会典》载："国初，令罪人得以力役赎罪，死罪拘役终身，徒流

---

① 　万安中："劳役制度的历史嬗变及人文思考"，载《政法学刊》2013 年第 4 期，第 6 页。

照年限，笞杖计月日，满日疏放或修造、或屯种、或煎监盐、炒铁，事例不一。"①

明朝监狱出现了以习艺为手段的改造罪犯的萌芽，当时习艺的项目主要有：打绳、纺线、木作、挑网巾、结草履、作布鞋等，等罪犯较好掌握了艺习技能之后，让其靠技能谋生。清朝监禁刑和狱制基本承袭了明朝，至清末狱制改良之前，监狱功能的外在表现无特别之处。但值得一提的是，从清朝开始，对监狱的称呼也统一了起来，将监与狱连起来，合成监狱。至此，中国封建社会监狱的功能主要是惩罚，内容主要是劳作，儒家思想在监禁刑中的体现不是从刑罚本身的功能出发，因此，不是矫正意义上的教育。唐、宋、元、明、清代的徒刑体系历代相沿，不曾改变。

（三）中西方古代监禁刑萌芽和发展情况比较

中西方报应刑时代监禁刑的萌芽和发展状况从总体来看也有其相同之处。在中西方奴隶社会后期监狱已经出现，特别是到了封建社会，监狱已较为普遍，但近代意义，以剥夺自由方式，矫正罪犯为目的的监禁刑却未出现。当时的监狱虽有羁押罪犯之功能，但是要么是行刑前羁押的场所，要么是为强制劳动之处所。严格意义上的专门执行近代意义监禁刑的监狱也就未出现。当然监狱的出现为监禁刑的萌芽与产生提供了客观基础。由于报复刑罚思想的影响，生命刑、肉刑等残酷的刑罚处在当时刑罚体系的中心位置。整体而言，在奴隶社会和封建社会，中西方国家统治阶级为了维护自己的统治，利用残酷的刑罚恫吓百姓，宣称君权神授，以人为本的思想、人道民主的理念没有应有的生存的余地。

然而，由于中西方古代社会发展状况不同，我国古代的监禁刑及其理念不仅比西方国家的监禁刑产生得要早，而且有了一定程度的发展。在三千多年前的西周，我国已有监禁刑的雏形，并在监禁刑制度中已经较完善确立了感化教育犯罪人的思想和通过劳动与感化对犯罪人进行改造教育的制度。它

---

① 江继海：《明代官吏职务犯罪研究》，东北师范大学 2005 年博士学位论文。

以强制罪犯劳役为内容，剥夺罪犯人身自由，辅助采用让罪犯知耻辱的方式作为德教的手段，为监禁刑的产生和发展奠定了基础。可以说西周时期，圜土的诞生是中国古代刑罚文明的一个标志，而监狱的出现标志着个人复仇的结束和国家公共惩罚职能的加强。此后，监禁刑在历代都有了一定的发展。在西周圜土之制的基础上，我国监禁刑历经春秋时期得到一定的发展；到了秦朝，监禁刑被称为徒刑制又有了重大发展，在种类上出现了多种，但内容不完善；到了汉朝，由于受到儒家思想的影响，徒刑制有了明确的刑期；到了隋朝时期徒刑制度确立，我国封建社会的刑罚制度基本定型；唐朝的监禁刑在承袭前朝的基础上，又有了自己的创新，在狱制方面更为成熟。总之，自西周以来，我国监禁刑在历朝历代都有一定程度的发展，虽然与近代社会以来的监禁刑强调教化、矫正思想有所不同，但是我国古代社会由于受儒家思想的影响，在监狱制度中也有恤刑悯因和宽仁治狱的思想主线，体现刑事处罚与教育感化相结合的改造政策，有利于缓解社会冲突，减少社会对抗。我国的监禁刑在封建社会得到较大的发展。从结合肉刑的刑徒至成为"五刑"之一的徒刑，使监禁刑中关于剥夺人身自由、强制劳动的内容逐渐成形。西方古代国家，监禁刑的萌芽却较我国而言发展缓慢。古罗马、古希腊时期，虽有类似于监狱的设施，但却未承担惩罚罪犯的功能。法学家乌尔比安"监狱应用于拘留人而非惩罚人"的思想影响深远。进入封建社会以后，虽有中世纪教会监狱，但不论是从其适用范围还是狱制的发展均远远落后于我国。西方奴隶社会与封建社会一般都不把剥夺自由当作刑罚方法，而是当作执行刑罚前的羁押，更未见刑罚轻缓化思想。可以这么说，西方国家在奴隶社会、封建社会时期，由于社会发展水平低下，监禁刑虽有萌芽，但几乎没有得到根本发展。当然，奴隶制后期或封建制度下的监禁刑因受制于生产力发展水平，决定了它是不能与现代社会监禁刑同日而语的。因此，学者一般认为，特别是西方学者所谈的监禁刑是指近代以后的监禁刑，近代以后的监禁刑是与近代以来西方国家创立并逐渐发展起来的监狱制度紧密联系着的，属于刑罚的一种形式。

二、监禁刑的产生和改革

（一）西方监禁刑的产生和改革

1. 西方监禁刑的产生

在西方，近代监禁刑的产生与资本主义的兴起密切相关。绝大多数学者认为监禁刑产生于 16 世纪西欧各地成立的矫正院，当时较为突出的矫正院有：1557 年成立的布莱德威尔矫正院，是由英国伦敦的一所废弃的官邸改建而成，1595 年荷兰的阿姆斯特丹矫正院，1595 年成立的第一所男犯矫正院，1596 年成立的第一所女犯矫正院诞生。矫正院注重对犯人精神感化和职业辅导。

本着教育和挽救犯人的宗旨，阿姆斯特丹矫正院建立了一套奖惩严明的管理制度。监狱的最高领导机构是由社会名流组成的理事会，日常行政工作由监狱长负责，监狱配有医生和教员，犯人的基本生活可以得到保障，但饭前必须祷告，星期日要做礼拜。少年除了参加劳动之外，还要定期听教员讲课，其他犯人则要学习《圣经》。犯人表现突出的有奖，如果触犯监规，则要受到严厉的惩罚。由于阿姆斯特丹矫正院有一套完整的体系，又产生在荷兰资产阶级大革命的末期，因而它的意义和深远影响是伦敦相应的矫正院所无法比拟的。阿姆斯特丹矫正院的经验在当时堪称典范，为许多西方国家所效仿。它的成立和运行对于监禁刑的产生和发展发挥着不可替代的作用，通常被认为是西方近代监禁刑和监狱的开端。

从某种意义上，西方矫正院的出现主要用以解决流浪汉问题，试图让被关押人通过劳动而养成勤劳的习惯。到 17 世纪早期，英国设立了大约 170 所这样的机构。然而从 17 世纪开始，处于早期阶段的监禁刑却陷入困境，当时在欧洲爆发了长达 30 年的宗教战争使许多人流离失所、无家可归，于是政府当局就把这些人统统关进监狱，从而使西方近代监狱的发展受到严重挫折，监狱同时具有"疯人院""贫民救济院""孤儿院"的功能，相互矛盾的目的和任务常常使监狱工作陷入全面瘫痪。战争结束后，经济萧条、财政困难，使监狱的经费更加紧张，生产难以为继，犯人基本生活需求得不到保障。

虽然矫正院也有通过劳动来矫正受刑人的意图，但是"如果用后世的标准来评判的话，这些早期的矫正院不具有'整体性'，都是比较松散和缺乏秩序的场所"。当时体现"穷人法则"的流行口号是"只要有人饥饿，犯人就不能吃饱"，监狱生活的准则就是："艰苦的劳动，粗糙的食物，坚硬的床"，矫正犯人的宗旨无法实现。犯罪人拘禁在极为恶劣的环境，不仅一日三餐难以保障，必要的被褥、衣物等生活用品更是无从提供。在这样的条件下，犯人还必须从事惩治性的体力劳动。犯人在监狱承受着肉体上的摧残和精神上的折磨。矫正院对犯罪人的管理也是极为粗糙的，在当时对罪犯并也不实行分类，重刑犯、轻刑犯同监，初犯、累犯混押，男犯、女犯混押。西方国家监禁刑及其监狱在其产生初期出现的这些非人道、残酷的状况不仅没有得到及时改善，反而愈演愈烈，到了18世纪中叶，由于社会上犯罪人数的骤增以及死刑和身体刑使用的逐步减少，监狱人口大量增加，监狱人满为患，然而受到物质条件的限制，监狱设施得不到同步改善。监舍破旧、管理混乱、瘟疫流行，犯人大批死亡。监禁刑行刑条件进一步恶化。

2. 西方监禁刑的改革

18世纪晚期，面对监禁刑之困境，一些有识之士倡导的把对身体的矫正和对思想的矫正相结合的刑罚思路受到重视。越来越多的改革家开始把重点放在监禁刑的改革之上，期冀改革后的监禁刑能够回避其本身和其他刑罚方法的固有弊端。在这段时期，在对监禁刑的研究和考察方面最为杰出的就是霍华德，他对国内外许多监狱进行了深入的调查，发现并揭露了在监禁刑行刑中的弊端。1777年，霍华德出版了《英格兰和威尔士监狱状况》一书。在书中，他把监狱的黑暗反映的淋漓尽致，提出了监狱已不再是同犯罪做斗争的刑罚执行机关。为改变监禁刑执行场所——监狱的现状，他建议：组织犯人劳动并付一定的报酬；提供有益于健康的食品；创造良好的卫生环境；建立刑罚分级执行制度；实行道德教育，促使犯人悔罪、改过自新；实行昼夜隔离、独居制度。在霍华德的呼吁、建议和要求下，英国国会通过了一项改革狱政的方案，目的在于改善监狱的环境，还规定由高等法院法官指派英国教会的牧师到郡监狱中对犯人做宗教训诫，以此来感化犯人。1774 年，国会又在听取霍华德对监狱调查报告的基础上，通过了两项有关狱政的法律：《犯人释放法》《犯人健康法》。霍华德从改革的实践中获得的启发是："与其通过惩罚来遏制恶，倒不如通过纪律来培养善。"1778 年，伊登、布莱克斯通和霍华德用"感化院"取代"劳役监"来指代监狱，以表明监狱不仅是劳动和生产场所，而且还是悔罪的场所。在借鉴已有做法的基础上，由霍华德、伊登和布莱克斯通起草的 1779 年《感化院法案》集中体现了重用监禁刑的观念。依据该法案，被判处两年以下监禁刑的犯罪人监禁于感化院中，晚上单独居住，白天集体劳动。由霍华德等人推动的监狱改革运动，虽然旨在改变监狱的状况，但同时也改变着当时的监禁刑观念乃至整个刑罚观念，让人们对监禁刑有了新的认识：监禁刑剥夺的只是罪犯的人身自由权，并不意味着监狱可以对罪犯进行肉体折磨，同时监禁刑的执行也并不包含任何苦役的成分。自此人们对监禁刑有了正确的认识，确立了矫正罪犯的监禁刑观念，采取了包括劳动、教育、心理矫正在内的各种措施矫正罪犯。

霍华德关于监狱改革的建议符合资产阶级思想启蒙运动的精神，被西方学者界定为当时启蒙思想的一部分。福柯对当时监狱改革的情况是这样评价的：监狱被设想为或被要求成为一种改造人的机构，当监狱进行监禁、再训练、从而造就驯顺者时，纯粹是稍稍有点强化地模仿了在社会中已有的各种机制。在这种情况下，监狱怎么会不被人们一下子接受呢？监狱很像一个纪律严明的兵营，一所严格的学校，一个阴暗的工厂。[1] 福柯认为监狱与兵营、学校从本质上没有差别，但是，他也提出了作为监禁刑执行场所的监狱的功能——对罪犯的教化功能，同时，旗帜鲜明地指出，剥夺自由的功能和教化的功能是监狱之所以为监狱的根本。总之，监禁刑从 19 世纪初起，也就是产生之初就包括了剥夺罪犯人身自由权和对罪犯进行教化、改造的内容。

---

[1] （法）米歇尔·福柯：《规训与惩罚》，刘北成、杨远婴译，新知三联书店 2007 年版，第68 页。

在欧洲进行得如火如荼的监狱改革运动很快传递到了美洲，大洋彼岸的美国也掀起了监狱改革运动。其代表性成果为独居制和沉默制。当时，美国当局已经看到罪犯之间的交流很可能导致恶习的传染，从而使对罪犯的惩罚和教化化为乌有，于是美国采用单独拘禁的方式执行监禁刑。独居制起源于美国的宾夕法尼亚州，故亦称为宾州制。在这种制度下，犯人是被单独拘禁的，从进监到出监整个漫长的期间昼夜完全隔离。为实现这一效果，监狱必须从监舍设计、监管措施等方面做到与之相适应。独居制的本意在于通过隔离、独居使犯人在孤寂中进行自我反省，产生悔悟之心，培养其沉默、诚实、谦让等性格。这种制度实行完全忽略了人的社会属性，其结果事与愿违，不仅不能使犯人反思、悔过，反而使犯人在苦闷无聊中，精神上备受折磨和痛苦。独居制在实行了一段时间后为沉默制所替代。沉默制的做法起源于美国纽约的奥本监狱，故亦称为奥本制。该制度在独居制的基础上有了一定的改良，但仍然坚持犯人之间是不能交流的。在这种制度下，犯人在夜晚被单独监禁，白天则在监狱内集中劳动。劳动中，犯人之间，特别是犯人与管教之间如确需交流，则以姿势、手势替代，比如饭菜不够就举起右手，饭菜吃不了就举起左手等。为使沉默制得以顺利实行，监狱还制定了一整套严格的规章制度来维持秩序。沉默制实行以后，美国的许多州的监狱纷纷加以效仿。欧洲的一些国家也在各自的监狱制度中予以吸收和借鉴。20 世纪 50 年代中期，美国实行了"电线杆形监狱"，此类监狱是在奥本监狱样式的基础上加以改造的。

（二）我国近代监禁刑的产生

鸦片战争后的清朝末期，国家处于内忧外患之际。国际社会普遍抨击清政府刑罚过于严酷，监狱黑暗。国内开明、进步人士也纷纷主张改革刑制。为了挽救摇摇欲坠的封建统治政权，在"师夷长技以制夷"思想的指导下，清朝统治者开始了刑制改良运动。

清末的刑罚制度改良始于沈家本主持制定的《钦定大清新刑律》，该刑律于 1910 年颁布。《钦定大清新刑律》废除了肉体，也就是笞杖刑，将其改为罚金或折为做工，也废除了流刑，将发遣、充军、流刑、徒刑四刑合为徒刑。由此确立了中国近代意义的监禁刑——徒刑，同时也明确规定凡是徒刑和拘役全科以强制劳役，即徒刑之因，"于监狱监禁之，令服法定劳役，其监禁方法及劳役种类依监狱法之规定；罪犯拘役于监狱监禁之，令服劳役，但因其情节得免劳役"。① 《钦定大清新刑律》确立了刑法人道主义原则，表明了对肉刑和流刑的废弃，建立了一个以监禁刑为中心的，由死刑（绞刑）、无期徒刑、有期徒刑、罚金、拘役等五种主刑组成的新体系，并有剥夺公权和没收两种从刑，以与个人私有制相适应。以监禁刑为中心的刑罚体系的形成标志着刑罚近代化的实现。

迫于西方列强对中国狱制的不满而借以掌握治外法权的压力和目睹西方狱制的先进，清政府于 1901 年开始实施监狱改良。在监狱改良中，感化教诲的行刑理念逐渐占据主导地位，矫正功能开始在监狱发芽。沈家本先生在董康编录的《监狱访问录》序文中写道："监狱者，感化人而非苦人、辱人者也"，精辟地指出了清末狱制改良的方向，也是对监狱功能的重新定位。由日本学者小河滋次郎代起草的《大清监狱律草案》是清末感化教诲的行刑宗旨最集中的体现。该草案第五章规定了监狱作业，内容涉及劳动的安排和报酬，罪犯从事劳动，并且蕴含了从劳动中获得改造的思想。"服刑人在劳动中不仅实现了对于自身的矫正，同时，也为服刑的场所创造了一定的价值"。该草案第六章规定了教诲与教育，第 100 条规定了宗教教诲，第 101 条至第105 条规定了文化教育的时间、内容和阅读范围。应该说，清末《钦定大清新刑律》和《大清监狱律草案》的制定表明了我国近代监禁刑在内忧外患的条件下产生了。

民国时期，监禁刑矫正功能的宣传和践行有了较大的发展。当时中国出现了一批监狱改革的理论家和实践者，他们大多留洋归来，吸收了国外先进的理论和经验，如王元增、赵琛、孙雄、芮佳瑞、李剑华。他们不仅在著书

---

① 王顺安、白一贺：《刑罚执行政策初探》，第二届全球化时代犯罪与刑法国际论坛，2010年 10 月。

立言上阐述监狱的功能，而且在实务中践行。这一时期对监狱宗旨的假设定位主要是感化。许多监狱学著作在开篇就指明现代监狱的意义是感化罪犯，认为从理论而言监狱就是执行自由刑、感化罪犯的场所，并进一步说明了古今监狱的不同，在古代，刑罚用于威吓百姓，所以监狱以残酷的手段折磨罪犯，而现在的刑罚却不同，其目的是让罪犯改过自新，所以监狱以教育感化为原则。目的不同，监狱的性质也就不同了。今日之监狱，"限制其行动之自由，使之隔离社会，从事改悔，并为相当之教育感化，以消除其恶性"①；因此，监狱是执行监禁刑的手段，不是目的，监狱的宗旨首先在于使犯人改过迁善，改邪归正，成为国家所需要的良善公民；其次是一般预防与特殊预防。当时的主要观点认为，监狱作为执行刑罚的机关，其运用刑罚的后果，对于一般人而言具有威慑功效，对于犯人本身而言则具有改邪归正的效果。如果监禁刑的执行达到这两个效果，那么国家秩序也就得到了维护。

从清末到民国时期，我国监狱改革者所持的观点看，监狱的功能被定位为九个方面：一是限制自由。犯罪是滥用自己自由，而侵害他人自由的结果，限制罪犯的居处、行动、言论、结交及其他一切之自由，使一般人知国法不可轻犯，而有所做戒也。二是隔离社会。让罪犯混杂在一般的社会群众中，有继续侵害他人的可能。三是化除恶性。这是监狱的矫正功能，监狱应以教诲培植其道德，或以教育增进其知识，使其回复良善。四是鼓励自新。采用累进制，鼓励罪犯向前进展。五是增进健康。改善狱内卫生环境，增加罪犯身体素质。六是授予职业。利用罪犯在监时间，学习一定工艺技能，为出狱后谋生手段，不致再犯。七是增加生产。给予罪犯劳动报酬，可以扶助家属生活，也可作为出狱后从事营业的资本，还可增加国库收入。八是启发爱国心。国家宽待罪犯，使罪犯油然而生爱国之心，减少反社会倾向。九是善后保障。成立罪犯出狱保护会组织，为出狱罪犯介绍工作，贷予营业资本等，保障出狱后生活。

总之，我国清朝末年修订的《钦定大清新刑律》和《大清监狱律草案》

---

① 赵琛：《监狱学》，上海法学编译社1931年版，第7页。

由于清政府的灭亡而夭折。民国时期，由于当时战乱、财政困难等因素，监狱的改革只在一些比较发达的省份进行，大部分地方的监狱达不到这种新的要求。

（三）中西方近代监禁刑发展之比较

近代监禁刑的产生和发展在中西方之间差异甚为明显。西方近代监禁刑的产生和发展源于资本主义发展的需要，刑罚的变革是自下而上的并经历了监禁刑的产生和变革两个阶段。中国近代监禁刑的产生建立在清政府统治摇摇欲坠、西方列强染指中国政权的背景之下，清政府期冀通过"变法"实现"图强"之目的，刑罚的变革是自上而下的，在实践中因战乱等原因而未得到充分实施。

17 世纪至 18 世纪末期，也就是西方监禁刑产生的时期，虽然资产阶级革命在西方接连爆发，监禁刑也逐渐普遍被使用，但是古代的刑罚报复说在近代并未销声匿迹，监禁刑的执行仍受到中世纪神学报应论和报复主义的影响，近代西方国家建立的监狱一度成为人间地狱。以剥夺犯人的自由为主要内容的监禁刑和古代以毁伤犯人的肉体相比较，虽然是历史进步和文化发展的一种反映，但西方资本主义初期并没有实现资产阶级反古典刑事学派所主张的行刑人道化、理性化，也并未起到预防犯罪的作用。直到 18 世纪末叶至 19 世纪初期，监禁刑普遍适用的同时，也暴露了其行刑中的巨大弊端，以霍华德为代表的一些有识之士通过对监狱的大量考察，分析、总结了监狱制度的各种弊端，运用资产阶级启蒙思想，正确界定了监禁刑本质，开展了监狱改革运动，他们将教育改造思想引入监禁刑体系。至此，人们逐渐认识到劳动是改造犯罪人的重要手段之一，从而废弃了无效的苦役劳动，而将罪犯在监狱的劳动定位为改造罪犯的手段之一。从 18 世纪末逐步发展起来的世界范围内的监狱改革运动，使监禁刑的地位逐渐提高，并最终占据了刑罚体系的中心位置，监禁刑成了应对罪犯最常用的方法。在近代资本主义国家开始对监禁刑适用到改良的整个过程中，与生俱来的监禁刑悖论一直表现得极为具体和顽固。经过改革以后的监狱制度虽然在一定程度上注意到对于犯人的矫正，但其着眼点仍然是惩罚犯人，其结果就是带有扭曲人格出狱的犯人与社会极不适应。监禁刑之目的与手段的矛盾仍然使监狱的危机无法解除。

在我国清朝末期，清政府以立法方式确立了近代意义上的监禁刑——徒刑和拘役，监狱行刑也开始注重对人的感化。然而，清末刑罚改制中刑罚体系的建立被动地遵循了用监禁刑来代替肉刑这一历史规律，因此，随着清政府的灭亡，清末修律中有关监禁刑制度并没有获得真正广泛意义的实施。然而，值得强调的是，有关的监禁刑行刑理念充满了启蒙色彩，凸显了监狱的近代、现代精神，为后世监狱功能的发展奠定了基础。清末的监禁刑改良过程是在传统法律文化与西方法律文化相互冲突的背景下实现的，在立法上充分体现传统法律文化与近代法律文化并存，近代西方法律文化对我国当时社会的强大影响。因此，我们可以说，清末立法对监禁刑的确立可成为中国传统法律文化向近代法律文化转型的一个历史确证。蔡枢衡先生对我国清朝末期监禁刑的发展的评价可谓一针见血：在历史阶段上，意味着中国刑罚制度完成了从肉刑为中心到监禁刑为中心的过渡，实现了刑罚体系近代化的过程，反映了历史的发展，问题在于这一变化主要并非中华民族群众的个人自我觉醒，而是当时中国社会半殖民地化在刑法上的反映。[1] 清末刑罚改制为中国传统刑法文化与西方近现代刑法文化的沟通与融合架设了桥梁，它冲破了中华法系实质内容和精神的束缚，这对后来之中国刑罚制度发展的影响是深远的。在中国监禁刑在刑法体系中的确立是在国家和社会尚未完全觉醒和发展的状态下被动卷入世界现代化的历史潮流，在经济方面，大多数地区仍处于封建社会自给自足的状态，资本主义的发展还极不充分；在政治方面，封建政治势力和封建传统观念还相当强大。因此，当时虽将监禁刑入法，并将《钦定大清新刑律》作为近代中国刑罚现代化初始标志的法典，但法典的内容仍保留了大量的与近代资产阶级刑法原则相抵触的封建内容，监禁刑虽有一定程度和范围的实施，但不免受到封建理念的严重影响。

---

① 蔡枢衡：《中国刑法史》，中国法制出版社 2005 年版，第 230 页。

三、现代监禁刑的发展

（一）西方现代监禁刑的发展

监禁刑在西方国家确立后，很快就占据了刑罚体系的中心位置，监禁刑的种种弊端逐渐暴露出来，出现了复归理想与复归效果的矛盾。监禁刑的实践证明，经过监狱处遇的罪犯并未像人们宣称的那样已经改邪归正，至少对减少累犯率而言，监禁刑的效果并不比其他刑罚效果大。在这样的背景下，西方国家行刑模式也体现出多样化的尝试：医疗模式、监禁替代模式、更新模式、监管模式、公正模式。其中，监禁刑行刑的医疗模式把监禁刑提高到一个新的层次，也将其置于一个危险的边缘。

20世纪以来，西方国家犯罪问题的日趋恶化，犯罪对社会的破坏力日益增强，相应地，各国监狱行刑的理念和执行方法也就出现了一系列明显的变化和发展。特别是第二次世界大战结束以来，西方国家加强了对社会的管理和控制，行政权力在社会生产、经济活动以及其他社会事务方面的干预越来越多，行政权力日趋膨胀。在监狱管理的层面上，刑罚的执行也不再是单纯的司法活动。欧美国家率先对监禁刑制度进行变革，形成了一系列带有明显变革色彩的制度创新。从内容看，当时监禁刑制度的创新表现为监狱行刑的个别化、科学化、社会化管理倾向逐步加强，并最终形成了一系列依靠制度加以保障的刑罚改革成果。这种运用新的技术、体现新的法律文化观念的刑罚执行制度的改进得到了社会的广泛认同，很快地，其积极价值得到实现：社会在关注监狱的安全、惩罚和威慑功能的同时，能够将更多的精力和财力投入犯罪人个体的教育上，与之有关的矫正方法、制度措施在监狱行刑的实践中得到充分的重视；监狱的分类制、累进制，以及开放待遇、危险评估、心理辅导与行为治疗等在制度设计和制度创新方面取得了突破性的发展；更为突出的是，难以科学量化和准确操作的狱政管理、监狱运行效益评估等方面有了很大的突破，在这些方面制定并成功运行着一系列完备而又符合当代社会要求的运行规范和技术准则。可以认为，这是西方国家第二次进行较大规模的监禁刑制度的变革，其是新的历史条件下应对恶化了的犯罪形势的一种有效举措。归结起来，这一阶段所形成的监禁制度的变革成果主要包括以下几个方面。

1. 设置警戒程度不同的矫正设施

在西方许多国家的监禁刑现代化进程中，设置警戒程度不同的矫正设施是基础而重要的环节，有利于展开后续现代化过程中行刑个别化、科学化和社会化理念的实现。20 世纪始，西方许多国家在不断探索和改革中，监狱建制形成了现代有代表性的格局，即基于罪犯人身危险性程度的不同，分类设置了不同安全警戒程度的监狱，实现宽严有别的监禁制度。当然，各国的做法不尽相同，一般来说有三种分类方法，其一，按警戒程度大体可分为高、中、低三类，分级设置不同安全警戒程度的监狱。加拿大的监狱体系由三种不同类型的监狱组成，根据警戒程度的高低，分为高度警戒、中度警戒和最低程度警戒。[①] 决定罪犯在哪种监狱服刑的判断的主要标准是其人身危险性：罪犯是否会逃跑，逃跑后对公众造成的危害程度。美国由于实行联邦制，因此各州对监狱警戒程度的分级不尽相同，但通常也是分为最高警戒度监狱、中度警戒度监狱和最低警戒度监狱三种。其二，根据监狱的开放程度来划分。在德国，监狱不是按照安全警戒程度定义分类，而是以封闭式和开放式的执行方式划分类别，封闭式执行的监狱实施防止罪犯脱逃的安全防范措施；开放式执行的监狱不实施或少量实施安全防范措施。在比利时，将 34 所监狱分为三种类型：开放式监狱，罪犯在这种矫正机构中很少实行监管，并对 30 岁以下、没有危险性、也不可能逃跑的年轻人提供教育、职业或者农业培训。半开放式监狱，实行白天开放式管理、夜晚封闭式管理的制度。封闭式监狱，具体执行监禁刑的普通封闭式监狱。[②] 在英国，监狱也是以封闭式和开放式区分安全警戒措施。成年犯监狱分为地方监狱和职业监狱两种基本类型，地方监狱是封闭型的，通常位于市中心，防范措施强度较大；职业监狱有封闭

---

① 司法部编：《外国监狱资料汇编》（上册），群众出版社 1988 年版，第 141~142 页。
② 吴宗宪：《当代西方监狱学》，法律出版社 2005 年版，第 84 页。

型的也有开放型的，开放型监狱仅适用于社会危害性最小，而且不会辜负被寄予的准予在狱内外活动自由的信赖。日本的开放式监狱制度更具特色。日本许多刑事法学家认为，在犯罪人中，相当一部分不需要囚禁在监狱里接受矫正，例如交通肇事犯、生产事故犯等过失犯，相反，把这些人放到一种特殊的、开放的监狱里，让他们在近似普通社会的环境中接受改造，更有利于造就其自觉性、自律性和对社会的责任感，从而取得更好的矫正效果。20 世纪 60 年代末建立的著名的交通犯监狱"市原刑务所"是日本第一所正规的、独立的开放式监狱，这所监狱没有围墙、不设警卫，从 1969 年到 1985 年没有发生一起犯人脱逃事件。1970 年设立的"喜连川刑务分所"是以普通刑事犯为对象设立的开放式监狱，该所围绕农艺、土木技能培训等形式来实施"开放性管教"。到 20 世纪 80 年代，日本已设立了 8 个类似的开放式监狱。①其三，综合考虑警戒程度和监狱开放程度。在法国，不同安全戒备制度的监狱分为中央监狱和监禁中心两大类：所有中央监狱一律实行严密的安全制度；监禁中心收押经过一定程度被认为危险性较小的长期徒刑犯，又分为封闭式监禁中心、开放式监禁中心和青年犯监禁中心三种。中央监狱和监禁中心均用于收押长期徒刑犯，其区别在于罪犯对公共安全的危险程度，虽然采用同一监禁制度，但前者设有严密的安全组织和严密的安全制度，而后者实行以引导罪犯重新社会化为主要目的的制度。②

不同的监狱契合不同的罪犯服刑。对监狱的科学划分还需通过罪犯得以落实。一般来说，对罪犯分类是根据行刑目标、罪犯特征、行刑个别化等要求而进行的。菲利指出：同样的犯罪，从人类学和社会学方面来说，由于犯罪的原因不同，对各种人格的罪犯则需要采取不同的治疗方案。③西方国家采用较为认真和慎重的态度从事这一项工作，他们认为这一项需要综合性知识的任务，其人员不仅需要法学、社会学方面的知识，还需要

① 马贵翔："狱内行刑社会化的价值及其实现"，载《复旦学报（社会科学版）》2005 年第 2 期，第 39 页。

② 戴艳玲："对我国监狱设置体系改革的构想"，载《中国司法》2005 年 12 期，第 36 页。

③ ［意］菲利：《实证派犯罪学》，郭建安译，中国政法大学出版社 1987 年版，第 40 页。

心理学方面的专家，为此西方国家普遍设有专门的罪犯分类机构，并根据罪犯人格调查对罪犯进行分类。如美国对罪犯进行多层次分类并施以相应处遇：首先，根据性别不同分为男犯和女犯，再根据年龄不同分为成年犯和未成年犯；其次，根据罪犯犯罪时的主观恶性的大小及改造的难易程度，分为初犯和累犯；最后，根据罪犯精神状态，将罪犯分为常态罪犯和精神病罪犯。[①] 不同的罪犯经过分类机构的认真鉴定，分别送入不同的监狱。在英国，由于女犯及未成年犯有单独的监狱予以关押，且按警戒度等级又分为封闭式监狱和开放式监狱。因此，对于新判刑罪犯的分类工作，主要就集中于成年男犯。新判刑的成年男犯可分为四类，根据刑期、罪刑、危险性等因素考虑相应地被分配到 A 类、B 类、C 类和 D 类监狱中服刑。日本监狱则分别依照罪犯性别、民族、刑罚种类、年龄、刑期、犯罪史、身体或精神上的状况分类，一般将罪犯分为 19 类。[②] 与此相适应，监狱或者矫正机构的种类繁多，名称多样。

总之，各国在监狱的设计、建造及硬件警戒设施的配置、相应监狱工作人员的配备及监管、矫治措施方面差异很大，但是从总体而言在当代矫正机构建设、管理和运作中却有共同的理念和目标，也可总结出比较通行的做法。

2. 探索运用新的监禁方式

监禁刑的监狱化弊病是各国在刑罚现代化过程中努力克服的关键。从采取应对措施的情况看，较为显著的做法之一就是国外对于那些轻刑犯，鉴于他们犯罪危害性和人身危险性均较小，采用不再以在监狱一直拘禁至刑期结束为止的行刑方式，而代之以诸如家中监禁、半监禁、间歇监禁等特殊的过渡性阶段的刑罚执行制度。从资料记载的情况看，有学者认为此种新的监禁方式似乎可以追溯到公元 6 世纪的欧洲宗教组织对提前从监狱释放但又不能返回社会的人员提供食品和住房。[③] 然而，从严格意义上说，此制最初的实

[①] ［美］E. 尤金·米勒："监狱的分类"，郑日昌译，见《外国监狱资料选编》（下册），群众出版社 1988 年版，第 212～213 页。

[②] 武延平主编：《中外监狱法比较研究》，中国政法大学出版社 1999 年版，第 244 页。

[③] 徐勤鸣：《监狱行刑社会化研究》，复旦大学 2010 硕士学位论文。

践是在 19 世纪中期，爱尔兰监狱局长克罗夫顿在原来实施的独居监禁、杂居作业、假释这三级累进制的后两级杂居作业与假释之间加上中间监狱一级，把即将释放的犯人收容于中间监狱，白天外出劳动，晚上收容于活动的房屋中，且在近处附设耕地和工场，使犯人和常人共同操作，既不防止其脱逃，又让其不着囚衣，自由交际，并且可以自由使用作业工具。在中间监狱，经过一定时期，经考试及格后，准予假释。新的宽松的监禁方式在西方不同的国家表现形式亦有所不同，下文简述之。

（1）美国的"间歇监禁"。

间歇监禁，又称半自由处遇或中间处遇，即服刑人在一定周期的一定时间内在监狱服刑，而在其他时间则在社会上正常工作、学习和生活。间歇监禁刑的适用环境较为宽松，监管措施柔性化，因此适用对象主要是轻刑犯，包括初犯、过失犯、改造良好即将出狱的罪犯等。当然，罪犯适用此处遇后并非都能必然过渡刑满释放，在服刑期间如有违反规定、违法甚至犯罪的，那么将被取消间歇监禁刑而改为普通监禁刑。在美国，间歇监禁主要有三类：周末拘禁[1]、外部通勤[2]以及外出外宿[3]。

（2）日本的开放式监狱制度。

在长期的监禁刑实践中，人们发现了犯罪人中有部分是不需要被囚禁在监狱里接受矫正的，如交通肇事犯、生产事故犯等这些过失犯，他们的主观恶性和人身危险性不大，完全可在一个较为开放的环境接受矫正，这样，既让他们接受了惩罚，反思过错，又有利于造就其自尊、自律性和对社会的责

---

[1] 指那些罪行较轻的罪犯，周一至周五在监狱外进行正常的工作和学习，到周末则回到监狱服刑的一种自由刑执行制度。采用这种方式，"既可以避免对工作、学业的不利影响，还可以接受治疗处遇，避免假日的懒倦生活"。类似于周末拘禁的，还有夜间监禁（白天正常工作、生活，晚上回监狱服刑）、白日监禁（白天在监狱服刑，晚上回家与家人团聚）等。采用何种形式的监禁方式，由法院根据罪犯的具体情况而定。

[2] 指让服刑人不受监视的在监狱外工作，工作完毕后再回监狱服刑的制度。外部通勤制给罪犯提供了一个在宽松的条件下从事劳动的机会，有助于让罪犯理解正常的意义和价值，并在培养罪犯的自尊心与责任感方面起作用。

[3] 指在监狱行刑过程中，允许服刑人在某个时段自由外出、在外住宿的制度。这一制度有利于加强服刑人同家庭和社会的联系，减少因监禁带来的对社会生活的不适应。

任感，而取得更好的矫正效果②。最初日本的开放式监狱只收押交通肇事犯，之后逐渐将罪行轻微的犯罪人纳入其中。

（3）俄罗斯的限制自由执行方式。

俄罗斯的限制自由执行方式是相较于传统监禁刑的执行较为宽松的方式。这样的执行方式虽然也是指将被判刑人置于专门的机构并进行监管，罪犯自由虽受到限制，但并未同社会隔离。罪犯可以在社会上劳动，除考虑因服刑而在招工、解雇和工作调动方面的特殊性外，罪犯在社会参加劳动期间享受同其他劳动者基本相同的权利和义务。此外，罪犯也有权利自由处分自己的钱款。限制自由刑主要适用于犯罪情节轻微的初犯和过失犯。为进一步激励罪犯，俄罗斯法律还规定对于表现良好的被判刑人，可以享受回家过节假日或外出休假的待遇。对于恶意逃避服刑的罪犯，则可以取消限制自由刑而改为普通监禁刑。

（4）英国的半监禁刑。

英国的半监禁刑主要包括间歇监禁、监禁刑附加、监禁与训练刑等形式。在英国间歇监禁刑于 2003 年开始实施，是一种替代短期监禁刑的刑罚，一般采用周末服刑或者周末回家两种方式。具体采用哪种方式，法官主要根据罪犯有无工作来定，一般情况下，罪犯有工作的采用周末服刑，反之，则采用周末回家。监禁刑附加也是替代短期刑的刑罚，包括短期的监禁与长期的社区监督。监禁期在 2 周以上，但是对于单独犯罪而言不超过 13 周。社区监督期至少 26 周以上。① 对于这种行刑方式法院在量刑时可以增加社区监督的条件，如参加无报酬的劳动、参加某种与赔偿被害人或者补偿社会为目的相关的活动、禁止参加某些活动、参加某些矫治项目、宵禁等。监禁与训练刑，此种方式是英国于 1998 年开始适用于高度危险的青少年罪犯，通过严格的纪律和生活习惯的训练以期实现改变恶习之目标。

---

① 翟中东："英美半监禁刑的种类、崛起原因及中国价值"，载《江西警察学院学报》2011年第 5 期，第 86 页。

3. 假释制

假释制起源于 1820 年英属殖民地的澳大利亚新南威尔士的行政长官对流放至此的犯人附加条件予以释放。此制诞生后，在英国的本土也借鉴推行。美国著名的埃尔米拉教养院是美国最先应用假释的监狱，之后假释制在美国获得了长足的发展；法国、日本等国也陆续适用该制。

由于各国法律规定、社会背景的不同，"假释"一词在各国法律中的表述不尽相同，具体表现为假释的执行程序、条件、审批机关、执行假释的监管措施等不尽相同，但现代世界各国刑法理论比较一致地认为，假释是对判处监禁刑罪犯的一种附条件的提前释放，决定假释考虑的重要条件是犯人犯罪性质、服刑期限、改造表现和假释后的社会危害性等情况。由于可以被假释的罪犯是在监狱执行，因此通常都由监狱提出假释建议。

假释适用的程度和范围在各国均有不同，但假释制的积极价值在国际上都有共识：假释的适用可以节约行刑成本，是刑罚经济思想的体现；假释制是监禁刑执行社会化的重要内容，可以提供给罪犯释放后的过渡，有利于罪犯顺利回归社会；假释制可为犯人在狱中积极参加教育改造提供激励机制。假释制度一般和累进处遇制度挂钩，被作为对犯人的最高等级的处遇措施，因此，在国外一般由专门的独立于监狱行刑机构的组织负责，经申请后由假释决定机构经调查评估后适用。

4. 不定刑期制

19 世纪中期，定期刑在执行过程中日渐暴露弊端，人们对其产生了广泛的质疑。在行刑个别化呼声逐渐强烈的背景之下不定期刑应运而生。从欧美各国不定期刑实践的情况看，不定期刑的刑事裁判首先依据犯罪人的具体罪行和人格特征，宣告刑罚的上限刑期和下限刑期，然后再依据犯罪人服刑期间的具体表现，第二次确定刑罚执行的下限范围。[①] 这项刑罚制度的创新将犯罪人在监狱服刑期间的悔过表现和犯罪后的社会危险性作为确定刑罚执行总量的重要依据，创造一种刑罚执行的伸缩性，以激励罪犯认真服刑，以控

---

① 颜超明："浅析相对不定期宣告刑的合理性及根据"，载《阜阳师范学院学报（社会科学版）》2010 年第 2 期，第 4 页。

制再犯率为重要目标。然而，不定期刑制度最为致命的要害在于同罪刑法定原则的背道而驰。"不定期刑"制度以人身危险性为主要依据，强调刑事责任的来源并非犯罪的危害结果和客观恶性的原则，有其一定的合理性。但是在该制度下刑期长短没有明确的标尺，容易诱发专断，导致侵犯人权；过于强调特殊预防的刑罚功能和社会防卫的目标，忽略甚至否定了罪刑法定和罪刑均衡等刑法的最基本的原则。由于不定期刑利弊参半，没被大多数国家所采用，而且适用范围及其对象极其有限，只适于青少年犯、习惯犯及恶性甚大的犯人，且采用相对不定期刑。

5. 从认罪服判的理论教育到脱离罪恶的程序教育

在"意图形成强烈的罪恶感和威慑氛围"思想的指导下，美国重戒备监狱历来强调对服刑人员进行类似于我国的认罪服判教育，但是，长期的实践证明，思想教育是一项复杂的事业，高压姿态下的认罪矫治存在着无法化解的矛盾。对此，美国一部分联邦监狱在监狱学家的帮助下，树立了"脱离犯罪程序价值教育"和"恢复性司法与补偿"的待遇理念，取得了良好的效果。美国巴特纳联邦监狱为一所重度戒备的监狱，率先通过采取一系列的变革措施，尝试"脱离罪恶程序教育"模式。一方面，巴特纳联邦监狱在物理上强调重戒备的监禁色彩；另一方面，又有的放矢地允许犯罪人自行组织娱乐活动，选拔服从管教的犯罪人参与社区活动，希望通过这类活动的程序价值来强化"脱离犯罪感"的教育效果。在脱离罪恶的程序教育中，监管人员在心理分析的基础上，制订针对性的教育改造计划，开设多样化的、与社会同步的专业培训项目和基础教育等课程。这样的尝试取得极佳的社会效益。巴特纳联邦监狱的服刑人员出狱后 5 年内的累犯率比美国监狱的平均值低 1.3 个百分点，职业训练指数比美国监狱的平均值高 1.14 个百分点。[①]

6. 从统一人格的塑造到个性化人格的改造

在监禁刑的执行中，由于对罪犯监管环境、监管人员和条件的限制，从

---

① 朱珉："国外监禁制度的变迁对中国刑事政策变革的启示"，2011 年复旦大学法律硕士学位论文。

其产生并执行的过程中，自然而然地形成一种塑造统一人格的模式，不管罪犯个体差异如何，监狱当局都希望能将他们重新改造成统一范本的合格公民。然而，这纯属一厢情愿的做法。法国思想家福柯认为，"人并不自然地总是服从命令"，因此，监狱规训的目的在于体现权力背景下的规范化，在于通过统一的制度和统一的标准来塑造统一的人格。对于罪犯而言，监狱的矫治具有压制和促进的双重效果，统一人格的塑造也就可能产生统一守法或者变成统一违法的后果，甚至后者的可能性更大。

对监狱统一人格塑造观念有着深刻的反思并积极采取变革行动的，当数北欧国家的监狱当局。北欧国家的监狱对罪犯的管理体现了民主化、社会化原则。服刑人员是在与监管人员共同从事农牧业生产的过程中自觉接受改造的，这样的改造环境拉近了双方的距离，监管人员能更加客观、真实地了解罪犯，罪犯可对监管人员消除戒备心理；此外，监狱还刻意创造条件让服刑人员与家属加强联系，允许家属与服刑人员一起组队参加监狱举办的运动会；建立和推广服刑人员代表制度，选出的代表有义务向监狱反映服刑人员的思想变化和基本要求；在监狱里允许服刑人员在保证安全的前提下实现生活的相对自由化。

7. 从男女分类关押到男女混合关押

长期以来，男女分类关押被视为分类制的最基本要求，世界各国几乎不约而同地坚持这一原则，认为这是文明、科学地对罪犯分类的体现。但是，深入思考这一问题，我们发现男女分类关押真正的益处在于方便监狱对罪犯的管理和控制。"以性别为标准来落实分类制度，仅仅是监狱当局逃避责任、回避矛盾的选择，与当代刑事政策的要求完全对立。"丹麦、瑞典等北欧国家开创了男女混合关押的监狱，以提高监禁质量和改造效果。瑞典的具体措施包括：允许异性囚犯进行受限制的交流；在配偶担保的条件下，对于已婚的服刑人员，安排每月 8~16 小时探望配偶的外出时间；设立男女共同完成的劳动项目和体育活动等，这样的措施产生了出人意料的良好效果，监狱释放人员的累犯率明显低于丹麦。

8. 性格异常服刑人员的特别监禁制度

在罪犯当中有一定成分人员存在性格异常问题，这既是他们犯罪的原因之一，也是对他们进行矫正的关键入手点。德国、奥地利及一部分北欧国家特别重视犯罪的精神心理研究，这些国家的监狱特别重视服刑人员的性格调查。具体做法是：监狱以精神医学、心理医学为性格调查的基础，采取精神和心理方面的分类标准对精神病质人格异常的犯罪人进行必要的分类，并根据分类的统计数据，对人格异常的服刑人员采取专门的"社会治疗"或"设施治疗"等待遇措施。所谓的"社会治疗"，指的是将服刑人员安置在特别设计的社会化矫正设施内，由精神医学专家、心理学专家、教育学专家对服刑人员进行有针对性的教育辅导，并辅之必要的行为治疗、接触治疗和药物治疗。所谓的"设施治疗"，指的是在重戒备监狱内设立专门的区域，收容被人格调查确定为"重症人格异常"的服刑人员、"性暴力犯罪服刑人员"和"累犯性强烈的服刑人员"。对这些危险性较大的服刑人员，监狱当局分别采取精神鉴别、智商测定、犯罪生活曲线调查等方法对他们进行必要的分类，然后按照分类分别实施针对性的"集团疗法""作业疗法""精神分析疗法"和"行为矫正疗法"等待遇措施。

（二）新中国对监禁刑的探索与发展

1. 我国从新中国成立至改革开放前对监禁刑的探索

新中国成立之前，出于革命需要，我们党领导下的刑罚实践具有更多的政治意义，更多地为政治需求而服务。在新中国成立之后，受此做法的影响，新中国的监禁刑制度仍然没有摆脱"政治工具"的角色，坚信改造的力量，相信人在一定条件下是可以改造的。当时一种代表性的观点就是："改造功能可以说是中国成功的监狱实践提出的命题，它可以说是集所谓的'矫正''教化''矫治'或'整合'等功能之大成，却又更为科学……"① 从西方国家的监狱实践来看，无论是什么行刑思想或理论，诸如康复思想、复归理论、

---

① 张晶："中外监狱哲学比较"，载《唯实》2011 年第 6 期，第 61 页。

矫正理论等，在其实践中很少获得直接性成功的印证。因此，有刑罚学家认为矫正犯人是刑罚学上的难题，人们对刑罚特殊预防的实现表示担忧。而在中国，改造罪犯成功的实例和数据印证了特殊预防的可能与成功，从而也就在中国的实践中证明了改造犯人具有的普遍意义——人是可以改造的，特殊预防是可以达到的，监狱本身具有这一机能。

在当时，改造罪犯的主要手段是劳动改造。1951 年 5 月第三次全国公安工作会议通过了《关于组织全国犯人劳动改造问题的决议》，在会议决议中首次明确了劳动改造的指导思想，指出了当前羁押在全国各地的犯人已超过百万额度，如此庞大数量的犯人是很大的劳动力。从惩办与改造相结合的原则出发，凡有劳动条件的犯人，应一律强迫其参加劳动，安排他们从事劳动生产活动。这样既在劳动中改造犯人，也解决了监狱的困难。1951 年 9 月第四次全国公安工作会议提出了政治思想改造与劳动改造相结合的思想。1954年 9 月，政务院公布《中华人民共和国劳动改造条例》（以下简称《劳改条例》），这是在新中国成立后 30 年内有关监狱行刑的最重要的规范性文件。《劳改条例》明确指出劳动改造机关"是人民民主专政的工具之一，是对一切反革命犯和其他刑事犯实施惩罚和改造的机关"，劳动改造所贯彻的方针是"惩罚管制与思想改造相结合、劳动生产与政治教育相结合"。《劳改条例》还规定了劳动改造和教育改造的具体措施、劳动改造生产、管理犯人制度、监督管理委员会、奖惩、经费等事项。具体而言，从《劳改条例》的规定中，当时提出的改造理论具有以下特点：

（1）劳动改造过程中须强调政治思想教育。

《劳改条例》第 25 条规定："劳动改造必须同政治思想教育相结合，使强迫劳动逐渐接近于自愿劳动，从而达到改造犯人成为新人的目的。"[1] 本条与劳改方针中惩罚与教育相结合的指导思想是一致的。在《劳改条例》中还规定了有关组织罪犯思想教育的方式，比如集体上课、个别谈话、指定学

---

[1] 王雪峰："从历史与逻辑的角度看我国的罪犯教育目的——兼及罪犯改造质量问题"，载《安徽警官职业学院学报》2013 年第 4 期，第 84 页。

习文件、组织讨论等方式，开展劳动生产教育和文化教育等内容，组织犯人进行体育和文化娱乐活动等内容。从所有的教育内容看，政治思想教育比其他教育更具重要地位，并且强调劳动改造与政治思想教育相结合，以使强迫劳动逐渐接近于自愿劳动，从而把犯人改造成社会主义新人。

以上规定的条款我们可以总结为两点：其一，政治思想教育与劳动改造相结合，其目的在于通过思想教育使犯人认识到自己行为的错误所在，认识到自己的犯罪行为是对社会主义事业的破坏，从而以努力通过劳动改造的方式为起点，改造为社会主义新人。这里的"新人"是视社会整体利益为自己的利益的主体，从某种意义上已然脱离了现实，是建立在高度群体本位思想下得出的结论。其二，"劳动改造"中的"劳动"只是"手段"，"改造"才是目的；"劳动"是外显性的行为，而是否得到"改造"则是内隐性的精神问题。"这里的关键是让犯人在改造客观世界的实践中，主要是在生产斗争和阶级斗争的实践中改造自己的主观世界。"通过各种改造手段，必须把犯人的精神统一到非犯人的精神上来，这正是劳改学说所追求的目标，也是一种群体本位的、追求一致性的目标。

（2）犯罪人须服从大局。

《劳改条例》第 62 条和 1954 年《劳动改造罪犯刑满释放及安置就业暂行处理办法》第 2 条均规定了犯人刑满后继续留在监狱还是返回社会是有自主权的，但是实践当中更多执行的是另外的政策——刑满留场就业政策。该政策又可分为两个阶段："多留少放"阶段和"四留四不留"阶段。

首先是"多留少放"阶段。1953 年 12 月召开的第二次全国劳改工作会议决议指出："为贯彻劳动改造政策，巩固社会治安，对刑期届满之罪犯，应依照不同情况，分别进行处理"，"决定在今后四五年内对刑期届满的罪犯采取多留少放的原则"。学者认为当时采取这样的措施是完全必要的，理由在于：首先，"经过建国几年来对罪犯的劳动改造，犯人刑满被释放的日益增多，如果全部释放出去，社会上则无力全部解决他们的就业问题。"其次，"多留少放"是保持、稳定并相应发展劳改生产的需要。"如果把刑满释放的

犯人，都放到社会上去，不仅给国家增加安置就业的负担，而且劳改工农业
生产的劳动力就会显得紧张，技术骨干力量就更感不足，势必造成一些劳改
工厂、矿山停产，劳改农场一部分土地荒芜，这对国家的经济建设是不利
的。"最后，"多留少放"是开发边疆的需要。1958 年 8 月第九次全国公安
会议根据全国农村实现人民公社化后的实际情况，在《关于劳动改造工作的
决议》中指出："对于家住在大城市、重要工矿区、国防要地的反革命犯和
重大刑事犯，以及调往边远地方进行劳动改造的罪犯，在刑满释放后，一般
的应当经过动员说服一律留下"，但对于"家在内地农村、城镇的刑满释放
人员，如果群众要求释放回乡监督改造的，可以送回原籍监督生产。"

1961 年 11 月第十二次全国公安会议《关于继续整顿和加强劳改工作的
意见》中指出："今后刑满的罪犯，对于重大反革命犯和刑事惯犯仍应继续
执行多留少放政策，一般刑事犯应不留或少留。目前，家住大中城市的可多
留，家住农村的一般刑事犯和轻微反革命犯可不留。"

其次是"四留四不留"阶段。鉴于对劳改企业劳动力来源的需要，以及
社会治安问题的考虑，国家制定了"四留四不留"政策，"四留"是：改造
不好的；无家可归而又无业可就的；家在边境口岸、沿海沿边县以及靠近沿
海沿边县和大城市的；放出去有危险的和其他有特殊情况的。"四不留"是：
改造好了的；家在农村的（包括大城市的郊区）；家中有特别需要（如独子）
和本人坚决不愿留场的；以及老弱病残、丧失反革命活动能力、危害不大的。
总之，犯罪人是否释放，何时释放，以及释放到哪里，这不仅是由犯罪性质
决定的，更重要的是要承担义务、服从大局。在特定的历史环境，特定的行
刑政策实施下，我国在新中国成立后 30 年的刑罚实践中，劳动改造被普遍认
为是成功的，而西方国家的刑罚实践则被贬斥为虚伪的、无效的。一些学者
还列出了中美刑罚模式的基本区别，以证明中国的劳动改造的合理性。

（3）监禁刑执行过程中强调的群众路线。

群众路线是中国共产党的根本工作路线，在监禁刑领域也不例外。正如
列宁所指出的："国家是镇压机关，必须镇压剥削者。但是，用警察是镇压

不了他们的，只有群众自己才能镇压他们。"这一路线在刑罚领域的主要体现就是依靠群众力量改造罪犯和公审公判、公开行刑。1964 年 1 月 14 日，中共中央发布《关于依靠群众力量，加强人民民主专政，把绝大多数四类分子改造成新人的指示》，其核心内容就是依靠群众力量改造罪犯，对于重大的反革命刑事案件，要发动群众讨论和批判。

（4）"文革"时期：法制的崩坏，刑罚的弥散。

"文革"时期是刑罚制度遭受严重破坏的十年。在这十年里，"文革"前 17 年的监狱工作成就遭到否定，大批劳改干警遭到迫害，大批劳改单位被砍掉。全国劳改单位在这一时期被占用或交出的将近一半。劳改工作的方针、政策被践踏，一些合理的规章制度被砍掉，一些地区甚至把大批罪犯放掉。但是，"文革"时期刑罚制度遭受严重破坏，并不是说在这一时期刑罚被弃之不用。相反，刑罚是被弥散化了。强世功教授把这种惩罚弥散性的表现总结为四个方面：①被惩罚者（包括罪犯）的弥散性。每一个人都是潜在的罪犯，任何人都可能在片刻之间成为罪犯；②惩罚主体的弥散性。任何人都是别人的警察，都处于监视和惩罚位置上；③惩罚技术的弥散性。从日常纪律到严酷的刑罚（甚至死刑），从灵魂的反省到肉体的折磨，惩罚已经渗透在日常生活，构成了日常生活的一部分；④惩罚功能的弥散性。惩罚实现的不仅是维护社会秩序的法律功能，而且实现了"抓革命、促生产"这样的政治和经济功能和做"好人好事"的教育功能。

一定程度上可以说，刑罚的弥散化是群体本位的刑罚规制技术的极端化所导致的，或者说，在群体本位的刑罚规制技术下，刑罚有弥散化的可能。因为一方面，所有人强烈地维护本群体的意识形态，对于群体以外的人实施残酷的"专政"；另一方面，如果所有人都主张自己是群体的一员，别人才是专政的对象，那么其恶果就是刑罚的弥散化。换言之，群体本位的刑罚规制技术虽然不必然导致走向"文革"、走向弥散性刑罚；但是在群体本位的刑罚规制技术下，如果适用不当，刑罚就有弥散化的危险。

2. 党领导下新中国监禁刑发展的第二阶段（1978 年至 20 世纪 90 年代末）

"文革"结束后，我国经过短暂的徘徊期，于 1978 年开始进入社会主义现代化建设的新时期。"文革"时期刑罚弥散化现象寿终正寝，中国共产党领导下的监禁刑实践重新回到正轨。其积极举措体现在：1978 年 12 月召开的党的十一届三中全会实现了思想路线的拨乱反正，作出了实行改革开放的重大决策。1979 年 7 月 6 日，第五届全国人民代表大会第二次会议通过了新中国的第一部《刑法》和《刑事诉讼法》，从此，我国刑事司法实践步入了有法可依的阶段。1981 年公安部发布《第八次全国劳改工作会议纪要》，该纪要在总结经验的基础上，进一步指出现状和存在的问题，以及当前的主要任务。以上三项重大举措为我国监禁刑行刑的发展开辟了光明的大道。随后，在学术领域，研究成果逐渐体现出不再以苏联马首是瞻的局面，从 20 世纪 80 年代开始，随着思想的解放，西方刑罚理论和实践也逐渐介绍到国内，为国人所知。由于新旧思想的交错和新旧制度难以一时理顺的原因，这一阶段呈现出两种刑罚实践的并存：既有强调刑罚实践的政治性的一面，也有强调刑罚实践的科学性的一面；既有强调犯罪人承担义务的一面，也有强调犯罪人享有权利的一面；既有强调群体本位的一面，也有强调个体本位的一面。这一时期被称为监禁刑行刑转型期。具体而言，我们仍然把犯罪人作为改造对象。此时，不仅像前一阶段那样，要把犯罪人改造成"社会主义新人"，而且还要改造成"有用之才"，在具体措施上，动员社会力量参与罪犯改造。1994 年《中华人民共和国监狱法》（以下简称《监狱法》）出台，作为我国第一部监狱和监禁刑行刑方面的法典，不论行刑理念、制度，还是措施都有了较为系统的规定。《监狱法》的颁行对中国刑事司法的积极意义在于：在立法层面上，弥补了我国刑事执法的空白，形成了以《刑法》《刑事诉讼法》和以《监狱法》为代表和主体的刑事执行法等较为完整的刑事法律体系；在运作机制方面，确立了监狱独立的主体地位，即专司刑罚执行的机关，以法律形式宣告了中国也有专门的刑罚执行机关，实现了刑罚权能较为合理的专业化分工；在内容方面，《监狱法》可认为是我国监狱转型期的集中反映。

依靠群众改造罪犯是中国共产党的一贯政策。这一政策在"文革"之后得到延续，其典型体现就是推行罪犯改造工作的"三个延伸"。1987年党中央的《全国政法工作座谈会纪要》第一次系统提出要改进罪犯改造工作，实现"三个延伸"：向前延伸①、向外延伸②、向后延伸③。20世纪90年代之后，学者对于中西方刑罚制度的比较研究、对于西方良好理念和制度的借鉴与移植越来越普遍，从成果内容看，学者们日趋青睐西方国家监禁刑理论和实践，而完全抛弃了苏联的相关理论。从众多的理论成果中可以总结出，大多学者均认为我国监禁刑改良和发展的方向是：（1）限制适用自由刑，扩大适用缓刑；（2）推行累进处遇制，扩大适用假释；（3）推行犯人调查与分类制度；（4）推行罪犯心理矫治制度；（5）逐步推行开放式处遇制度。在实践中，我国对相关研究成果通过立法和执法部门也做了诸多的尝试。例如，1990年出台的《司法部关于计分考核奖罚罪犯的规定》是国外累进处遇制度在我国的尝试，其目的是改革和完善对罪犯的考核奖罚制度，准确运用计分的办法考核罪犯的改造表现，以有效地调动罪犯的改造积极性，提高改造质量。1991年，司法部劳改局下发了《关于对罪犯实施分押、分管、分教的试行意见》，从此，罪犯分押、分管、分教的工作在监狱系统得到较为普遍的推广。

总之，在20世纪末期以及21世纪最初的几年，借鉴苏联并与中国实践相结合而形成的中国刑罚实践与借鉴西方的刑罚实践处于并存状态。就刑罚规制技术而言，则处于个体本位规制技术与群体本位规制技术并存的状态。

3. 2000年后我国开始以"三化"为监禁刑发展的方向

为解决监禁刑行刑过程中出现的弊端，为适应监禁刑现代化发展之需要，我国于2003提出了监狱转型建设的思路，即监狱工作法制化、科学化、社会化"三化"建设。监狱工作法制化，就是要形成完备的法律、法规和规章体

---

① 是指在行刑开始前，各司法机关都要加强对罪犯的认罪服法教育。

② 是指发动罪犯家属、罪犯原所在单位和全社会都来关心和支持监狱的教育改造工作。

③ 是指监狱在罪犯出狱时，要主动向地方政府介绍其改造表现，并协助地方政府做好刑释人员的安置帮教工作。

系，把监狱的监管改造、刑罚执行、教育改造、执法程序、执法环节以及执法监督等一切执法行为全部纳入法制化的轨道，依法管理，规范运行，切实做到依法治监。监狱工作科学化就是充分吸收和运用现代科学的教育改造方法，尊重监狱行刑的自身规律对罪犯进行管理。监狱行刑社会化就是要求"充分利用社会资源，调动一切社会积极因素"和"营造社会化的改造环境，实现改造手段的社会化"。监狱的"三化"改革为此阶段监狱改革的总体思路，也是监禁刑行刑现代化的方向，在这个总体思路下，监狱进行了逐步深入的改革举措。首先，值得一提的是监企分开。鉴于我国监企合一的困境，2007 年 11 月，国务院批准同意司法部开始全面实行以"全额保障、监企分开、收支分开、规范运行"为改革目标的监狱体制改革。此项监狱体制改革试点自 2003 年 1 月拉开序幕，至 2012 年年底结束，我国顺利完成了"监企分离"体制改革。其次，2008 年中央政法委提出了要把刑释解教人员重新违法犯罪率作为衡量监管工作的首要标准，强调了监狱要把改造人放在第一位，确保教育改造工作取得实效。紧接着，2010 年 10 月，司法部在全国监狱劳动教育改造工作会议上，明确提出了"5 + 1 + 1"改造模式，即监狱改造实行 5 天劳动、1 天学习、1 天休息的模式，在劳动改造时间占据罪犯大多数时间的情况下，重申了把主要精力、主要资源、主要时间用在教育改造工作上的重要性。2013 年 1 月 1 日，我国《监狱法》呼应《刑法修正案（八）》，首次修改施行。《监狱法》自 1994 年颁布实施，迄今已逾 20 年，确立了监狱的工作方针、改造手段和经费保障机制，明确了监狱的法律地位，是执行监禁刑的重要法律依据。2014 年 12 月 8 日，司法部贯彻落实十八届四中全会精神时提出"要完善监狱刑罚执行制度""要完善社区矫正制度"，并提出了对监狱按戒备程度的高低构建监狱分类的管理体系，进一步深化监狱体制改革，进一步规范监企运行等具体任务，为监狱社会化改造指明了最新的改革方向。

这些法律政策的逐步推出为监狱体制改革、监狱现代化的发展指明了方向、提供了保障，体现了"完善监狱刑罚执行制度"的应有之义和内在要求。在以上法律政策的指引下，监狱三化改造的实践取得了较大的发展。目前开展的社会化改造实践，主要有以下方式。

（1）狱内行刑社会化方式。

狱内行刑社会化是对罪犯保持在监狱内服刑为前提，引入社会资源对他们进行帮教、改善狱内环境，使狱内环境尽量和社会环境接近。经常采取的措施包括以下几种。

社会化教育改造。社会化教育改造指利用社会资源，采用"请进来"的方式对罪犯进行狱内帮教制度。监狱教育是一项涉及面广泛的改造工作，仅靠监狱的力量不可能完成的。目前，我国由监狱教育部门除自行完成日常的扫盲文化教育、思想教育、生活技能教育等工作外，还同所在地有关部门、罪犯原工作单位等签订帮教协议，或者同社会志愿者、罪犯本人及其家属签订帮教合同，进一步提升对罪犯的监内教育效果以及刑释后的工作安置等各方面的教育。帮教协议是20世纪80年代在北京首创的一种教育改造模式，它有利于明确帮教工作各方的职责、权利和义务，从而促进帮教工作的正规化、经常化，促进社会力量更好地参与到罪犯的改造工作中来。[1] 通常做法是：引进社会教育部门对罪犯进行专题讲座，利用劳动局职业培训中心等机构的教学力量，对罪犯进行职业技术教育，培训结束后由劳动职业技术部门实施考证考级，使狱内职业技术教育同国家劳动部门通用标准挂靠衔接，便于刑释人员能够在社会中找到合适的工作岗位；聘请工商、税务等部门对罪犯进行劳动就业知识教育，包括对再就业的选择、就业登记、失业保险和个体工商户执照申请，以及劳动力市场相关政策、法规等系列知识，有条件的情况下，开展模拟活动；请高等院校教师为服刑人员作法律和心理学方面的讲座；联系社会组织和志愿者来监进行"送温暖"活动；除此之外，监狱还邀请社会文艺团体来监进行文艺表演等。

人性化的罪犯处遇措施。近年来，我国一些监狱还大胆尝试了某些更为人性化的罪犯处遇措施，使服刑人员在监狱里能够体验和享受与社会相接近

---

[1]　汪明亮："行刑过程中的公众参与"，载《山东警察学院学报》2012年第5期，第75页。

的生活。例如，江苏省南京监狱于 2002 年推出了一种全新的改造理念——对犯人实行"市民待遇"式改造。① 很多监狱也因地制宜地采取措施，以激励服刑人员积极配合改造工作。一般来说，具体措施主要有：①把超市引进监狱，使服刑人员可以像"市民"一样逛超市，真正享受一普通市民的购物乐趣，增加了他们与社会的接触面，让他们从品种繁多的物品选购中感受到社会的进步与发展。②发动监狱警察献爱心，用爱温暖服刑人员。监狱警察经常捐钱、捐物为服刑人员开展活动，向服刑人员家属发放慰问品、资助困难的服刑人员子女学费等。③在监狱设考点，鼓励服刑人员参加自考。④与当地新华书店联系，由书店定期借书给服刑人员阅读。我国监狱法规定了不同形式的亲属会见制度。罪犯在服刑期间，按照规定可以会见亲属、监护人。在人性化管理方面，监狱除了引进社会资源外，还采取了"走出去"的方式，组织罪犯到社会上参观学习，安排一些表现好的罪犯到社会参加一定的公益活动或健康的社会活动，另外，还有些监狱组织服刑人员参加社会上的体育比赛、书画比赛，配合社会上的法制教育，以自己的犯罪教训现身说法，等等。

（2）尝试半监禁行刑方式。

我国在行刑现代化的探索中，也有半监禁行刑方面的尝试。尝试结果最为突出的就是我国部分监狱实施"试工"活动。"试工"是监狱首先通过调查和选择社会单位，锁定符合服刑人员就业的单位，争取得到这些单位的支持与合作，将这些单位作为"试工基地"，然后对服刑人员进行有针对性地培训和教育，将一些主观恶性不大、人身危险性较小且距离刑满释放时间不长的罪犯，送到这些单位"试工"，"试工"期间经考核表现良好的，刑满释放后有望转为正式职工。"试工"为罪犯刑满后的就业创造了机会，有效控制了罪犯的再犯率。实践证明，"试工"成效显著。例如，上海市静安区"七一"运输公司 10 年来先后安置了刑释或解教人员 1247 名，多年来，其中

---

① 王鹏：《论我国行刑社会化的现状及其制度构建》，对外经济贸易大学 2004 年硕士学位论文。

不但没有一人犯罪，而且有 272 人获得市、区、公司授予的先进工作者称号。① 半监禁刑在对青少年罪犯的改造中也有尝试，有的少年管教所实行了开放式处遇制度，并取得了较好的效果。如上海市少年管教所以帮助青少年罪犯能够在出狱后顺利回归社会，采取了多种开放式处遇形式，例如实行宽松放假政策、监外打工、出狱试读。我国监狱法规定有相应的归假制度，最初归假只是一种例外，不是一项制度。随着我国法制建设的推进，归假制度在监狱行刑中逐渐开始推行并初步制度化。如我国《监狱法》第 57 条规定："……被判处有期徒刑的罪犯有前款规定情形之一，执行原判刑期二分之一以上，在服刑期间一贯表现好，离开监狱不致再危害社会的，监狱可以根据情况准予离监探亲。"虽然离监探亲在法律上有明确的规定，但从实际执行的情况看，绝大多数监狱出于对监管安全的考虑而未实施或者很少实施。从所收集的资料看，我国有少管所为了让未成年犯能够在刑释后适应，对表现良好且接近释放的未成年犯给予假期，回家与亲人团聚，收假后回监所服刑。大多数未成年犯回归社会后，面临着需要自食其力的问题，上海市少管所设立了监外打工制度，罪犯经过批准可以到社会上条件许可的企事业单位打工实践，期间一般为 10 到 12 天，在释放前 3 天结束，回所后召开座谈会，交流体会。从 2002 年 9 月起，上海市少年管教所还进行了"社会适应性回归"的试点工作。② 由于"社会适应性回归"的适用有严格的条件限制，也就是未成年犯必须同时符合以下条件：还有一个月刑期的上海籍犯人；家庭拥有较好的监护环境和监护条件；曾获"放假"司法奖励并且表现良好的，因此该举措适用范围极小。有些未成年犯有较好的学习基础和条件的，少管所还给予"监外试读"的机会。所谓"试读"，是指对表现良好、有一定文化基础、自己愿意学和家庭有帮教能力的未成年犯，送到社会学校就读，并组织家庭、学校等各方力量对未成年犯帮教，如罪犯"试读"期间表现良好，刑满后转

---

① 李华：《监狱行刑社会化若干问题研究》，山东大学 2007 年硕士学位论文。

② 所谓"社会适应性回归"，指的是将刑期还有三个月左右的未成年犯，在释放之前送往社会实践基地进行为期 15 天的社会实践，培养他们适应社会的生存观念、生存能力和生存心理，结束社会实践期后再回所服刑。

为正式学生。

虽然我国半监禁刑的尝试无论从范围上还是程度上都极为有限，从目前来看还主要是针对未成年犯的，但毕竟在我国行刑社会化发展的历程中迈出了重要的一步，也积累了一定的经验。

（三）中西方现代监禁刑之比较

从发展的角度看，中西方现代监禁刑的执行均向开放性、社会化趋势发展，但两者的发展进程存在明显的差异化。在我国，监禁刑的执行在开放式处遇制度方面的改革和完善起步较晚，虽迈出了重要的步伐，但是仍处于初期尝试阶段，规范化、制度化程度仍有极大的空间。在个别监狱实施的试点工作呈现出零乱、松散的状态，有必要在现有基础上大力建设和完善，使开放式处遇措施能够真正成为促进罪犯重返社会的重要制度。在监狱内部，很大一部分警察由于受到传统行刑思想的影响，不能很好领会开放式处遇的本质和意义。而在西方，特别是在"二战"结束后，监禁刑行刑的开放性更显深入和成熟。中西方在现代监禁刑发展过程中均利用信息化技术提升行刑效率。从时间看，西方的信息化建设早于中国，成熟于中国，但是中西方均在监狱信息化建设中享受到科技的利益的同时，也切实体会到了电子监控设施的适用带来的弊端。如美国所研制出的脚镣、手镣和埋入皮下的微型跟踪器就可用于犯人的监控，这样的产品通常给假释出狱的犯人或者半监禁刑的罪犯使用，执行机关就可随时跟踪并准确掌握这些罪犯的行踪，尤其是当犯人接近某个限制他入内的地方时，系统还会发出警报，可以有效地保护特定的人群尤其是被害人。在监区内安装的监控器可全天候、全方位监视罪犯、记录罪犯的一言一行，做到防患于未然。的确，这种监控设施的应用给行刑带来了极大的便利，提高了行刑效率和行刑的准确性。这一监控设施的应用也受到了部分服刑人的欢迎。他们中的社会危险性较小、犯罪较轻、刑期较短者有固定的居所，能够实现在其家中有效监视者，就可以享受到像普通人一样参加工作了。被认为是美国最现代化、最安全的监狱的科罗拉多州费洛伦斯重罪犯监狱中摄像机不停地监视，甚至连开门和关门都是遥控的。那么监狱靠什么防逃呢？该监狱的狱长助理曾不无自豪地说："我们很快就有 200 架摄像机了。我们相信，逃跑的可能性实际上等于零。"①信息化技术在监狱的运用的确解决了很多的实际困难，但其所带来的诸多不良后果也不得不引起高度警惕：采用电子监控设施使得"权力的眼睛"无所不在，这不仅暗示对于服刑人的不信任，同时不免会侵犯到他们所剩无几的隐私权。在没有隐私的空间下，服刑人员不得不学会伪装和欺骗，在中规中矩、遵纪守法的表面下隐藏着对改造的敌对和矫正的逆反。服刑人为了掩饰自己的不符合行刑机关的要求，不得不在电子监控设施的逼迫下撒谎，不良习性因此形成或强化。信息化设施的广泛运用使监狱内所有主体之间产生不信任，因此相互之间的交往是建立在防范的基础之上的。这是现代监禁刑对罪犯进行矫治的严重障碍，最终也许会导致整个矫正制度的失败。因此，科学技术的应用尤其是电子监控设施的应用必须确定有效的时间和空间范围，尽量避免科学技术的"规训"方法——电子监控程序系统对罪犯的限制和权力的剥夺以及矫正效果功能的发挥。

中西方现代监禁刑执行中的主要区别在于：其一，民众对监禁刑的执行的思想意识差别较大。在西方，人权保障价值理念深入人心，民众对服刑人员人权保障意识浓厚，各国刑事政策亦纷纷向此倾斜。受社会防卫论者菲利普·格拉马蒂卡的思想、马克·安塞尔的思想影响，人们普遍认为犯罪的原因是多样的，如贫困、疾病、灾祸、体制不良，针对不同的情况应施以不同的方法，如教育方法、治疗方法，对极个别的也可采取隔离方法，但不应施以任何无意义的痛苦。对罪犯权利的保护是保护人类权利的应有之义，提高人类价值，建立一个人道主义的刑事政策新体系，使罪犯改造成为新人，回归社会。在这样的思想意识下，西方国家针对监禁刑行刑目标与行刑手段之间的矛盾，纷纷采用改造传统监禁模式的措施得到民众的支持。而在中国，长期的封建统治使民众的思想意识受专制意识的影响，在刑罚方面体现为重刑主义思想盛行，刑罚报应观念得到广大老百姓的认可。在我国尝试狱内行

---

① 王素芬：《明暗之间：近代中国的狱制转型研究》，华东政法大学 2009 年硕士学位论文。

刑社会化的一些措施曾遭到民众的反对和抗议，质问对罪犯在监狱里是否受到了惩罚。其二，中西方监禁刑社会化发展程度不同。西方实行监禁刑社会化已趋于成熟，其成功的经验可总结为：实现狱内行刑社会化，首先建立在对犯人调查基础上的分类制度。对罪犯的分类是一项需要综合运用多领域知识的工作，西方国家一般设立一个专门机构，其成员包括医学、心理学、社会学、法学等方面，对新入监犯人的个性、身心状况、境遇、经历、教育程度等进行调查与评测，然后在此基础上对其进行分类，并给予不同的处遇措施，以达到矫治目的。

其次是实行累进处遇制度，即监狱对犯人在监狱的服刑情况进行跟踪调查，综合考虑其表现的好坏，而给予其不同的待遇。从设置该制度的目的和运用的情况看，该制度主要是为了激励罪犯，对罪犯在监狱的良好表现很快兑现为宽松的处遇，也就是所受的监控程度、其所能获得的自由程度、活动范围、生活待遇等与先前的情况有所宽松。当然，对于罪犯在监狱服刑期间表现较差，甚至抗拒矫正的，监狱也不得不采取降低处遇等级的方式以示惩罚。假释为累进处遇制度中高级别的处遇，从新犯入狱到处遇逐步宽松、然后到假释、最后到刑满释放的阶梯状处遇体系，利于犯罪人的再社会化，是整个狱内行刑社会化的核心。对于表现较好的犯人实施狱内开放式处遇措施，即在不影响刑罚执行的情况下，尽量减少对犯人自由的限制，以尽可能缩小监狱与正常社会之间的差别，常用的措施为：改善生活待遇、减少防范措施的使用、实施半自由刑制度。总之，当代西方监禁刑在执行过程中更加强调轻缓化和个别化，在积极使用缓刑、假释等方式的同时，也渐进实行开放型的监狱制，扩大罪犯的接触面，让其更加适应社会，保障罪犯的基本人权。而在中国虽有行刑社会化的尝试，但仅局限于部分试点监狱，无论从适用的范围还是所采取的措施都极为有限，大部分监狱鉴于安全和杜绝服刑罪犯逃跑之考虑，严格控制行刑社会化举措。

四、结　语

迄今为止，大多数国家在刑事立法中，均将监禁刑作为一种重要的刑罚方法予以确定。可以说监禁刑自诞生之日起，便获得了顽强的生命力。在众刑罚之中，和其他刑种一样，监禁刑当然具有刑法本身所具有的刑罚理性特征，即它的制定和适用符合刑法理性对目的性、合理性和节制性的要求。从监禁刑演变的历史脉络，中外学者对监禁刑下了定义，可以看出大致有以下几种观点：

（1）监禁刑就是以剥夺受刑者的身体自由为内容的刑罚。①

（2）广义地说，监禁刑是以剥夺罪犯的自由和限制其自由为内容的刑罚。②

（3）监禁刑就是剥夺或限制罪犯之自由，将其拘束于一定处所并施以刑事矫治的刑罚手段。③

（4）监禁刑，是剥夺犯罪分子自由，并强制劳动改造的一种刑罚方法。监禁刑包括"有期徒刑""无期徒刑"和"死刑缓期执行"（在缓刑期间，同样按"徒刑"方式执行）。

各国对监禁刑的定位呈基本一致的情况，但也存在略有不同的情况。有些国家的监禁刑是指限制自由的刑罚，并称为"监禁"，"监禁"分为有期监禁和无期监禁两种形式，且分为附加劳役的和不附加劳役的。在我国，监禁刑是指在监狱或其他执行场所执行，凡有劳动能力的，都应当参加劳动，接受教育和改造，服刑期间确有悔改或立功表现的，可以依照法律规定的条件和程序减为有期徒刑或假释的刑罚。因监禁刑的设置不仅仅在于隔离犯罪人，更重要的是对犯罪人给予矫治，因此我们可以认为，相比较而言，第三种观点将监禁刑定义为剥夺或限制犯人的人身自由，且要求以刑事矫治为必备内容，即从内涵上揭示出监禁刑以处罚人身自由为内容的基本特点，又在外延上概括古今中外出现过的一切监禁刑种，而且涉及监禁刑刑事教育矫治的内

---

① 张志泉：《日本犯罪者处遇研究》，山东大学 2009 年博士学位论文。

② 张全仁、张鸥："中国古代自由刑的表现形式和历史沿革"，载《中国刑事法杂志》2012年第 11 期，第 118 页。

③ 赖早兴、贾健："论自由刑中的'自由'及其演化"，载《湘潭大学学报（哲学社会科学版）》2008 年第 4 期，第 56 页。

容，比较科学。我国刑法学界基本采纳此定义方式。基于这一概念，监禁刑的特征归纳为以下几个方面。

（一）监禁刑行刑场所的特定性

监禁刑形式上表现为对犯罪分子进行关押，剥夺其人身活动自由，关押的场所通常为监狱，这体现了监禁刑作为刑罚的惩罚性。监狱是近代以来自由刑执行的主要场所，它既是剥夺自由的地方，又是劳动的主要发生地，当然，它也是矫正教育罪犯的阵地。传统的监狱是封闭性的，具有强制、纪律严格等特征，现代以来，监狱逐渐开始具有开放性的特征，监狱的管理相对宽松，罪犯有较多的自由，行刑场所不再一直局限于监狱。在实际运行中，西方国家累进处遇一般分为严格监禁、较宽松监禁、半自由监禁、假释四个阶段。行刑场所因处遇级别不同而突破监狱范围。在我国，监狱亦实行分级管理制度，即把罪犯根据所犯罪和其人身危险性等分为从严管理、普通管理和从宽管理三个级别，从理论上每一等级的管理对象及对其的处遇是不同的，而在实际操作中，除了从严管理等级有所区别外，其他两个等级之间很难看出差别。除了假释外，行刑场所基本都在监狱。

（二）内容上表现为对犯罪分子的劳动改造和矫治

在监禁刑行刑过程中有些国家要求对犯罪分子进行强制劳动改造，有些国家规定为自愿劳动改造；监禁刑的直接目的与主要内容，是剥夺犯罪人的人身自由，而非生命、财产等。随着刑事社会学派的崛起，监禁罪犯并不是纯粹地追求报应，而是更多地追求预防，强调对犯罪者的矫正。在现代社会，各国在执行监禁刑的过程中均采用心理矫治的措施，这体现了监禁刑矫正、教育犯罪分子，使之成为社会新人的积极作用。

（三）时间上表现为剥夺犯罪分子自由的有期限性或终身

监禁刑以时间衡量刑罚轻重，与犯罪的社会危害性相互评价。罪行越重，刑期越长，这是一种合理的犯罪阶梯度量衡。如果被判无期徒刑，在服刑期间没有得到国家的宽恕，罪犯将在羁押场所服刑终身，直至死亡，这体现了无期徒刑惩罚的严厉性。

（四）监禁刑的执行制度具有灵活性

监禁刑在执行过程中，国家为激励其接受矫治，多实行累进处遇制，即对不同级别的罪犯实行不同的处置和待遇的制度。减刑制度的适用可使罪犯能够在所判刑期结束之前获得自由，假释制度的运用可使罪犯附条件提前出狱，半监禁刑的适用也可使罪犯没有必要在服刑期间一直在监狱。上述特质决定了监禁刑在剥夺犯罪人再犯罪的能力的彻底性方面虽然比死刑略有逊色，但它在不剥夺犯罪人生命的前提下，通过隔离手段阻止犯罪，通过激励手段矫治罪犯，尊重人类价值，体现了刑罚文明的与进步。

（五）从监禁刑的历史看，监禁刑实践具有明显的发展性与进步性

在早期乃至近代社会，正如"自由刑纯化论"者所言，传统的监禁刑实际上同时包含生命刑、身体刑、名誉刑、财产刑和家族刑的效果，是一种刑罚的复合体，进入近现代社会，监禁刑实践的内敛与人文性明显增强。隐喻监禁刑中的"自由"内涵是不断变化的，不断向有利于保障人权的方向发展。正如学者所言，随着社会的发展，人类需求的变化，监禁刑中的自由也会相应发生变化，国家对犯罪人自由的干涉方式也会有所变更。[①] 由此，"罪犯权利"在几百年的发展中已经找到了自己坚实的基础和有力的保障。

第二节　法文化是监禁刑变迁的真正动力

刑罚发展从蒙昧、野蛮走向文明、人道，从残暴、专断走向温和、民主。但是认真考察刑罚发展史的话，就会发现，历史的复杂性远远超出了人们的这种简单归纳。可以说，从总体而言作为主要刑罚种类之一的监禁刑发展的脉络亦是如此，但是监禁刑的发展是否有例外的情形，为什么会这样发展，

---

① 赖早兴、贾健："论自由刑中的'自由'及其演化"，载《湘潭大学学报（哲学社会科学版）》2008 年第 4 期，第 56 页。

推动监禁刑发展的动力到底是什么，对此问题学者们观点不一，从不同的视角做了深入的思索，其成果各具一定的精辟性，但却显片面性。笔者拟从法文化的视角进行思考，并在此基础上得出相应的认识。

一、对以往监禁刑演进动力观点的思考

（一）对"社会物质生活条件的发展是监禁刑演进的动力"观点的思考

社会物质生活条件的发展是监禁刑演进的动力的观点是马克思主义刑罚观的观点，该观点是建立在经济基础与上层建筑的辩证关系认识基础之上的：经济基础决定上层建筑。这种决定性表现为不仅经济基础的性质决定上层建筑的性质，而且经济基础的发展变化也决定上层建筑的发展变化。当然，上层建筑对于经济基础具有能动的反作用。当上层建筑适应经济基础时，就会巩固和促进它的发展；当上层建筑不适应经济基础时，就会阻碍它的发展。经济基础的决定作用是第一位的，是根本性的；上层建筑的反作用是第二位的，是派生的、从属性的。在经济基础中，生产力是起关键作用的因素。马克思主义刑罚观是建立在这一经济基础与上层建筑的辩证关系的基础之上的。马克思主义认为，法作为一种社会现象属于上层建筑的范畴，是由一定的物质生活条件决定的。刑罚包括监禁刑属于上层建筑的一部分，因此根据上述经济基础与上层建筑的关系，在马克思主义的刑罚观中，经济基础的性质决定刑罚的性质；经济基础的发展变化决定刑罚的变迁及其发展方向；同时，刑罚制度的运作也会对经济基础产生反作用，或是巩固和促进，或是阻碍经济基础的发展。从此观点看，监禁刑作为主要的刑罚种类与国家制度一样本质上是由它所在的物质条件决定的，监禁刑的产生、发展也是由社会的发展决定的，起最终决定作用的是监禁刑存在的物质条件的发展变化。

在学术研究领域，坚持并发展马克思主义刑罚观的学者在国外最典型的是格奥尔格·鲁舍和奥托·基希海默。他们在其著作——《刑罚与社会结构》一书中作了详细的论述。在每一生产制度下，都有与其生产关系相适应

的刑罚。[①] "刑罚既不是犯罪的结果，也不是犯罪的对立面，也不仅仅是由目的所决定的手段。必须把刑罚作为一种社会现象来理解。任何制度的产生和存在均有其目的，但是仅从目的诠释和理解制度是片面的，因此刑罚虽有其特定的目的，但是并不能仅仅通过刑罚目的来理解刑罚。"[②] 鲁舍和基希海默在书中指出，在重商主义时代也就是 15 世纪至 18 世纪之前，刑罚以死刑和严酷的身体刑为主。当时社会物质条件极为有限，物质生产能力低下，对劳动力的需求不大，对罪犯并没有作为劳动力的需求。但是，在重商主义时期开始后，流放刑和监禁刑开始出现并增多。重商主义时期也是资本主义兴起的时期，这一时期经济大幅增长，但是人口增长却因国际纷争等原因而停滞。社会物质生产的发展急需大量的劳动力，为了解决这一社会发展的需求，国家不得不采取措施，首先，严格限制劳动力的迁徙，并尽可能地吸引别国的劳动力；其次，通过提高工资和提供良好的工作条件来吸引劳动力。在这样的社会背景下，国家针对罪犯这种特殊劳动力的政策也就发生相应变化，通过限制死刑、废除肉刑，代之以监禁刑的方式实现保存劳动力的目的。鲁舍和基希海默均认为监禁刑的产生与当时经济发展状况下劳动力稀缺有密切关系。

由于受中国特殊的政治体制和学术传统的影响，中国学者在分析监禁刑起源发展的问题时，最为传统的进路就是马克思主义式的。薛梅卿教授主编的《中国监狱史》极具代表性，该书开篇就提出指导性思想就是马克思主义，并从阶级分析的视角来认识和定位监狱，认为：监狱并非产生于人类社会之初，而是人类社会发展到一定历史阶段的产物，是阶级产生的体现，是一定经济基础之上的上层建筑的重要组成部分。监狱是构成国家这一特殊公共权力的国家机器之"物质的附属物"，即和军队、法庭、侦查机关等强制机构一样，属于"国家实质的东西"；监狱也是实行阶级专政的工具，"它是

---

① Georg Rusche and Otto Kirchheimer, Punishment and Social Structure, Transaction Publishers, NewBrunswick, 2003, p. 5.

② Georg Rusche and Otto Kirchheimer, Punishment and Social Structure, Transaction Publishers, New Brunswick, 2003, p. 5.

暴力，并不是什么'仁慈'的东西"；监狱既随着国家的产生而产生，也随着国家的发展、消亡而发展、消亡。马克思主义这些精辟的监狱学说，就是研究监狱史所应遵循的指导性的理论。① 也是研究监禁刑的理论指导。刑法学家蔡枢横在论述中国刑罚发展史时也坚守马克思主义刑罚观，指出：自从原始共产主义所有制在神农末期开始崩溃以来，中国的生产资料所有制，经历了邦人私有制（五帝时代）、邦君私有制（三王时代）、家长私有制（春秋、战国到清末）等四次变革，反映于上层建筑，刑罚也经历了五帝时代以死刑为中心的刑罚，三国时代以肉刑为中心的刑罚体系，隋唐至清以徒留刑为中心的刑罚体系和清末以后以自由刑为中心的刑罚体系的变革。② 从此观点，我们可以认为，在不同的生产制度下，都有与其相适应的刑罚，死刑、肉刑、监禁刑、罚金刑的产生和更替受当时社会的物质生产条件和生产制度制约。也就是说，将罚金作为一种刑罚只可能是在奴隶社会的经济条件下，毁人肢体的肉刑也只会在生产力极为低下的奴隶社会和封建社会成为必要；没有制造业和工厂，监狱劳动力也就没有价值，监禁刑也就没有成为刑罚的可能性；在货币经济条件下，罚金也就有了成为刑罚的意义。因此，在既定生产制度消失之后，与之相适应的刑罚也会变得不合时宜，③ 刑罚也就需要变革，新的刑种产生，旧的刑种废止。

照此进路，我们可将监禁刑作为社会想象、作为上层建筑的组成部分来看待，并认为监禁刑的产生和发展是受社会生产发展状况制约的。总之，生产力发展状况对监禁刑的产生和发展有决定作用。生产力决定生产关系，生产关系决定刑罚内容，刑罚内容决定刑罚执行。在生产力落后的社会时期，生命刑与身体刑处于刑罚体系的中心地位，监禁刑无产生的经济基础。当时虽然也出现了监狱，但只是一种为执行死刑或身体刑前的拘禁手段或者付诸审判前的拘禁手段。但随着生产力的发展，资本主义的兴起，在生命和健康

---

① 薛梅卿主编：《中国监狱史》，群众出版社 1986 年版，第 3 页。
② 蔡枢衡：《中国刑罚史》，广西人民出版社 1983 年版，第 2 页。
③ 郝方昉：《刑罚现代化研究》，中国政法大学出版社，第 166 页。

有了基本保障的情况下，自由的价值凸显出来。在这种情况下，剥夺自由变为具有相当威慑力的刑罚手段，而身体刑与生命刑则因在道德上受到谴责，在经济上刑罚成本高而被废除或受到限制，自由刑成为刑罚体系的中心。从而监狱成为监禁刑刑罚执行的场所。

　　这样的研究思路和成果的确诠释了刑罚由严酷向轻缓发展的总趋势，同时也说明了监禁刑是在刑罚发展过程中出现的。在原始社会没有生产资料的私有制，也没有人剥削人的经济条件，全体成员的利益是一致的，所以就没有国家统治的暴力工具——监狱，更不可能出现监禁刑。同样，在奴隶制社会，生产力极为低下，奴隶主不仅占有生产资料还占有生产工作者——奴隶。奴隶相当于会说话的工具，奴隶主可以把奴隶当作牲畜来买卖或肆意屠杀奴隶。这样的生产关系基本上适合当时的生产力状况。在奴隶制社会法律下，奴隶没有作为"人"的主体地位，他们没有任何权利，不受法律保护，谁杀死奴隶只要对他的主人赔偿损失即可。在这样的社会条件下，把剥夺自由作为一种刑罚的监禁刑没有任何存在的意义和价值。在奴隶社会末期，生产力有了发展，当时的社会出现了开始让战俘存活下来，强迫他们劳动，限制奴隶自由，防止奴隶逃亡的措施，执行相关措施的设施——监狱的雏形也就出现了。然而，监禁刑在当时生产力水平发展不充分的情况下是不可能生存和发展的，它的产生对生产力发展的要求是劳动力能够生产出相当多的剩余产品。然而，在奴隶社会，由于政治、经济条件的局限，不可能把奴隶组织成有效的劳动力，然后发展到劳动力也成为一种商品进行交换的程度。社会发展到封建社会末期，生产力得到很大发展，社会产生了对大量劳动力的需求。当时，利用罪犯之劳动力的重要方式之一就是将其运输到殖民地或者战争地。西班牙和葡萄牙早在15世纪就开始使用这种办法，而英国则是第一个系统地采用这种方法以开拓其殖民地的国家。这样既要维持国内经济发展，又要开拓殖民地的唯一办法就是输送那些本应处死的罪犯。流放刑曾受到罪犯输入国的青睐。随着澳大利亚拓荒成功和经济发展，罪犯在流放地的生活开始变得并不十分残酷，流放失去了其恐怖性。当自由民大量涌入澳大利亚后，废止流放刑的呼声也日益高涨。因为一方面，殖民地的劳动力开始变得不再像之前那样稀缺；另一方面，这些移民担心罪犯的大量注入会降低他们的收入，影响生活水平，所以呼吁废止流放刑。最终，流放刑于1852年被废止。流放刑的产生、发展、废止清晰而直截了当地勾勒出了生产力的发展和经济条件的转变是怎样影响刑罚的。

矫正院起源于英国，但是在荷兰得到大力的发展。其重要原因在于，荷兰作为第一个资本主义国家，其经济发展更需要这种机构来补充劳动力。矫正院对于当时经济的发展是有意义的。"他们的低薪水以及职业培训，对于资本主义生产是非常重要的因素。当时的学者和经济史家也持这样的观点。"① 这也正是说明监禁刑的产生是资本主义商品经济发展的结果。监禁刑成为刑罚的条件应该有：自然人享有独立与自由权利；生产力高度发展，对劳动力产生巨大的需求；劳动力因为可制造剩余价值而成为商品，可自由买卖。资本主义社会为监禁刑提供了现实条件。具体而言，资本主义社会生产力得到高度发展，人从各种人身依附关系中解放出来，具有独立的人格与自由，自由被视为人人享有的天赋权利，劳动力已成为自由买卖的商品，这就使得监禁刑作为一种普遍适用的刑罚成为可能。陈兴良教授对监禁刑本质的观点更为精辟地诠释了监禁刑产生和存在的条件：在资本主义社会里，剥夺自由的实质就是剥夺创造价值获得货币的机会与能力，这就是自由刑的本质，这也就是自由刑在资本主义社会得以广泛适用的根本原因之一。②

市场经济促进了监狱的发展与专门化，产生了与之相适应的行刑制度，推动了监禁刑的发展。在中国古代监狱向近代转型的过程中，经济发展因素也凸显了其积极的价值。民国初年的奉天第一监狱所关押的罪犯不仅被组织在监内从事劳役，而且也安排一些罪刑较轻者在监外劳动服刑。当时中国的监狱管理者对罪犯在狱外劳动的认识较为粗浅，尚不能认识到行刑社会化的价值，认为这样既不利于管理，还容易产生罪犯逃跑的弊端，也与监禁刑通

---

① 郝方昉：《刑罚现代化研究》，中国政法大学出版社2011年版，第126页。
② 柳忠卫：《监禁刑执行基本问题研究》，中国人民公安大学出版社2008年版，第85页。

过监禁方式执行的行刑本意不相符合。尽管如此，在当时国家财政对监狱补给严重欠缺的情况下，为了实现开源节流，不得不利用罪犯劳动力为监狱的经济做贡献，也就是监狱当局产生了对罪犯劳动的需要和罪犯劳动创造成果效益的不舍，因此在监狱明知当时的罪犯在监外服役不合法理的情况下，却依然坚持原来的做法，服刑人劳动的价值已经得到肯认。于是，顺理成章地，监狱就开始实施依据罪犯的劳动表现衡量犯人的悔罪改过程度，犯人劳动中的表现不仅决定了他的处遇等级，也成为其最终能否被适用假释而提前出狱的主要依据之一。

对于马克思主义而言，跨越生产力的发展水平、生产关系的状态笼统地谈论刑罚的观念、性质样态以及监禁刑的产生和变更规律是绝对不可能的事。生产力的发展，推动生产关系的变化、调整，从而引发上层建筑的变革。社会制度因此而不断地更替和发展，并呈现出日趋文明和进步的发展趋势。监禁刑的发展也呈现出同样的发展态势。刑罚之稳定性及其变迁的根源在于经济基础，在于生产力的发展状况——这也是第一原则的应有之义。在监狱行刑文明化的历史长河中，刑罚体系沿革的总趋势是从严酷逐步走向轻缓，与此同时，监狱行刑也由野蛮逐步走向文明。这个变化的阶梯与生产力的发展、社会制度的更替和文明基本吻合。

只研究一般的刑罚现象，我们就可能得出这样的结论：刑罚的轻缓化、监禁刑的文明化是发展的趋势。然而，刑罚（包括监禁刑）的产生和发展其实并不完全按照生产力发展状况这一线索，在人类历史上的确也出现了与之规律相悖的一些想象。首先，从我国清末修律的情况看，在我国清朝末年，当时社会虽处在半殖民地半封建的状况下，虽然也有资本主义经济的萌芽，但是大部分地区仍处于自给自足的封建经济。在这样的社会背景下，出现了体现资本主义法律理念的修律行为，并进行了狱制改革，确立了监禁刑在刑罚体系当中的地位。其次，在监禁刑的适用上，一个极为普遍的问题就是并非均呈现出逐渐宽松和人道的趋势。在西方国家，教育刑理念被极度追捧的氛围下，监禁刑的执行日渐宽松；然而在犯罪率日益攀升，犯罪对社会秩序带来极大威胁的背景下，监禁刑的执行再度体现了报应和重刑主义的倾向。最后，在基本相同的生产力和经济基础上，不同国家对监禁刑的宽严态度不同，在经济基础日渐雄厚的国家也并未完全体现监禁刑制度上的一味宽松。因此，我们可以说，监禁刑的发展除了马克思主义的经济基础与上层建筑的辩证关系规律论中所说的社会物质条件之外，应该还有其他因素影响并推动着监禁刑的产生和发展。

（二）关于政治权力是监禁刑演进的动力观点的思考

持此观点的代表性学者是法国的思想家米歇尔·福柯。他是 20 世纪六七十年代法语学术界最负盛名的学者之一，同时也是 20 世纪极富挑战性和反叛性的思想家。他的著作《规训与惩罚》是一本研究监禁刑的杰作。该书通过考察西方国家从肉刑废除到监禁刑兴起的刑罚演变过程，卓有成效地提出了监禁刑执行的核心元素——规训，进而揭示隐藏在规训后面的权力的运作艺术，指出规训是驯服人体的规训权力的技术运作，规训不仅在监狱存在，学校、军队等也是实施规训的重要场所。该书通过分析还指出了现代社会关于人的科学与权力的相互依附关系，颠覆了近代启蒙主义和人道主义给我们带来的"常识性认识"，开创了刑法学之外的另类的"刑罚观"。从书中我们可以总结出福柯的观点：监禁刑演进的动力在于统治阶级为了解决当下之社会矛盾，需要运用政治权力。

福柯的"刑罚观"首先解释了公开执行死刑和肉刑方式的存在和消亡的理由。在现代社会，公开行刑是有违人道的，但是在当时却有其合理性。公开行刑作为一种仪式，具有特殊的政治功能。犯罪不仅只是对被害人权利的侵害，还是对国家利益的损害，同时更是对君权的挑衅。对罪犯公开行刑是重建一时受到伤害的君权的仪式。它以公开行刑的方式向社会申明君权的神圣和不可侵犯性。一项短促却又重大的仪式的目的在于重建君民之间的平衡，告诫民众胆敢蹂躏法律的下场。就受刑者而言，受刑者虽然已陷于绝望，但依然被指望能够赞美"虽然已经抛弃它的苍天及其法官"。然而，公开行刑隐藏着一个重大的矛盾，一方面是对罪犯权利的剥夺和身体的伤害，另一方面却希望罪犯对施刑者——君权的赞美和感激。这最起码是违反人性的。在公开行刑中，逐渐出现了民众对罪犯的同情和对君权的反感、被行刑罪犯对君权的蔑视。18 世纪的改革者认为，这种仪式的现场充满了暴政与叛乱之间的博弈。在他们看来，暴政面对着叛乱，两者互为因果。这是一种双重的危险。① 因此，随着绞刑、身体刑和耻辱刑不断被适用，欧洲和北美当局逐渐都开始意识到，大规模的处决并没有降低犯罪率。扒窃犯甚至在绞刑台附近还是照样掏兜。到了 1810 年，在英格兰被判处死刑的罪犯中，实际上只有10% 被绞死了，其余都被监禁或者流放了。② 酷刑和公开行刑对维护君权逐渐失去了其运用的效果。

其次，福柯的"刑罚观"说明了监禁刑产生和存在的基础。18 世纪资本主义社会刚刚形成，大量的农民因破产而流入城市，造成整个国家居民结构的重大变化。流入城市的破产农民，除了一部分幸运地在新型的资本主义企业中找到工作而逐渐成为工人以外，有相当数量的人沦落为失业者和无家可归的流民。城市中出现了大量新的社会问题，其中最主要的是大量犯罪的发生。大量的土地、资源和财产变为个人私有，对它们的非法占有和盗窃变成了对个人所有权的侵犯，不仅如此，这种非法行为还愈演愈烈，因为人们对财富的欲望大大地超过弑君反叛的冲动。于是，一个难以解决的矛盾出现了，一方面，大量出现危及个人财产的非法行为；另一方面，对这些行为缺乏有效控制的君主权力。传统的君主权力根本就没有建立也不可能建立一套有效对付形形色色的非法行为的司法和刑罚机制。社会发生了变化，原来的刑事惩罚失去应有的效用。重新构建一种新的惩罚机制成为需要。新的惩罚机制应该符合以下要求：是一种罪行的适当惩罚，应该关注这一种度的把握；这种惩罚是一种伤害，这种伤害的观念应阻止人们产生犯罪的意愿，减少人们使犯罪变得诱人的欲望，增强人们使刑罚变得可怕的兴趣，使人们欲望和兴

---

① ［法］米歇尔·福柯：《规训与惩罚》，刘北成 、杨远婴译，三联书店 1999 年版，第32 页。

② ［加拿大］西莉亚·布朗奇菲尔德：《刑罚的故事》，郭建安译，法律出版社 2006 年版，第 10 页。

趣的强弱状况发生逆转。新的刑罚机制的建立需要借助国家权力得以实现。①

18 世纪末，西方国家开始了重新构建关于惩罚权力的新结构和新技术的活动。当时社会开始受到资本主义启蒙思想的影响，所以此次刑罚的新构建自然而然地受到了社会契约论的指引。按照这种理论的假设，公民在接受法律的保护的同时，也不得不接受可能用于惩罚他的那种法律。罪犯是破坏契约的人，因此应该得到法律的惩罚，并被迫参与施加于他的惩罚。刑事惩罚是一种普遍化的功能，它随着社会共同体的功能及其各因素的功能一起扩展，关于惩罚的程度、惩罚权力的合理使用问题就成了构建刑罚的重要问题。

在令资产阶级头疼的形形色色的非法行为中，有大量的行为没有现成的法律与之对应，也不可能通过制定法律来一一控制，于是，形形色色的规训纪律成了控制形形色色的非法行为的手段。纪律的产生和存在由来已久，但从 18 世纪开始，纪律作为新型的权力核心而形成规训权力。规训技术不同于公开行刑的威严仪式，它是长期的，以一种看似细小的、微不足道的，但又产生持久影响力的方式。国家希望通过规训，将罪犯逐渐驯化为温顺的、努力工作的、充满愧疚的、有用于社会的主体，一个听命于国家法律的良民。获得这种驯顺特征的主要方式就是通过连续不断的规范对照所带来的道德压力：好的公民与坏的公民，年幼与成熟。总之，规训是通过判定行为规范以及修正任何对之的偏离而进行的。②

在福柯看来，惩罚作为一种权力是建立在被惩罚者痛苦基础上的权利剥夺，而不是以所谓的"仁慈"为出发点的。"人道"只是一种权力的策略而已。监禁刑所体现的现代规训以及进行规训的各种规范的特征，就在于采用了最新的科学技术成果，采取理性的权力技术和策略对主体进行全面的监视和宰割。这是一种以身体为对象的复杂精巧的教养和训练，与酷刑不同的是，身体已不再受到损害或折磨，但无从摆脱控制。在规训权力的控制下，罪犯

---

① ［法］米歇尔·福柯：《规训与惩罚》，刘北成、杨远婴译，北京三联书店 1999 年版，第99 页。

② ［巴西］J. G. 梅基奥尔：《福科》，韩阳红译，昆仑出版社 1999 年版，第 114 页。

被告知按规定、有条不紊地进行活动，在这里罪犯丧失了自主决定的权利，就这样各种权力关系直接控制罪犯身体，于是产生了名目繁多的身体政治技术。而根据复合的互补关系，身体的政治笼罩与它的经济效用密切相关。身体既是政治统治的对象，又是一种生产力。① 与酷刑相同的是，监禁刑的惩罚再次作用在肉体上，但它的目的不再是对肉体的肢解、破坏，而是对肉体进行训练和监督，最终使罪犯养成良好的生活习惯和守法的习惯。这一任务必须由专门的机关——监狱承担。它将是一个全面的、连续的和有效的监督机关。

从而，监禁刑对罪犯的惩戒不再是公开表象和道德说教，而是通过知识与权力的行政技术的精致运用，尝试行为限制——不但对肉体，而且对灵魂。惩戒是一种表示障碍的符号，而阻碍犯罪需要借助"人道原则""惩罚的适度性原则""充分想象原则""侧面效果原则"② "绝对确定原则""共同真理原则"③ "详尽规定原则"④ 等因素的支撑。改革者认为，他们通过这种惩罚符号的技术而赋予惩罚权力一种经济而有效的手段，这种手段可以适用于整个社会，能够把一切行为编成符码，从而控制整个弥散的非法活动领域。

最后，福柯解释了监禁刑自产生之后很快暴露其弊端但还是存在的理由，即实现统治权力的技术需要。监禁刑出现后很快就被证明其所隐含的行刑封闭性和回归社会化之间的矛盾是难以化解的，在一些层面上可以说是失败的，但是监禁刑仍然作为主要的刑种，没有被淘汰。对其原因，福柯的观点是监禁刑是属于一种涉及身体的政治技术学。它就是要将身体和刑罚连接起来，从而透过身体来实现刑罚目的。在其代表作《规训与惩罚》一书他强调各种政治、经济和刑罚的机制所关注和影响的最终材料都是人的躯体。因为，无

---

① ［英］阿兰·谢里登：《求真意志——米歇尔·福柯的心路历程》，上海人民出版社 1997 年版，第 68 页。

② 在量刑时，应该在各种刑罚中选择那种既能给民众的思想造成最持久的印象，又是对犯罪的肉体最不残酷的手段。

③ 未经法院判决不得确定一个人有罪。

④ 把个案化作为精确编纂的法典的最终目标。

论是生产、统治还是其他各种使自然人成为社会人的机制，从根本上看，都取决于对人的躯体的成功征服，就是要使人的躯体经受各种有意无意的训练，从而使之在不同程度上变得可驾驭、服从和有用。① 历代统治阶级很清楚地意识到，只有首先控制被统治阶级的身体，才能进一步对他们进行全面的统治和控制。因此，为了使被统治者温驯地服从统治，首先要千方百计地宰制被统治者的身体，使他们的身体变得温驯、听话、百依百顺、唯命是从。

监狱是权力技术运作的不可缺少的领域；人的身体是最佳的权力技术运作的对象。需要指出的是，福柯反复使用的"权力"一词并非指国家社会层面上的宏观权力，而是一种微观权力，一种局部的、持续的、生产性的、毛细血管状的和细节化的权力，这种权力的最大特点就是它的隐匿性与生产性。

监禁不再直接惩罚肉体，但是仍然通过对肉体这个表象的规训来作用于灵魂。在这里，监狱成为一个桥梁，它沟通了知识与权力，连接了肉体与灵魂。监禁实质上是针对犯人个体的"新型权力技术学"。司法控制的首要目标不在于实现社会正义，而在于"使对非法活动的惩罚和镇压变成一种有规则的功能；它与社会同步发展，它不是要惩罚得更好些，而是要惩罚得更有效些，它或许会减轻惩罚的严酷性，但目的却在于使惩罚更具普遍性和必要性；使惩罚权力更深入地嵌入社会本身"。

福柯谈论了规训权力成功的原因：监禁刑对肉体的控制遵循着光学和力学法则而运作，即利用空间、线索、格网、波段为手段，通过控制思想来控制肉体；把表象分析确定为肉体政治学的一个原则，这种政治学比酷刑和处决的仪式解剖学要有效得多。② 换句话说，监禁刑也许不是最完美的，但无疑是最优的选择。监狱作为规训权力的一部分，是在服务于更深层次的政治目的。监禁刑给了国家以唯一的对犯罪人的控制权，使其能够在不受民众之嘲弄的前提下向犯罪人施加刑罚。

---

① 朱苏力："福柯的刑罚史研究及对法学的贡献"，载中评网：http://www.china-review.com/sao.asp? id=7763，访问日期：2016 年 11 月。

② ［法］米歇尔·福柯：《规训与惩罚》，刘北成、杨远婴译，三联书店 2003 年版，第 97 页。

福柯以后现代主义的视角在《规训与惩罚》中，对现代社会规训技术与权力体制进行了解剖，打破了人们对现代社会合理性的迷信，对西方主流知识和话语形成了强有力的冲击。他的社会法律思想充满了质疑、批判、求异和创新，秉持了肇始于柏拉图时代的西方学术传统。福柯刑罚论的贡献恐怕在于，发现一些通常被人们忽视的东西，提供一些新的观点或者为人们思考问题提供新方法、新角度。不得不承认"后现代主义对于疗救现代病，是一剂不可多得的药石"。

福柯从政治权力技术的角度分析了监禁刑存在的缘由，但是很容易给我们留下的质疑是，监禁刑的产生和发展绝非是政治权力技术分配的这一个单一的理由。毋庸置疑，政治权力对于监禁刑的运作必须考虑多方面的社会因素。从政治权力视角分析监禁刑演进的动力采取的是一种功能主义的进路，即考察监禁刑如何完成它的社会功能，而忽略了政治权力的运作离不开当时的社会经济条件、社会思想意识等因素。政治权力作为一种权力，表现为权利主体对权力对象的支配和制约。政治权力对象可能是某些群体、社会组织，这些对象在受到权力支配或制约时会因权力的合法性和合理性问题而作出不同的应对。当政治体制强大、体系良性更新能力强，权力合理且合法，权力对象对权力的反作用力就小；反之，反作用力就大，并且不论反作用力的大小，这种反作用力是客观存在的。政治权力的运作并非是一项单向活动，运作的后果至少应考虑权力对象的反作用力，因此，政治权力不可能成为监禁刑演进的唯一动力。

对此，我们也可以根据马克思主义政治权力运作思想得出权力的运作首先需要思考的是权力行动者，这里即指权力主体也指权力对象，包括政党、议会、军队、民族和广大的无产阶级；其次需要考虑政治权力的行动空间，根据权力涉及范围不同包括议会内外、制度内外或者国家内外；再次需要考虑的是政治权力运作与制度化问题，也就是政治权利运作的主体、模式、后果能否为制度所容纳或保障；最后就是政治权力运作的后果，需要考虑应采取何种策略使权力的运作结果符合运作的目的，以避免运作结果与运作目的相矛盾。因此，我们认为，福柯关于监禁刑演进问题的研究过于高估政治维度的重要性，而忽略了作为政治理性运作之背景的经济事实和文化事实；同时，其研究结论的基础，所选取的事实的可信度和普遍性遭到了质疑。总之，政治权利的运作效果需要考虑多元因素，只从政治权力运作的视角思考监禁刑演进的动力是不全面的。

(三) 对加兰的文化是监禁刑演进动力观点的思考

美国学者戴维·加兰认为文化是监禁刑演进的动力。加兰从关注民众的各个不同的价值观念和想法是如何进入并体现在刑罚程序之中的思路入手，分析和讨论文化观念和民众感受对刑罚的推动和发展。在研究中一个比较突出的思路就是什么样的行为是民众所不欲的，以及如何对待这样的行为。这一研究思路在理论界通常被称为文化分析的进路。继加兰之后，彼得·史毕伦伯格在《受刑的景观》一书中就采取了这种分析进路。该书改变了以往学者从刑罚功效视角出发，以理性的、主动的控制体制的角度来看待刑罚，而是从民众心理感受之变迁的角度来考察刑罚变迁。为证明自己的观点，史毕伦伯格选取了作为公共景观的刑罚作为一个视角，描述公开行刑的兴衰成败，追踪民众之感受对这整个过程的影响。史毕伦伯格的考察集中在 1650 年至 1750 年，通过大量的史实，史毕伦伯格发现，对于犯罪人之公开行刑，民众最初是较为配合国家的，持积极态度，表现出了对犯罪的憎恶和国家施以刑罚的拥护；但是逐渐地，随着人们对人和人性认识的加深，产生了对同类的同情和宽容，民众的内心变得温和，对于刑罚的态度也就发生变化，变得对在公众场合毁人肢体、结束人之性命的行刑行为开始反感，对罪犯遭受酷刑表示同情。在越来越多的行刑现场出现和发生了围观民众与行刑者的对抗或者暴乱。人与人之间的相互认同感增加。"同类的死亡和受刑越来越被观众视为一种痛苦的事情，因为受刑人和观众越来越有认同感。"到 19 世纪，民众对于公开行刑的忍耐达到极限，最终彻底废除了公开行刑，转到更隐蔽的监狱中行刑，行刑从公众视野中消失了。

法律情感是指那些与法律符号相关联的情绪体验。对于一个既定的法律文化系统而言，一个法律符号所引起的某种情感趋向是比较稳定和普遍的。而法律评价取向，指的是人们如何对那些与法律相关的价值进行排列和选择。每一类的法律文化之所以具有与其他法律文化不同的个性，在很大程度上是因为它有自己独具特色的法律评价取向。"公众对待处理犯罪和罪犯的情绪和脾气在任何国家都是对文明程度最为可靠的试金石"。史毕伦伯格之所以认为1800年前后的刑罚变迁并不仅仅是一个政治变迁或法律变迁的问题，而主要是民众感受的根本变化所导致的，感受发生变化后公开行刑得以真正废除。人们逐渐认识到不公开行刑才是更为文明的。精英人物的呼吁和民众感受的变化，最终导致公众对于公开行刑的厌恶感和谴责已经愈演愈烈，最后使公开行刑得以废除。与史毕伦伯格一样，加兰也重视民众对于刑罚的感受对刑罚变迁造成的影响。"感受如何得到建构，以及如何随时间而变迁，这是极为重要的，因为这与刑罚有着直接的关系。我们知道，犯罪与刑罚会引起公众以及当事人在情感上的反应。对于犯罪人的适恰回应摇摆于恐惧、敌视、挑衅、憎恨和怜悯、同情和宽恕之间。不仅如此，只要刑罚意味着要使用暴力或施加痛苦，那么刑罚的适用就会受到主流观念在什么是可接受的暴力、什么是不可接受的暴力之间所做的区分的影响，以及针对'痛苦'的文化态度的影响。""政治决定总是要在社会习惯与感受所形成的背景之下作出——这种背景往往至少是对公众所能接受的程度以及施刑人员所能施行的程度作出一定的限制。即使是最不道德的政府，也能感受到这种力量，从而在太过可耻或冒犯与不太可耻或冒犯之间划定界限，以作为认真的政策考量的基准。"加兰对于刑罚文化的理解要比史毕伦伯格更为全面。他认为刑罚文化包括认知领域的刑罚观念和情感领域的刑罚感受。刑罚制度所允许的刑罚强度、施刑手段以及受刑方式不仅取决于方便与否，而且还取决于当下的道德习俗和感受。我们对于什么是公正的、可接受的和文明的刑罚方法观念，在很大程度上取决于所处的文化模式，正如我们对于什么是不可容忍的或者是"不人道"的观念要取决于文化模式一样。因此，文化不仅决定了刑罚的轮廓和外在限制，而且还形塑了运作在刑罚领域之内的具体界分、次序和归类。

刑罚观念与刑罚感受可能会因人而异，但这并不否认其同样受到文化结构和社会结构的塑造。因此，在此需要注意审查的是不同民众个体的刑罚观念与刑罚感受所共同体现出来的文化脉络。加兰主张"关注（民众的）各个不同的价值观念和想法是如何进入并体现在刑罚程序之中，以及——更广泛的是——讨论文化观念和感受如何影响刑罚制度"。① 刑罚文化是刑罚实践所不可或缺的直接背景，任何外部力量，无论是政治力量还是经济力量都必须首先转变这种刑罚文化，然后才能发挥效用。具体而言，民众的感受主要受以下法文化元素的影响。

（1）宗教所体现的刑罚文化。在中世纪之前，宗教与世俗社会密切结合，世俗的罪（crime）与宗教的罪（sin）结合在一起，刑罚适用的过程也是赎罪的过程。即使是在中世纪之后，宗教仍是型塑刑罚实践的重要力量。例如感化院的建立就有宗教的成分在其中。"即便是在今天，教会和宗教团体依然处于呼吁刑罚改革、急罪犯之所需的最前沿；监狱牧师仍在监狱中发挥一定的作用，尽管他们在精神引导方面的工作已经削弱，而更多的是作为社工而出现。"

（2）对"正义"的观念。"正义"往往被人们视为亘古不变的绝对价值，但事实上并非如此。例如，从一种形式正义观向实质正义观的过渡，导致了刑罚平等主义和刑罚个别化之间的艰难抉择，以及惩罚与福利之间的悖论。

（3）对"罪犯"的观念。"关于何为罪犯的文化观念，影响了社会处理那些变动着的人群的方式。"刑罚的历史已经说明了这一点。在 17 世纪信奉清教的马萨诸塞州，是通过新教神学的精神范畴来理解罪犯的，罪犯都是宗教意义上的罪人，而我们每个人在宗教意义上也都是带着原罪，因此罪犯不是"他者"，而是我们中的一分子。在这种观念下，"每一次的谴责仪式都并非旨在征服敌人，而是旨在已经赎罪并悔改的罪人"。而在 17 世纪的英国，对于罪犯的观念虽有宗教的痕迹，但更多地则认为犯罪是习得的，是因为这

---

① 郝方昉：《刑罚现代化研究》，中国政法大学出版社 2011 年版，第 161 页。

些人道德败坏，不走正路。因此，"法院主要关注的是罪犯的性格、危险性以及在社群中的表现，以此为基础来确定罪犯是应当被判处绞刑的惯犯，还是应当给予自新机会的可以矫正的人"。到 19 世纪中叶，在贝卡里亚、边沁等理性主义、功利主义的影响下，罪犯的形象是理性的得失利弊权衡者，因此威慑措施取得重要地位；而 20 世纪初的犯罪学家又给出了另一幅不同的罪犯形象，那就是基于先天的、心理的或社会的因素而产生异常的人，在一定程度上，他们无法抗拒犯罪的倾向。在这种观念下，刑罚实践又有所重构，罪犯人格评估成为量刑的一个重要标准，对于惯犯、酗酒者、精神失常者以及过失犯设有各种不同的机构和制度。

加兰和史毕伦伯格以文化视角探讨刑罚的演进动力，从此我们也可总结出文化是监禁刑演进的动力。虽然两位学者试图通过一个新的视角改变对刑罚演进动力研究方面出现了单一化问题，但是这里的文化却仅局限于民众对刑罚的感受，也就是民众对于罪犯的认识、正义价值的理解和对行刑方式的直观感受等。因此，我们认为这一研究进路也同样犯了单一化的问题。

二、监禁刑的演进是法文化所涵盖的多重合力推动的结果

上述三种分析进路分别从特定的角度解读监禁刑变迁的逻辑，虽片面却深刻，各有千秋，由此也可以看出，监禁刑变迁就像刑罚变迁一样具有多重动力，这些动力相互作用的过程中，产生出一个合力，推动监禁刑的产生、发展。具体而言，具体时空条件下的经济动力、政治动力和文化动力综合作用，确定了监禁刑的具体样态，这些动力的变迁决定了监禁刑随之而变迁。多重动力有不同的地位和运作逻辑，也即经济动力的决定性和其他动力的相对独立性；多重动力既指出了刑罚变迁的方向性，同时并没有抹杀刑罚变迁在不同国家、不同时期所呈现出的多样性。

尽管监禁刑的发展过程是一个充满矛盾的异常复杂的运动，众多独立的和依存的变数在交互作用，必然因素与偶然因素相互交织，前进与倒退交错作用，这些因素的相互作用的合力成了监禁刑演进的根本动力。各因素在合

力中会因为不同的环境其作用有所不同。从总体看，在合力中，经济因素发挥着主要动力作用的同时，政治、文化的因素也具有相对独立的功效。这种独立性是相对于经济基础的决定性而言。生产力的变革会引起生产方式的变革，但生产方式的变革并不必然意味着社会制度的变革。换言之，生产力的发展会导致政治、文化各方面产生问题，但是生产力的发展并不能自动地解决这些问题。问题的解决必须依靠民众的刑罚文化逐渐变化，以及政治理性以有效性为目标，对刑罚制度进行的必要调整。这就涉及了合规律性与合目的性相统一的问题。

法文化是一个包含丰富内涵的概念，能够指代推动监禁刑演进的多重动力。笼统地说，文化是随着人类的产生、发展而出现的一种社会现象。按照美国社会学家戴维·波普诺的定义："文化是一个国家，一个民族或一群人共同具有的符号、价值观及其规范，以及他们的物质形式。"① 因此，从广义理解，文化不仅包括精神创造，还包括产生精神创造的物质和制度层面；从狭义理解，文化概念可等同于人的精神创造，或者更专注于精神层面如何做人及人生态度，是包含于传统哲学并被诸多现代人明确倡导的内容。相应地，法文化概念也就有了广义和狭义之分。广义的法文化是个系统性的概念，它涉及思想观念、制度规范、行动艺术和物化形态等诸多方面，所有这些方面的整体组合构成法律文化的总体性面貌。狭义的法文化仅指关于法律的意识形态。由于我们研究的是法文化的对象主要是法律现象，法律现象则主要表现为法律意识形态和法律制度、组织机构等。因此，笔者认为法文化是一个国家、一个民族在漫长的历史长河沉淀出的对法的认识以及在这些认识指导下形成的法律制度、法律设施和法律实施的统称，包括人类在长期的法律实践过程中所创造的精神财富的总和以及与之相适应的制度和组织机构以及相应的物质形态。具体而言，法文化包括以下几个方面。

（一）法律精神财富

主要指人们的法律意识、法律观念、法律心理、法律理论和法律价值观。

---

① 张俊伟：《极简管理：中国式管理操作系统》，机械工业出版社 2013 年版，第 21 页。

法律精神财富是物质文化基础上衍生出来的，因而，在不同领域会形成各自人类群体认同的精神文化，体现文化的同一性和多样性。在中国，就会形成中国法文化，在法国，就会形成法国法文化；同时根据不同的时代还有古代法文化、近代法文化、现代法文化；在不同的法领域，还有刑法文化、民法文化等。

（二）法律制度文化

主要指在法律思想、经验、理念等制度化、社会化的结果中，通过法的创制、认可、实施而形成的各种法律制度、习惯和规范。法律制度文化的内涵包括各种成文的和习惯的行为模式与行为规范。法律制度文化以物质条件为基础，受人类的经济活动制约。因此，人类在社会实践中逐步形成的制度文化，因地域、民族、历史、风俗的不同，而异彩纷呈，表现为多样性。法律制度文化凝聚了社会主体的法律智慧，并通过社会实践的延续而世代相传，从而成为人类群体的法律成就，其基本核心是由历史演化产生或选择而形成的法传统观念，尤其是系统的法价值观念，作为一种系统或体系具有二重性。一方面，它是人类活动的产物；另一方面，它又必然成为限制人类不规范活动的因素。

法律制度文化的特点表明，制度文化是一个不断运动、变化着的活的过程。制度文化与物质文化是相辅相成的。一方面，物质文化的发展推动着制度文化的发展；另一方面，制度文化对物质文化又具有强大的反作用，它可以推动也可以阻碍物质文化的发展。制度文化作为精神文化的产物和物质文化的工具，一方面构成人类行为的习惯和规范，另一方面也制约了或主导了精神文化与物质文化的变迁。制度文化的变迁经常会引发文化三个子系统的整体互动式的变迁。因此，文化的变迁也可以看成是一种制度文化的变迁。

（三）法律物质文化

主要指人们在从事法律活动过程中所创造的物质产品、相关设施等，包括法庭、监狱等，是文化要素或者文化景观的物质表现方面。譬如监狱经历了一个从无定所到有定所，从用黄土围成的简陋"狱城"到青砖筑成的坚固牢舍，甚至是今日的高墙、电网和现代化的监控设施过程，这些都是物质文化的表现。

法文化是民族与国家建立政治制度、法律制度的基础。法文化是一国文化的有机组成部分，与宗教文化、道德文化、政治文化等相互依存和作用，直接影响着国家、民族的法律价值标准的确立。因此，在不同的法律及法律制度中，凝结着各自所特有的文化因素，这种文化因素对法律及法律制度的产生、发展、变化具有巨大的力量和作用，对监禁刑的产生、发展、变化起到决定的作用。

三、法文化的推动导致了监禁刑的产生和发展

法文化是诸多要素构成的复合体，这些诸多要素相互联系、相互作用，具有推进法律前进的功能。因此，可以说，一切法律问题，归根结底都是文化问题。文化是制度生成与发展的土壤，法律文化是法律制度赖以生存和发展的土壤。①

（一）思想家的引领是监禁刑产生和发展的重要元素

近代监禁刑的发展是资产阶级统治者刑罚理念（刑事政策）变化的结果。而这一变化从思想上而言，起源于 14 世纪在意大利开始的"文艺复兴"。封建社会专制制度与宗教思想严重束缚了人们的理性思维，使人们长久地处于愚昧和苦难之中，文艺复兴以复兴古希腊罗马文化的旗帜，宣传人文主义世界观并和封建神学体系进行着顽强的斗争。15 至 16 世纪，文艺复兴的思想已遍及整个西欧。16 世纪自然科学在天文学、地理学、物理学、医学等方面所取得的卓越成就，也大大解放了人们的思想，开阔了人们的知识视野。到了 17 和 18 世纪，资产阶级法学家们积极传播法学思想和法学理论，为监禁刑的产生和发展起到不可估量的作用。刑事古典学家们从报复犯罪与预防犯罪两个方面纷纷提倡罪刑均衡思想，继承了启蒙思想家的观点，提出

---

① 曾粤兴："中国法律文化再造"，载《法治研究》2015 年第 2 期，第 119 页。

刑罚人道主义，主张将国家刑罚权纳入法治的轨道。天赋人权说的问世表明了人生而自由平等，提出了反对神权、君权的革命口号，强调君主和官吏只是和普通人一样，不许凭一时的喜怒哀乐随便地对人民生杀予夺，行使酷刑。资本主义的文化思想，其内容以自由、民主、平等、博爱为中心，这种思想在资产阶级夺取政权后，又被贯穿于其政治法律制度中。"自由与平等的新哲学强调人的尊严和个人权力。这激发了对身体酷刑的不断觉醒"。几种不同的思潮对推动刑罚改革发挥了作用。死刑和肉刑开始被看作是残忍的。

1764 年，贝卡里亚发表了《论犯罪与刑罚》，对重刑威慑论和神意报应论发起了猛烈的批评，系统阐述了一般预防论，并提出了罪刑相适应原则。贝卡里亚提出的关于罪刑阶梯的设想和边沁关于刑罚基本特征的描述，使得刑罚的可分性成为刑罚现代化的重要标志，而由于监禁刑以剥夺自由为特征，其明确具体的时间要素使得监禁成为最有可分性的刑罚方法，在一般预防论的基础上逐渐发育出了监禁刑。贝卡里亚从社会契约论出发，认为罪犯之所以受到刑罚处罚，仅仅是因为他违背了社会契约，刑罚权来自公民自愿转让的自然权利，其限度应该是维护公共福利，同时也应保障个人的尊严和权利。如果刑罚权超越了这种限度，是对自由的侵犯，这就违背了社会契约。因此贝卡里亚反对死刑，认为任何人都没有放弃自己生命的权利，因为这是一项天赋的权利，"一旦法律允许在某些情况下，人不再是人，而变成了物，那么自由就不存在了"。① 孟德斯鸠指出："无论政府温和或酷虐，惩罚总应当有程度之分；按罪行大小，定惩罚轻重。"② "依犯罪的性质量刑有利于自由，如果刑法的每一种刑罚都是依据犯罪的特殊性质去规定的话，便是自由的胜利。"③ 德国刑法学家李斯特认为刑罚的目的有二，一是通过个别预防以实现防卫社会之目的，二是改造和教育犯罪。他特别强调个别预防的重点不是预防不特定的可能犯罪的人，而是预防已受到处罚的人再次犯罪；刑罚的量应

---

① ［意］贝卡利亚：《论犯罪与刑罚》，黄风译，中国人百科全书出版社 1993 年版，第 72 页。

② ［法］孟德斯鸠：《波斯人信札》，商务印书馆 1992 年版，第 141 页。

③ ［法］孟德斯鸠：《论法的精神》，商务印书馆 1961 年版，第 189 页。

以消除犯罪人的危险性使之重返社会所必需的改善期间为标准。以上的资产阶级启蒙学者对死刑的批判和用时间来量定对犯罪人惩罚与矫正的力度的思想，为监禁刑的问世扫清了观念上的障碍，最终在经过 18 至 19 世纪资产阶级革命后，在对监狱进行一系列改革的过程中逐步确立了监禁刑在各国刑法体系的中心地位。正是在这些刑罚思想的影响下，刑罚由野蛮走向文明。公正刑时代，肉刑等酷刑逐渐被废除，死刑的适用也受到限制，监禁刑逐渐占据了刑罚的主要地位。

率先彻底废除了肢体刑与肉刑，代之以监禁刑的刑法是 1791 年法国刑法典草案。1810 年制定的拿破仑刑法典，亦将酷刑拒之于刑罚体系之外。此后，比利时、荷兰、西班牙、葡萄牙等资本主义国家也相继废除了肉刑。在德国，体刑与肉刑在 1871 年的刑法典中不复存在。在英国，经 19 世纪中期的刑法改革，除鞭笞外，其他肉体刑与死刑也成了历史陈迹。在中国，体刑与肉刑也随 1911 年《大清新刑律》的制定而得以在法律上彻底废除。随着体刑和肉刑的废弃，监禁刑登上了刑罚的舞台。

康德和黑格尔挥动人道与理性，为罪刑相适应原则注入了更加丰富的内容，监禁刑也日渐获得发展。但是，现代监禁刑的诞生，却是在 19 世纪中后期以菲利为代表的矫正论的基础上发育出的教育刑主义的产物。最初的监禁刑仅是以惩罚犯罪人为目的的，但是，报应论和一般预防论以形而上学的自由意志论和社会契约论为基础，受到了犯罪人类学家龙勃罗梭、犯罪社会学家菲利等人的批评，他们借鉴 19 世纪以来发展的科学方法，以实证主义为基本的方法论，否定了自由意志论，并提出刑罚应当以剥夺犯罪人的再犯罪能力或者矫正犯罪人使其回归社会为目的。李斯特在犯罪学研究结论的基础上，发展出现代的教育刑论。在这个基础上，监禁刑由于时间的可分性、执行内容的丰富性，在社会学、心理学、医学等科学方法的辅助下，逐渐发展成为最重要的刑罚方法。美国曾经在最极端的医疗理论的指导之下，将最初的绝对确定的法定刑转变为绝对不确定的不定期刑。但是，随着现代科学的发展以及对科学功能的正确认识，教育刑论又逐渐失势，报应论和重刑威慑论重新抬头。可以说，刑罚论的发展史和监禁刑的发展史是一脉相承的，学者抛弃原来将报应论、一般预防论、矫正论、剥夺犯罪能力论相互对立的立场，逐渐形成了以教育刑论为基础的综合论。在综合论的指导下，监禁刑的价值与功能得以正确定位，监禁刑也逐渐回归，非监禁刑逐渐发展。

在中国，监禁刑的产生是在内忧外患的背景下通过自上而下的变法得以确立，但是也不可否认思想的引领对监禁刑产生和发展的影响。在中国，礼与法的相互渗透结合是中国法制文明特有的现象。从西周的"敬天保民""明德慎罚"思想，两汉时期的"德主刑辅""大德小刑"，到隋唐时期的"仁本刑末""德刑并用"，再到明清时期的"明刑弼教""礼刑结合"思想，无不打上这一文化的烙印。在这种思想指导下的中国古代狱制，在其发展的过程中，表现出了极其浓厚的儒家化倾向。在狱制中相继建立并日益完善了以矜老怜幼、宽缓狱具、提供囚粮囚衣医药、纵囚归家、法外行仁等为内容的恤囚制度。这是保障狱囚基本生活待遇的制度，也是统治者为防止狱吏任意凌虐囚犯，防止阶级矛盾激化而采取的措施。到明清时期，随着皇权的极度强化，这一制度得以充分发展，更加完备，秋朝审之后，案件结果分不同情况分别处理，有情实、缓决、可矜和留养承祀等。其中，留养承祀指虽然案情较重，但父母、祖父母等尊亲属无人赡养或无后代祭祀，便可以对该囚犯决杖使其带罪回家尽孝，待尊亲属去世或有人赡养承祀后，再接受刑罚。这一举措常常被封建统治者夸张称之为"大典"而加以宣扬，以标榜其"仁政"，以期维持一个较为和谐稳定的社会秩序。按照儒家"天人合一"的观点，在监狱行刑活动的基本模式上表现为秋冬治狱春夏缓刑。在古人看来，天与人之间有种神秘力量在支配，于是就出现了"敬天""天罚"思想。而监狱的行刑与自然现象也有着某种必然的联系，对此，董仲舒发展了这一思想，将阴阳家、法家思想融合建立起来神学化的政治法律思想体系，把三纲五常、德主刑辅和阴阳五行说、天人感应说结合起来，使之神秘化。其思想的核心为"王权神授"和"天人感应"，用"天人感应"来论证"德主刑辅"，假借天威神权来规劝和威吓臣民，并对德礼刑罚关系与四季节气的关系、司法审判与农业生产的关系做了详细论述，其思想内容不乏"重民"的积极因素。封建监狱关押罪犯的多少、监狱管理制度的宽严、刑罚制度的世轻世重等，无不受这一运作模式的影响，并成为封建后世狱制的传统。

综上所述，西方资产阶级思想家的思想启蒙引起刑罚观念的变化，亦促进了西方监禁刑的产生和发展。随着资本主义经济因素的萌芽与发展，以及资产阶级启蒙运动的发生，自由逐渐成为人类的基本价值之一，剥夺自由的监禁刑也逐渐获得了存在的余地。监禁刑的产生体现了人作为独立个体，不仅拥有生命和身体，而且享有人应当享有的自由和平等权利，自由和生命、身体一样重要，是人应当享有的法律权利，这种权利也是不可侵犯的，反映了人们对自由的追求与揭望。同样，在中国古代，礼法结合的思想影响着狱制的发展。

（二）法制度文化推动监禁刑发展

康芒斯认为："我们可以把制度解释为集体行动控制个体运行。"①制度的根本作用在于通过对个人与组织行为的激励与约束，防止个人与组织在选择行为中的损人利己行为倾向，从而形成一定的社会秩序。科学合理的制度使人与人、人与社会之间的关系得到了恰当的调整和处理，整个社会处于比较协调、稳定、安宁、和谐的状态。此外，只有制度或者制度文化的变迁才能使我们具体地理解和把握文化变迁的具体形态。也只有作为主导或制约精神文化和物质文化变迁的制度文化，才提供了观察和理解人类行为和活动的钥匙或模式。在监狱改革和改良监禁刑的语境下，法制度文化的发展和引领对于监狱制度文化的变迁和发展起着重要作用。无论是纵向观察监狱的历史，还是横向审视我国不同监狱现实，实际上都是一个制度文化的变迁和制度文化的发展问题。事实上，缺少了监狱制度文化的变迁和发展，就不存在监狱文化的变迁和发展。同理，文化的变迁与发展必须首先依托制度文化，从制度文化的变迁和发展着手，将所有文化变迁和发展中的具体问题一起串结起

---

① ［美］康芒斯：《制度经济学》，商务印书馆1962年版，第305页。

来分析与解决。

应该说，监狱制度文化是一个宏观的思维，既体现在作为隐性的意识形态之中，又体现于作为显性的制度性结构之中，并渗透在监狱规范实践活动之中；监狱制度文化既是监狱历史文化的遗留，同样也为现实的人类所创造。过去人们创造监狱制度文化，现在人们仍在发展着监狱制度文化，并使监狱制度文化成为一种有效的控制手段和改造服刑人员的方略。监狱制度规范作用的不断提高是制度文化史的主流，但是这个提高并不意味着监狱制度无所不能，监狱制度规范的作用有其客观限度，其作用的发挥需以"认同"为前提。

事实证明，在主体"认同"的前提下，包括监狱制度文化在内的法文化制度对于推进监禁刑的发展起到了重要的基础性作用。

四、法文化的民族性和区域性是监禁刑演进成犬牙之势的根本原因

文化是指一个民族在形成和发展的历史过程中，在共同语言、共同地域、共同经济政治生活的基础上形成的共同的社会心理、共同的价值体系、思维方式、审美方式等的总和。文化具有民族特性，是一个民族区别于其他民族的主要标志，不同的民族有不同文化，即文化具有强烈的民族特色和民族属性。美国社会学家戴维·波普诺指出："文化是人类群体或社会所共有的产品，包括价值观、语言、知识和物质对象等。"①即文化是群体共有的产品，是同一文化群落中人们共同的社会心理、价值体系等。这个共有产品使这一民族与其他民族相区别。

世界各国民族在长期的历史发展中，在各自生存的地域，各自认识和改造客观条件，实现人类的繁衍和进步。在这个过程中，形成自己民族文化的独有风格和精神面貌，并积淀和渗透于本民族的法律意识形态和法律制度之中，从而呈现出法律文化的民族特色。任何民族形成其特有的法律文化有两个基本途径：一是传承祖辈的法律文化。法律文化不可能割断自己的历史而

---

① 张岱年、程宜山：《中国文化与文化论争》，中国人民大学出版社 1990 年版，第 89 页。

凭空创造自己的文化，也不能抛弃前辈积累下来的文化成果而全盘接受外族文化。二是在传承的同时创造新的发文化。人们总是在批判地继承旧的法律文化的基础上形成新的法律文化，通过一代又一代的不断积累、提炼，法律文化的民族特性才逐渐地形成。也正如经典作家所言，"人们自己创造自己的历史，但是他们并不是随心所欲地创造，并不是在他们自己选定的条件下创造，而是在直接碰到的、既定的、从过去承继下来的条件下创造。一切已死的先辈们的传统，像梦魇一样纠缠着活人的头脑"。① 各国基于各自发展的状况，产生了各具特色的法文化，也就形成了各自不同的监禁刑演进的历史。

法律文化总是在具体的民族中产生和发展的。离开具体的民族环境或条件，法律文化便不能产生。从这一点来讲，法律文化是民族的，是绵延千百年的民族传统文化在法这种社会文化现象中的反映与折射。因此，法必须与一个国家的基本状况相一致，必须与一个民族的文化相吻合。"要设法牢记，法律是民族的历史、文化、社会价值观念和一般意识与认识的集中表现。没有两个国家的法律体系是完全相同的。法律是文化表现的一种形式，而且如果没有经过某种'本土化'的过程，一种文化是不可能轻易地移植到另一种文化里面的。法国法律是法国文化的一种反映，正如俄国法律是俄国文化的一种反映一样"，② 世界上没有任何一个民族的文化同其他民族完全相同，法律文化当然也不例外。法律文化总是在具体的民族中产生和发展的。离开具体的民族环境或条件，法律文化便不能产生。从这一点上来讲，法律文化是民族的，是绵延千百年的民族传统文化在法这种社会文化现象中的反映与折射。因此，法必须与一个国家的基本状况相一致，必须与一个民族的文化相吻合。③ 日本法学家土本武司博士在论及外国刑事诉讼模式移植时，也阐述了类似的观点，即法文化是由各国的历史、风土以及由此培育的国民性所决定的。

---

① 马克思："路易·波拿巴的雾月十八日"，见《马克思恩格斯选集》（第1卷），人民出版社1995年版，第603页。

② ［美］M. A. 格伦顿："比较法律传统绪论"，载《法学译丛》1987年第2期，第16页。

③ 马克思："路易·波拿巴的雾月十八日"，见《马克思恩格斯选集》（第1卷），人民出版社1995年版，第208页。

不以此为基点，而是通过以外国法作为基础的模式来驱动本国的法律，是不会产生现实的牵动力的。因此，关于刑事诉讼的探讨，应当更深层地将日本的文化及精神作为根基。[①] 同样，对监禁刑的探讨也应建立在本国法文化的基础之上。

总体来说，西方监禁刑现代化改革走的是刑罚文化、理念、价值观的形成——刑罚制度——监禁刑规范——行刑制度的改革路径。西欧各国从 19 世纪末开始积极探索短期监禁刑替代的措施，而各国采取的措施也各不相同；整个 20 世纪 80 年代，欧洲的决策者们更加实用主义化并奉行经济节俭原则。大部分西欧国家在刑事司法和监狱建设上都消耗过度。为了克服刑事司法制度中存在的问题，欧洲各国分别采取了应对措施，各种措施也不相同：在瑞典，为了最高效率发挥监狱的容纳能力，对监狱实施高度自动化管理。在法国，一方面，改单人囚室为双人囚室，修建新的刑罚执行场所；另一方面，采取了赦免罪犯的刑事政策。据相关文献记载，法国在 1981 年 7～8 月就赦免了 12 000 名囚犯。在荷兰，修建新的刑罚执行场所与启用过去已经关闭的刑罚执行场所，同时优先处理审前拘禁的囚犯。在意大利，采取赦免刑事罪犯政策。文献表明，仅 1986 年 12 月就赦免 8000 名囚犯。在奥地利、比利时，改单人囚室为双人囚室。在荷兰与丹麦，却采用了扩大假释范围的办法。20 世纪下半叶以来，在世界范围内，监禁对罪犯以及社会所产生的诸多弊端日益凸显，监禁费用昂贵、监狱过分拥挤、监禁对罪犯身心及回归社会的负效应等一系列问题引起了各国对监禁刑进行科学化、社会化改革，虽大多采用半监禁制度，但具体内容各有不同。

由此，我们可以总结出：不同的法文化推动监禁刑演进的情况各有不同，同时法文化所包含的政治、经济、思想、社会等因素在监禁刑发展过程中，在不同的国家相同时期、在相同的国家不同的时期，在文化系统内所起的动力作用不同。在有些情形下经济动力起到较为主要的作用，譬如西方国家监禁刑的产生。在另外的情形下，政治动力起到关键的作用，例如外源性监禁

---

① 宋英辉：《刑事诉讼目的论》，中国人民公安大学出版社 1995 年版，第 23 页。

刑的变革。正如罗荣渠教授所指出的："外源性现代化，特别是延误了的晚近现代化，在其启动阶段非经济因素的作用大于经济因素的作用，其中最突出的是国家即中央政权在推动经济增长与社会变革中的重大作用。"究其原因，是因为"在早期现代化中，新经济因素的成长是缓慢的，只有待这些新因素发展成熟之后，才可能逐渐渗透到制度性变革的层面，而后来的外源性现代化却不可能等待这样漫长的自发性改革。在现代化启动中，首先遇到的常常是制度层面上的障碍，这只有靠政治权力的直接介入才可能较快地排除或较快地加以适当的调整"。在此种情况下，实践主体在监禁刑发展过程中的作用亦不可小觑。实践主体在经济、政治、文化、社会领域中，既是"剧中人"，又是"剧作者"。从西方国家监禁刑发展的历程可以看出，某些明星人物的作用对于推动该国甚至全球的监禁刑发展皆举足轻重。他们或者拥有至高的权力，如少年监之父罗马法王克勒曼斯十一世，创设分类制与沉默制的比利时子爵威廉十九。或者有着切肤之痛，经历过相应的坎坷，并有着坚韧的毅力、相应的实力尤其是经济实力者，这方面最为典型的代表即为英人约翰·霍华德。当权力、能力、实力、毅力实现一定程度的适当组合之时，监禁刑的发展才有可能达致理想的预设。

五、人类之共性和法文化的开放性决定监禁刑的发展从总体上具有趋同性

法文化具有民族性、历史性，但它们并不排斥人类法文化的共性与现代性。这是由人类之共性和法文化的开放性决定的。法文化具有开放性，它不仅继承了传统法文化的部分内容，而且还随着社会发展而更新和发展，扬弃部分僵化与腐朽的成分。法律文化在建立或者保持自己特色的同时，不可避免地需要与世界人民共同追求的法律制度、法治文化具有一定程度的趋同性。特别是当代社会日益频繁的交流，文明之间的冲撞与相互影响，更使法文化内容显得丰富多彩。法文化的开放性是由其整合功能得到实现的。整合是文化的一种重要功能。它是使文化的各部分整合为结构紧密、彼此关联的文化整体的过程。法文化通过整合，可以达到三方面的目的：其一，协调不同国家法文化的各部分，如意识、信仰、理念、理论，使之形成和谐一致、联系紧密的整体。其二，整合同一国家内各民族、各族群的法文化，使各民族、各族群相互依赖，难以分离。其三，规范同一国家或同一民族成员的观念、意识、制度和行为，使之成为一种共同的文化模式。通过整合，使法文化具有"整体"或"整体大于各部分之和"的意义。通过整合，统一各个国家、各民族文化，加强民族团结，促进全球社会的稳定和发展。

拉德克利夫·布朗的功能理论也可以说是功能整合的理论，他的理论强调整合功能。他认为，某一社会的各组成部分之间应该有某种程度的整合，才能维持社会的生存。民族与民族、国家与国家、法系与法系之间的法文化之间可能由于历史变迁、地理环境以及传统习惯等因素影响的缘故，形成了差异性；此外，由于人类的共性或者是相互学习，抑或是由于历史事件的影响，一个国家可能实行法律改革或是法律移植，使得国家或法系之间某些法律制度具有相同性。这种例子在现当代国家的法律制度中俯拾即是。英国借鉴大陆法系的检察制度，美国借鉴法国的预审制度以及大陆法系吸收对抗式制度的某些内容，都能说明这一点；在欧洲，虽然英国与大陆国家分属不同法系，但法律移植和改革，是国家充分利用人类共同文明成果，从而实现法律制度自我完善的一种手段。它缩短了摸索、徘徊甚至是由于经验不足而走弯路的历程，不能不说是非现代化国家实现法治现代化的一种捷径。这给我们的启示是，法律移植和改革，是国家充分利用人类共同文明成果，从而实现法律制度自我完善的一种手段。它缩短了摸索、徘徊甚至是由于经验不足而走弯路的历程，不能不说是非现代化国家实现法治现代化的一种捷径。特别是当代社会日益频繁的交流，文明之间的冲撞与相互影响，更使法文化内容显得丰富多彩。因此，法文化不仅表现为一种历史文化的遗留，而更着眼于现实；既是以往人类法律实践活动的智慧凝结物，也是现实法律实践的一种文化状态和完善程度。

现代各国的监禁刑在立法、适用、行刑的历史发展趋势上总体反映出来的是向人道化、社会化和多样化方向发展。这是社会文明、进步的表现，也是法文化发展的体现。从监禁刑制度的人道化和行刑的社会化与多样化来看，也有一定"轻刑化"的表现，这更多地体现在短期监禁刑上，并且主要适用于罪行较轻的犯罪，但并不是针对所有监禁刑。在不同的阶段、不同性质的犯罪上，如打击恐怖主义时期或严重暴力犯罪等情形，则采取了在立法上延长监禁刑刑期的处罚措施。可以看出，重视监禁刑的作用，仍然是现代社会中对付犯罪总战略的有机组成部分。现代社会在监禁刑方面的这种变化（尤其是美国）体现了"轻轻重重"的两极化刑事政策。即如储槐植教授所说的："轻轻"，即对轻微的犯罪比以往更轻，"重重"，即对严重犯罪的处理比以往更重，"轻轻"的目的之一就是为了"重重"，使国家可以腾出有限的司法力量对付危害严重的犯罪。对监禁刑的运用体现出的这种趋势反映在现代社会说明对世界各国监禁刑的运用变得越来越有目的性，对于不同的犯罪更有针对性。同样也说明了，当一个国家的市民社会经济发展达到一定的水平，社会的稳定系数提高，国家不断对社会公众进行人道主义的教化，社会中各类震撼人们心灵的犯罪现象减少，并且刑事法网比较严密时，人们才会对各种类型的犯罪都有一个理性、宽容的判断，监禁刑的单纯报应性功能就会随着人们的思想改变而改变。

此外，人类具有共性，这是毋庸置疑的。在实际生活中，我们也可以看到这种共同性。如共同的思维规律和社会的公共道德说明了社会中的人类在思维、伦理、美感等方面存在着某种共同性；不同的人都有夫妻之情、亲子之爱，都有吃穿住行的问题，这又说明人类在感情欲望要求等方面存在着共同性；此外，人们都有从事体力和脑力劳动的能力。正因为人类之间存在着诸如此类的共同的或相通的东西，处于不同地域中的人才能互相交往，从而组成一个得以共同生活于其中的社会。社会的发展离不开人，离开人的活动就没有历史，也就不称其为社会。在社会历史中，主体是具有共性的人，是现实的、具体的处于一定社会关系中的人，是以多种具体形态而存在的从事各种活动的普遍联系着的人。虽然人也有个性，但人类的共性在人类实践过程中从总体上体现出了共同的规律性。在刑罚（包括监禁刑）的发展和演进中，总体发展趋势呈一致性，也就是说，随着人类文化的进步，刑罚由严酷到缓和，监禁刑亦如此。正如贝卡里亚所言："刑罚的规模应当与本国的状况相适应。在刚刚摆脱野蛮状态的国家里，刑罚给予那些僵硬心灵的印象应该比较强烈和易感。为了打倒一头狂暴地扑向枪弹的狮子，必须使用闪击。但是，随着人的心灵在社会状态中柔化和感觉能力的增长，如果想保持客观与感受之间的稳定关系，就应当降低刑罚的强度。"黑格尔也说，由于文化的进步，对犯罪的看法已比较缓和了，今天刑罚早已不像百年以前那样严峻。犯罪和刑罚并没有变化，而是两者的关系发生了变化。在当代社会，刑罚人道主义原则更是得到广泛地承认，禁止酷刑和其他残忍、不人道或有辱人格的待遇或处罚，已经成为一项基本的国际刑事司法准则，人道主义成为刑事政策的核心和刑法的基本原则之一。因此，人类法文化的发展也会体现其规律性和共性，这些规律性和共性促使监禁刑的发展从总体上呈现出共同的发展趋势。

六、结　语

我国清末监禁刑的确立和实施形象地诠释了监禁刑的产生和演进受法文化推动。从某种意义上可以认为，我们在肯定西方法文化的传入和对中国传统法文化的冲击是导致清末修律、改革狱制法制极其重要因素的同时，也应该清醒地意识到，西方法文化的冲击，并不是清末修律的唯一原因。"实际上，近现代中国法制尽管缓慢但却处在一种变化的过程之中，促成这一过程的原因是多方面的……绝对夸大西方法律文化对近现代中国法制变迁的影响，这只能脱离历史的真实而陷入虚妄的历史泥潭之中"。西方法文化的传入，为中国法律与世界接轨提供了契机，加速了中国法律近代化的进程，在西方法文化对中国传统法文化形成的巨大冲击力下，晚清政权面对纷繁复杂的国际、国内形势被迫作出一种无奈的选择。其中，外国法律典籍的大量翻译与传播不仅为清末修律的推行提供了丰富的资料，同时也为清末修律的推行奠定了重要的理论基础；大量法政留学生的出国留学，为清末修律的推行提供了必要的人才储备，他们对法制变革的呼吁与推动为清末修律做好了充分的舆论准备；国内近代法学教育的创立和发展不仅为清末修律进一步储备了大量的法律人才，同时也为清末修律的推行奠定了较为深厚的社会基础。清末的监禁刑现代化改良过程是一个传统法律文化与西方法律文化冲突的过程，是按照传统文化与现代文化双重标准进行的一次法制改造工程。因此，在变革的内容上固然有着传统文化的深厚遗迹，但也尽可能多地表现了近代西方法律文化的强大影响，它也成为中国传统法律文化向现代法律文化转型的一个历史确证。然而，由于当时中国处于半殖民地半封建社会，当时的政治、经济和社会条件难以维系资本主义性质的监禁刑变革。清朝末年的中国是在尚未完全觉醒的状态下被卷入世界现代化的历史潮流中去的，在资本主义的发展还极不充分，建立资本主义上层建筑的物质基础还很不牢固，封建政治势力和封建传统观念还相当强大的背景下，监禁刑虽作为近代中国刑罚现代化初始标志，但仍保留了大量的与近代资产阶级刑法原则相抵触的封建内容。外援性法律思想和自上而下的立法行为缺乏深厚的法文化土壤，清末监禁刑的确立从某种意义上更多体现在了法律条文上，而未得到更多的实际运用。正如苏力教授在《复仇与法律——以〈赵氏孤儿〉为例》的分析中所总结出的：法律制度并非理性设计的产物，而是人们血淋淋的生活产生出来的。小韦伯关于文化的描述所指出的"后来的未必比以前的高明"，也适用于近代中国狱制的转型，法律的进化、狱制的转型未必完全符合"进化论"的规律，历史偶尔也会出现一定的倒退，虽然总体上是向前的，但不能排除一定的曲折。近代中国狱制转型过程中就出现了这样的"曲折"：清末修律沈家本等人提出了废止肉刑、酷刑，以及禁止刑讯的奏折虽获准，但其后的实践并非理想，所以又出现了"请求恢复刑讯"的奏折。就是在这样的磕磕绊绊中，清末监禁刑踟蹰前行。而且不仅在清末刑罚的进化之路遭遇过一定的挫折，就是在宪政有所建树的民国三年二月二十日，司法部还核准了《令北京监狱核准惩罚掌责文》，在"欲收感化之效果"的"正义"的名义之下，司法部授权典狱长对于"顽梗不化、故意反抗之犯"加以"掌责之罚"。一个冠冕堂皇的借口，一定程度上恢复了对于服刑人的"体刑"。同年三月十九日司法部还通过了《令北京监狱核准惩罚掌责办法文》，对于掌责的适用、掌责数目的限制作出"明确"的规定。这一规定让人深感似曾相识——与中国古代刑讯的法定化如出一辙。也许该"掌责之制"的出台的确能够有效处置《监狱规则》第 82 条第 5 项之惩罚不足以有效控制的"顽梗人犯"，因此，"不得不"又给这些人施用"四十板以下"的掌责。到了民国初期（北洋军阀政府时期），仍采取了承袭清末刑制改良所颁布的刑律，于 1912 年 4 月 30 日颁布《暂行新刑律》，规定监禁刑分为徒刑、拘役两种，皆采用劳役制。其后，陆续颁行了一些监狱改良制度，其中最重要的是《监狱规则》，依该规则，各徒刑监、拘役监、幼年监、女监等，在同一区域内，应严分界线。然而，这一时期的监禁刑的特点是，内容更替频繁、不具稳定性，军阀混战导致刑制经常是你立我废。在北洋政府时期力行封建旧法，恢复或保留了部分体罚性质的封建监狱法，以维护封建的纲常礼教，同时还具有鲜明的买办殖民地性。这一时期的监禁刑在制度层面上有发展文明狱制的愿望，但实践中却又破坏先进刑制的形成，其本质是试图恢复封建刑罚制度，以残酷镇压对立阶级。

通过对中国近代监禁刑的历史回顾可以看到，清末进行的狱制改革体现了中国传统法文化与西方法文化冲突、妥协的真实写照。清朝末期，在西方的影响下诞生的具有现代意义的中国监禁刑制度并未在其本朝代真正获得实施，也有其必然的历史规律。中国监禁刑历史反映出在商品经济尚不够发达的情况下，监禁刑所蕴含的民主化、科学化和人道化的精神没有存在的社会基础。封建土地所有制造就的高度集权的封建专制，已形成了其特有的封建传统刑法文化，在刑罚观念还很传统、守旧的社会民众和统治集团的绝大多数既得利益者的阻碍下，仅靠少数政治家、官吏和知识分子进行推动的清末近代刑制现代化改革，必然举步维艰，即使确立了现代化的法律，也只能是写在纸面上的现代化法律。清末的监禁刑改革走的是刑法制度——监禁刑规范——刑罚观念与价值取向渐次变革的路径，而刑罚制度与规范只有得到社会成员的普遍的观念或价值认同后，才可能获得发展的生命力。清朝末期的这种"外发型"现代化思路，由于缺乏本土社会中有利于其发展进程生成的自发因素，难以形成推动狱制发展的内在张力，在传统文化的抵制下，以及西方入侵者在华特权干扰下，监禁刑的发展失去了国家强制力推动的保证。从西方国家监禁刑的发展历程看，尽管其监禁刑诞生的时间很晚，但是由于它们是"内发型"现代化类型，促进现代化的种种因素是在西方国家内部社会逐步孕育成长的，而且这些因素也是这些国家独有的，如早期商品经济的发展，社会与经济文化结构的多样化、科学革命、市民阶级独立的主体性，都成为监禁刑现代化（作为法律制度的一部分，与其他制度共同发生变化）的推动力量，这完全是来自其社会的内在需求，当这种法文化的理念演进到一定阶段，其所积蓄的能量就成为推动监禁刑改革的重要动力。

社会的文明开化并不始于监狱，监狱更多的情况是整个社会文明进程的最后一道防线，也即监狱的改革一般发生于社会或者国家进化到一定的文明程度之后。当然，这一文明程度的实现需要政治文明、经济文明、道德文明等各因素的协调发展最终推动监禁刑演进的。文化与监狱行刑存在密切的联系，中国古代监狱是威吓主义文化在监狱工作上的反映；沉默制是基督教文化对西方监狱的明证。每个时代都寻求最适合自己时代的刑罚，即实现自己的"刑罚现代化"，而当新时代代替旧时代时，又会有新的刑罚现代化之需求和努力。

第二章
对监禁刑
认识困惑的思考

第一节　对监禁刑剥夺自由内涵的科学界定

监禁刑是剥夺罪犯自由的刑罚，这是一个毋庸置疑的判断，然而监禁刑剥夺罪犯的哪些自由，剥夺程度应如何？对此问题无论是理论界还是实务界都没有一个明确的观点，广大民众更是难以把握其真实含义。

从目前学界对行刑问题研究的成果看，对监禁刑所剥夺"自由"的内涵揭示不多，有限的研究成果主要是从监狱学的视角来理解，相关观点却莫衷一是。有学者认为："监狱工作就是执行刑罚工作，详言之，监狱对罪犯实行管理、开展教育，组织劳动就是执行刑罚。"[①] 这样的观点并没有从正面看待剥夺罪犯自由的真正内容，但是我们可以理解为对罪犯在监狱日常生活的管理、教育和组织劳动三项工作就是监禁刑剥夺自由的具体体现。还有学者认为："监禁刑作为刑罚具有惩罚性，罪犯参加劳动是实现刑罚的惩罚功能的基本实践形式之一，因而也是刑罚执行的一项基本内容。"[②] 类似的观点较为普遍，认为对罪犯的强制劳动就是对罪犯的惩罚，也是监禁刑剥夺自由的最为主要的体现。近年来，学者开始正面研究监禁刑剥夺自由的内涵。有学者认为：监禁刑是一种剥夺罪犯自由的刑罚，从被执行之日到释放之前，罪犯在监狱内丧失一切自由。罪犯的任何行动必须符合监狱的规定或者征得监管人员同意。还有学者认为：自由和自由权是个广泛的概念，监狱刑剥夺的仅仅是罪犯的部分自由权，罪犯的有些自由权是受保障的。然而，对监禁刑剥夺罪犯哪些自由，保障哪些自由却未进一步研究。对于这个问题，具有突破性研究的是张国敏在《"徒刑"的困惑与省思》中论述道：监禁刑中的"自由"是指"罪犯与社会人员交往上的自由"，监狱执行监禁刑仅限定在

---

① 张国敏：《媒体恶炒监狱创新性举措的法理思考》，载于《安徽警官职业学院学报》，2015年第6期，第69页。

② 同上，第71页。

"剥夺罪犯与社会人员交往上的程序决定自由和限制罪犯与社会人员交往上的实体自由"两个层面,至于罪犯在狱内受到的各种限制,并非监禁刑即"剥夺和限制罪犯自由"的本质要义,它们仅是前者的派生产物。这是"自由刑纯化论"者的观点,否认并批判了将某一刑罚作为多种刑罚复合体的做法,也就是在执行监禁刑时既剥夺罪犯人身自由权,同时也剥夺其财产权、人格权和其他权利,强调监禁刑的本质内容完全限制在对受刑人行动自由的剥夺上,换句话讲,限制在仅将受刑人的身体拘禁在监狱等设施内,除此之外,受刑人与其他人一样享有权利,应铲除因剥夺受刑人自由而发生的对其生命、身体、名誉、财产、家族所产生的"多余"的痛苦。该研究成果具有一定的积极意义,但是监禁刑执行中罪犯被剥夺了与外界交往的权利后必然会影响到其未被剥夺权利的行使,这是一个不容回避的问题,学者却未对此作进一步深究。

理论研究的薄弱和滞后导致了行刑实践的困惑。从监狱行刑的情况看,有相当部分民警对监禁刑剥夺罪犯自由的范围界定也心存困惑,特别是近年来,司法部对监狱管理下发了很多文件,其中涉及提高罪犯在监狱中的生活条件的内容、对罪犯实行人道管理和教育等问题,很多警察提出疑问,监禁刑的执行还是否需要体现惩罚功能;也有相当部分警察不愿考虑这些问题,认为上面让做什么就做什么,这不是他们要搞清楚的事,而是理论家、法学家、监狱领导应该研究的问题。至于服刑人员及其家属,对此更是一知半解。少数服刑人员及其家属以保障罪犯权利为借口,会向监狱提出一些不近情理甚至违法的要求。他们时常以有利于自身的角度,对监禁刑中"自由权"作扩大的理解,纷纷主张权利与要求,如有的罪犯在就医过程中点名要药,无论疾病大小都要求出监治疗;有的罪犯认为被判的是监禁刑,而不是生命刑,应给予"自由权",他们杞人忧天,担心在监狱服刑期间死亡等,并以此为借口,致使哄监闹事事件频发。在改革开放之前,社会民众对监狱的情况知之甚少,对罪犯在监狱行刑的权利保障并不关心,认为这是罪犯咎由自取,罪有应得。改革开放后,随着监狱事业不断与时俱进,监狱更多从有利于罪犯复归社会的考量，陆续推出了一系列人性化举措。如亲情共餐、亲情电话、亲情同居、社会帮教、回家探视、试工试学、超市购物、积假休息、自学考试等。但这些举措通过媒体向社会披露，也曾遭到社会民众的普遍质疑、责难与诘问，认为监狱这是在纵容罪犯，弱化惩罚。民众对监禁刑"到底应该剥夺和限制罪犯哪些自由"的认识也是模糊不清的。受重刑主义思想影响，他们对监狱改善罪犯处遇的做法是极为抵触的。在此背景下，监狱普遍表现出缩手缩脚，既不能积极肯定地予以回应（因为无论法理还是法规，对此问题都没有明确进行解释），又不能大张旗鼓地予以坚持，甚至显得噤若寒蝉，草草收场。近些年来，随着部分罪犯及其家属"维权"意识的增强，对罪犯和权利又有了不切实际，有违法律的认识，认为服刑罪犯是"公家的人"，国家应该全方位保障其生老病死，大肆夸大罪犯权利。

《刑法》《刑事诉讼法》《监狱法》是我国系统规定监禁刑的法律。从法条上看，我国的刑法只是在相关章节中对"有期徒刑、无期徒刑"的"刑期期限、执行场所与刑期计算"、减刑、假释、暂予监外执行的执行变更方式作了简要规定，同时还明确了"有劳动能力的犯罪分子，都应当参加劳动，接受教育与改造"。同样的，《刑事诉讼法》也只对判处"有期徒刑"和"无期徒刑"的犯罪分子，在交付执行时的程序问题作了规定，并没有对剥夺自由的问题作出明确的规定。《监狱法》从如何收监，如何处理罪犯提出的申诉、控告与检举，如何监外执行，如何减刑、假释，如何释放和安置作了规制。以上三部法律并没有规定监禁刑剥夺罪犯哪些自由、剥夺到何种程度、怎样剥夺；以及罪犯还享有哪些权利；罪犯所享有的权利和剥夺的权利之间的关系如何协调。这些内容是我们执行监禁刑必须明确的，是监禁刑执行的要义所在。

认识的模糊和法律规定的缺位导致我国监禁刑行刑实践呈现出摇摆不定的状态。在新中国成立初期，由于经济困难，行刑经费难以通过国家财政予以保障，加之受苏联行刑理论的影响，监狱曾过度追求经济效益，将劳动作为对罪犯进行惩罚的主要方式，一味利用罪犯进行劳动生产，最终发生了"四湖排水工程"与"鹰厦铁路工事件"。这两个事件的发生引起了中央高度重视，对罪犯劳动改造的问题进行了认真思考和讨论，提出了"改造第一，生产第二"的监狱工作方针。随后，在以阶段斗争为纲的年代，监狱放松甚至放弃了劳动生产而又变成阶级斗争的场所。行刑中"惩罚"显得严重过剩，"改造"则显得过于畸形。进入改革开放初期，追求经济效益再次成为监禁刑行刑的主要目标。受市场经济冲击，监狱经济一度极为困难，为了摆脱困境，部分监狱以创收为目标严重背离监狱宗旨，出现了利用罪犯这一廉价劳动力在社会用罪犯谈项目、争工程，并以罪犯创造效益的高低评价其改造的成绩。行刑的两个主要目标"改造罪犯"与"惩罚罪犯"双双严重突破了其应坚守的底线。中央高度重视这个问题，提出了监狱转型的思路。在摸索监狱转型的道路上，监狱执法又受各种"活动"的冲击，呈现出摇摆不定的状况。转型初期，监狱内开展的各种活动，如半年评审活动、年终评审活动、"三反四打"活动、监管安全冲刺活动、紧跟大形势开展的各种"政治"类活动等，真可谓接连不断，应接不暇。从实践看，它严重影响了监狱执法的规范性与系统性，也助长了基层民警的依赖心理与随意作风，同时也使监禁刑剥夺罪犯自由的限度问题更加困惑。伴随整个社会的发展，在行刑社会化思想的影响下，监禁刑的执行相应推行了一些新的举措，如实施"三亲"工程（即亲情会见、亲情会餐、亲情同居）、"三试"工程（即试学、试工、试农）、周末放假、"阳光工程"（即组织罪犯亲属与社会人员进监参观）等。实践结果表明，这些举措由于实行范围较小，实行中出现的利弊经验的借鉴意义较小，面对社会公众的质疑显得无所适从。

监禁刑在我国很长一段时间里将作为主要的刑种存在。准确界定监禁刑、明确监禁刑剥夺罪犯自由的含义，对于执行"监禁刑"，对于打击犯罪、矫正罪犯，促进社会和谐具有特别重要的意义。然而，对监禁刑剥夺自由认识上的模糊既制约了刑事理论的科学发展，又限制了行刑实践的规范运行，突出表明我国监狱执法严重缺失本质性、系统性与科学性，说明监狱运行仍然不是建立在对刑事执行科学规律揭示基础之上，由此也充分彰显了对监禁刑中"自由"内涵科学揭示的必要性与紧迫性。

一、监禁刑剥夺的是罪犯的自由权利

自由一词最初来源于古希腊，原始意义是指从束缚、虐待和压迫等不良状态中解放出来，获得自主和自立，进入一种免于恐惧、免于奴役、免于伤害和满足自身欲望、实现自我价值的一种舒适和谐的状态。这是一种人们能感受到的舒适、和谐的状态。早在古希腊社会，柏拉图就把自由作为一种崇高的价值理念提出来，认为自由就是人们对至善或真理的追求与认识。在中世纪基督教文化中，自由因为与原罪联系在一起，从而在一定程度上遭到了贬抑，但是正统的神学观点却认为，自由是上帝给予人类的一种崇高禀赋，只是由于人类滥用了自由才导致了堕落和犯罪。自此，人们对自由的探讨未曾停留下来。从古代到近代，再到现代无数学者都对自由问题进行过深入、细致的探讨，并留下了许多经典的篇章。总而言之，不同学科对自由的解释有所不同。心理学认为，自由是按照自己的意愿从事的心理状态。社会学认为，自由是不要侵害别人的前提下按照自己的意愿行为的状态，强调人的社会属性。从哲学上讲，自由是指对于客观规律的认识并用来对客观世界进行改造的状态，强调尊重社会客观规律的前提下的自由改造状态。从政治学上来讲，自由是指公民在政治上应该享有的自由权利，体现人的主体性。当然，总体而言，学者们更多的是从政治学上来认识自由，如自由作为人的行为状态包括两方面的含义：自我主张、自我决定和不受他人干预、限制、阻碍。前一方面是就主体和主体意志而言，它是处于自由状态的行为的起点；后一方面是就行为所受的外在影响而言，它是其他主体对于该行为的反应，将两方面的含义结合起来，可将自由界定为：自我决定的，不受他人干预、限制、阻碍的行为状态。[①] 哈耶克也讲道：自由指个人不受强制、不受他人专断权力控制的状态，而这种自由是由宪政主义的法治来保障的。[②] 从以上研究视角

[①] 孙国华主编：《法理学》，法律出版社 1997 年版，第 86 页。

[②] ［英］哈耶克：《通往奴役之路》，王明毅等译，中国社会科学出版社 1997 年版，第 29 页。

看，自由均为一种状态，而状态是指现实（或虚拟）事物处于生成、生存、发展、消亡时期或各转化临界点时的形态或事物态势。法律剥夺的应该是权利而非状态，因此，监禁刑剥夺的也不应该是状态。

古希腊著名的哲学家柏拉图在《法律篇》中谈论了法律与自由的关系问题，他认为法律使人类从野兽中解放出来，获得了自由。对此结论柏拉图从人性恶的出发，论述了法律是引领人们从贪婪与自私、逃避痛苦、追求快乐等非理性的方面拉向善的金绳子。也就是说，人们只有遵守法律才能有自由，人类因为有了法律才获得拯救并取得自由。亚里士多德关于法律与自由的总观点是法律并非与自由相对，而是为了实现自由而需要法律。因此，自由与法律之间有着必然的联系。在罗尔斯的《正义论》中，说明了自由权问题，如果人们做什么或不做什么并没有受到某种约束，如果人们做什么或不做什么并没有受到别人的干涉，人们就可以自由地去做，而必要的约束和干涉以义务的法律形式出现，其目的就是实现人们的自由权。

就法律而言，权利、义务是其重要的内容，并且权利构成法律体系的核心。法律体系虽复杂而庞大，但其核心都是由权利派生而来的，由它决定，受它影响，权利在法律体系中具有关键作用。每一部门法或者从调整对象、或者从调整方法不同程度地保护着人们。因此，我们说，权利始终处在起始的位置，是法律体系主要的、中心的环节，是任何法律规范的基因和基础。权利与人们的现实生活息息相关，它是在一定社会生活条件下人们行为的可能性，是社会主体自主性、独立性的表现，是社会主体行为的自由。权利是人们与国家、人与人之间在生活中所拥有自由范围的客观界限，是国家创设规范时进行分配的客体。法的真谛在于对权利的认可和保护。

继美国的《独立宣言》和法国的《人权宣言》之后，各国纷纷通过制定法律保障人们的自由权，表明人生而平等，任何政治结合的目的，都在于保有人的自然的和不可动摇的权利。这些权利就是自由、财产、安全和反抗压迫的权利。在这些权利中，自由权是最为基本和重要的。自由权的范围是很广泛的，大体上包括政治自由权、经济自由权、思想文化自由权、民事自由权等。

作为个体存在的个人具有自然属性和社会属性。其在社会的存在和发展必须通过必要的行为自由而使根本属性得以实现。例如，衣食住行的满足、个人价值的实现等都有赖于其自由权的实现。自由权利是对社会主体在一定限度内的行为自由的法律确认，是通过法律予以承认和保护的利益以及社会主体根据法律作出选择以实现其利益的一种能动手段。法的真谛在于通过对权利的认可和保护社会法律秩序的建构，也就是权利和义务的设定、分配、落实和保障的过程来实现对自由的保障。法律部门通过特定种类的权利义务的设置保护特定的自由权利，不同法律部门组成法律体系构成对人们自由权利的整体保护，法律责任和法律制裁是自由权利的僭越结果。在阶级社会中，由于主体地位的不平等，统治阶级按照不同主体在社会上的地位来分配权利和义务，制定法律，也就是把某些权利和义务同某种法定地位联结起来的过程。在现代社会，社会主体的法定地位在最基本的权利享受和义务承担方面是平等的。生命权、生存权、健康权、休息权、人身自由权等是人类从事社会活动的基本前提，是最基本的生存和生活权益，是现代宪法和司法平等保护的重心，也是自由得以实现的权利保障。

综上，我们认为自由首先是一种状态，这种状态是主体不受他人约束、控制和干预的一种状态，这种状态是在法律和制度保障之下，人们能够在不对他人权利或利益造成侵害的前提下，相对随心所欲的一种状态。自由权是一种法律赋予的权利，这种权利是以自由为客体的。自由涉及的范围较广，包括政治、经济、文化、民事等方面，各个方面的自由可通过法律规定固定下来，分别体现为政治自由权、经济自由权、思想文化自由权、民事自由权等。

孟德斯鸠有一句名言："自由是做法律所许可的一切事情的权利；如果一个公民能够做法律所禁止的事情，他就不再自由了。"[①] 犯罪人的犯罪行为超出了法律赋予的权利范围，其在充分实现自我自由时，破坏了其他主体的

[①] ［法］孟德斯鸠：《论法的精神》，张雁深译商务印书馆 1961 年版，第 123 页。

法定权利，损害了他人的自由。因此，对犯罪人的惩罚也就通过剥夺其人身自由，可以恢复这种被破坏了的其他主体的法定权利，直接实现刑罚的惩罚性目的，以实现社会正义的要求。法律对自由的保护常常同时规定着对自由的限制以及剥夺。对少数人自由的限制是为保障多数人更好地享有自由。

至此，我们可以得出：监禁刑剥夺的是自由权，而非自由。因为权利是法律赋予的，在符合条件的情况下可以被剥夺。自由是一种状态，法律没有权力去剥夺。然而，被判处监禁刑的罪犯是否意味着被剥夺了以上所述自由权所包含的所有权利呢？

二、监禁刑中所剥夺的自由权仅指人身自由权

监禁刑剥夺罪犯的自由权，其范围可从刑罚的目的进行界定。在刑罚产生的最初阶段，刑罚是一种冤冤相报的替代品，主张的是一种"报应论"。正如格劳秀斯将刑罚界定为"因为所为的一种恶而承受的一种恶之施加"。在这样的背景下，监禁刑缺乏产生的条件，那么也就无从谈起监禁刑是剥夺罪犯的什么权利的问题。刑罚的目的除了报应论外，还提出了预防犯罪的观点。该观点可以追溯到古希腊哲学家普罗塔哥拉，他认为从人之理性惩罚罪犯，不应该是针对他所犯的不法行为，不法行为已发生，惩罚对已发生的后果无济于事。刑罚应该着眼于未来，起到阻止他人实施犯罪或者被处罚者本人犯同样的不法行为。此后，柏拉图也表达了同样的思想。在柏拉图看来，刑罚的目的是使犯罪者改邪归正，对其他人教育警示。及至近代的贝卡利亚和边沁，在否定报应主义的基础上，提出了系统的双面预防的刑罚目的观，并将刑罚的目的划分为"一般预防"和"特殊预防"。一般预防主义和特殊预防主义随着学者的宣扬和社会的发展而此消彼长。在犯罪预防论的背景下，监禁刑应运而生。这是一种替代惩罚的刑种，无论其侵害的客体是什么法益，均以监禁方式予以处罚。为实现一般预防和特殊预防的目的，监禁刑之本意仅在于剥夺罪犯的人身自由权，在规定的时间内与社会隔离。意大利的龙勃罗梭、菲利和德国的李斯特主张刑罚的目的在于改造罪犯，防卫社会。刑罚

应针对犯罪人的具体情况加以运用，使其尽快回归社会。"二战"以后，以意大利的格拉马蒂卡和法国的安赛尔为代表，进一步发展了特殊预防主义思想，提出了社会防卫论。指出社会防卫的终极目的是改善那些反社会的人，使反社会的人适应社会秩序，使之回归社会，而不是对他们的行为进行制裁。安赛尔与菲利、李斯特作为刑事社会学派的代表认为，犯罪既非犯罪人自由意志的选择，也不是天生固有的，而是不良社会环境的产物，国家不应惩罚作为社会环境牺牲品的犯罪人，而应用刑罚来教育改善他们，鼓吹教育刑论。刑罚目的论的发展最终形成了融教育、威慑、报应于一体的刑罚目的一体论，并成为当代西方刑法学界的通说。从刑罚预防目的论至刑罚目的一体论，刑罚对罪犯的回应重点均在于犯罪后对社会秩序的维护，着眼于未来，而非局限于报复，因此监禁刑应剥夺罪犯的权利仅限于人身自由，以利于罪犯的复归和社会秩序的维护。其理由包括以下几个方面。

（一）罪犯首先是作为人的罪犯

罪犯是在社会中违反"契约"而应受到刑罚惩罚的人。作为人，罪犯无疑又应该享有人所应该享有的最基本的权利。这些权利是每个人类成员必须享有的权利，即普遍道德权利，或者，就是严格意义上的人权。[①] 人权取决于人之为人的自然属性和社会属性，不可剥夺，不可转让。美国麦克法兰曾说，"人权之所以为每一个男女所拥有，仅仅因为他们是人"。现如今人权意识深入人心，但人权提倡和宣扬有一定的过程。自人权运动开始之初，人们对人权的认识局限于"统治者不能任意剥夺被统治者的生命权"，随后从"罪刑相当"的角度进一步深入，在"天赋人权"等理念的深刻影响下，人们对于人权概念的认知和接受有了长足的发展。围绕人权的思想和理论，从"人人生而平等"到自由主义理论和社群主义等不断交织和争论，照亮了人类文明前进的方向。其中，比较有代表性的是米尔恩和恩格斯对于人权的总结。米尔恩提出："在没有成员就没有共同体的意义上，一个共同体是由其

---

① 赵运恒："罪犯权利论"，载《中国刑事法杂志》2001 年 4 期，第 78 页。

成员组成的，既然作为一个成员的特别之处是享有权利，那么没有权利就没有共同体。享有权利是任何形式的人类社会生活的一部分，所以，如果要有人类社会生活，就必须有权利。"恩格斯对于人权普遍性作出总结："一切人，作为人来说，都有某些共同点，在这些共同点所有的范围之内，他们是平等的。"在社会这一群体中，人与人之间是互相需要的，而人与人之间是有差异性的，这就决定了人类社会不适用优胜劣汰、适者生存的自然规律。社会为了本身的存在和稳定，就必然要保护它的每一位成员，赋予他们平等的权利。即使是不同的阶级，他们也有着某些共同的权利要求。

1948 年联合国《世界人权宣言》对人权及其平等性作了明确的规定："人人生而自由，在尊严和权利上一律平等。他们富有理性和良心，并应以兄弟关系的精神相对待。"至此，我们可以得出一个最简单的结论：因为是人，所以有人的权利。因为都是人，人的权利是平等的。罪犯作为人享有人权，这不仅是刑罚并未剥夺罪犯作为人的资格，而且，每一个罪犯都非天生就是一个犯罪者，他的罪行——甚至是很多次的罪行——都不能使他蜕变成畜牲或是植物，所以，罪犯当然也有人权。

人权首先应该是特定社会的人们基于一定的社会物质生活条件和文化传统而产生出来的权利需要和权利要求，是作为人应当享有的权利。对罪犯应享有的人权的确认，就意味着对社会每一个体的普遍尊重，也是出于维护社会整体利益的需要。无数历史事实证明：若容忍对罪犯所享有人权的剥夺，则有可能发展为对其他在道德上或在行为上有瑕疵的社会成员的权利的剥夺，进而可能发展为对社会任何一个成员的权利的随意侵犯或剥夺，从而，最终造成对社会共同体秩序和稳定的毁灭性打击，危及整个社会的安全和利益。可以这样认为，对罪犯人权的确认是人类理性认识和选择的结果。

（二）罪犯具有公民资格

罪犯因为其犯罪行为受到国家刑罚处罚，但通常情况下，他作为一国公民（无国籍人除外），公民资格并没有被剥夺，仍然具有宪法和法律所规定的权利和义务。作为人，罪犯与其他人有着共同的需要，享有人的权利即人权的基本内容；作为公民，罪犯享有法律规定的权利即公民权。

国家基于其刑事管辖权对其犯罪的公民处以刑罚，这时国家与公民之间就形成了刑罚关系，这是一种权利义务关系，而不是单纯的国家刑罚权力体现。刑罚权的行使只改变了作为公民的罪犯的权利状况，但并没有否定罪犯的公民资格。罪犯的公民地位，表明了国家和罪犯之间的权利义务关系仍然存在，只是在先前的权利义务关系上有局部变化，增加了一层惩罚和被惩罚的关系，原来的权利义务关系在惩罚与被惩罚的关系上有所变化。因此，国家在有权惩罚罪犯的同时，也负有保障罪犯权利的义务。国家在对被判处监禁刑刑罚的罪犯剥夺人身自由的同时，应该保障罪犯其他的合法权益。在最低限度上，国家对没有判处死刑的罪犯，就无权剥夺他们的生命，这就意味着国家在法律上承认罪犯生命权的存在，因而除保护罪犯生命权外，也必须给予罪犯维持生存所必需的其他权利。

一国公民的权利首先是通过宪法给予规定，宪法作为国家的根本大法，本质是"一张写着人民权利的纸"。罪犯作为一国公民是受宪法保护的，其未被剥夺或限制的权利应当受到宪法保护。因此，罪犯在宪法上的公民地位，是罪犯权利的另一个重要来源。同时，这也说明了罪犯的权利既受宪法保护，也受普通法律的保护，凡宪法所确认与保障的基本权利，即便在具体的法律中没有详尽的规定，也应当视为处于法定的保护范围之内。

从世界宪政国家的情况来看，多承认罪犯受宪法基本权利的保护。在德国，由于特别权力关系理论①的兴起与实践，罪犯权利曾不受宪法保护。然而，在 1972 年 3 月 14 日德国联邦宪法法院关于囚犯监狱权利问题的案件判决中，监狱对罪犯的特别权力发生转变，突破了特别权力关系理论的束缚，

---

① 特别权力关系又称特别支配关系，是指行政主体基于特别的法律原因，为实现特定的行政目标，在一定范围内对行政相对人具有概括的支配权力，而行政相对人却负有服从义务的行政法律关系。德国的行刑实践在特别权力关系理论的指导下，罪犯不适用基本法关于基本权利的规定，监狱可以在没有法律授权的情况下，直接根据自己管理的需要，发布规章或指示命令，安排和规范对罪犯的管理关系，根据这种内部规则性质的关于执行刑罚的规定来对罪犯基本权利进行限制，不受法律的约束，不适用法律保留原则，罪犯也不得利用普通的法律救济渠道寻求法律救济。

宣布取消在囚犯监狱管理方面的"特别权力关系"规则，指出监狱与罪犯的关系应当适用宪法关于基本权利的规定。从此，在德国，宪法规定的基本权利同样地适用于被执行刑罚的囚犯，从而彻底否定了延续多年的所谓"特别权力关系"规则。在美国，对罪犯权利的宪法保护主要体现在联邦宪法第 1 修正案、第 4 修正案、第 8 修正案、第 14 修正案的具体条文中。罪犯的这些宪法权利可能会由于监狱环境的需要和一些紧急情况而不得不减少，但是，当罪犯由于犯罪而被监禁时，其仍然受到宪法的保护。监狱在对罪犯实施刑罚时仍受宪法的约束。宪法和这个国家的监狱之间并不存在一个铁幕。

因此，罪犯应享有宪法所规定的各项基本权利。罪犯享有宪法上的基本权利意味着罪犯的权利不能局限于普通法律所列举的范围，普通法律所未列举的权利，凡宪法所确认与保障的基本权利，也当在保护的权利范围之列。当然，这些宪法基本权利中被依法剥夺或限制的除外。

（三）对罪犯矫正的需要

随着刑罚理论研究的深入和实践的发展，当代各国普遍承认教育改造罪犯、预防重新犯罪是刑罚的重要目的之一。为实现特殊预防之目的，不仅要保障罪犯之为人的权利和作为公民的宪法权利，还需要赋予基于罪犯特定身份而拥有的权利。这些权利可能由专门的法律加以规定，也可能由司法行政机关或者监狱部门自行授予，其目的在于感化教育罪犯，培养罪犯适应社会的能力。

由矫正罪犯的需要所产生的罪犯权利，并非自监禁刑的产生而产生，而是由行刑思想和权利概念的发达程度决定的。在监禁刑产生之初，罪犯的权利只是局限于对其生命权的保障，随后逐渐将罪犯权利扩大为配合接受感化教育的需要。这些有限的权利占据了罪犯权利的全部或者多数，而且是不恒定的，随着行刑当局行刑政策的变化而波动。当感化教育的施行者认为另一种方式更为有效时，罪犯原来仅有的那点权利就会发生变化甚至全部失去。尤其是，在以惩罚为主的行刑思想支配下，连感化教育也往往被涂上一层悲剧的色彩，它所带来的有时不但不是权利，反而是更加残酷的人性的失却，譬如美国 18 世纪末以后出现的独居制和沉默制等。当人权观念深入人心、公民权利逐步被写入各国宪法时，行刑理念和行刑实践也发生了变化。罪犯的权利也受到重视，渐渐以法定形式出现。罪犯的人权和作为公民的权利得到国家的承认和保护。这些权利代表了罪犯作为人和公民本身所具有的价值，而不再仅仅作为刑罚惩罚的对象。罪犯在社会有了其应有的法律地位和价值，由此找回了自己的尊严，并为监禁刑的矫正奠定了真正的基础。在教育刑理论的推动下，罪犯复归思想日渐深入人心，对罪犯的教育感化和行刑社会化成为监狱实践的主导思想。罪犯的权利呈扩大化发展，其人权和公民权得到巩固和发展，为矫正罪犯的需要而设立的权利增多，比较突出的如累进处遇、不定期刑、行刑社会化、犯人自治等监狱制度中所包含的罪犯权利。除此之外，在矫正过程中，有许多非法定的罪犯权利仍处于不断尝试之中。

从国际通行的做法来看，专属于罪犯，为罪犯矫治而设置的权利主要体现在减刑、假释制度中所包含的罪犯权利的规定，关于罪犯处遇的规定所包含的罪犯权利、罪犯在监狱服刑派生出一些普通公民没有而罪犯享有的权利，具体有会见亲属、监护人的权利，享受依法受到特别处遇的权利。这部分权利会因所享有各国经济、文化、历史等方面的不同，而导致具体内容上的较大差异，数量上多寡不一，反映出了该国对罪犯的态度和认识，折射出一国刑罚观念的进步和落后，甚至从中可以窥见社会的文明进步程度。

（四）监禁刑剥夺的是人身自由权

综上，我们可以得出以下结论：被判处监禁刑的罪犯虽然被判处刑罚，但是他也应该享有人权和公民权，同时还享有专属于罪犯的一些权利。罪犯之所以享有权利除了其作为人和公民这一主体资格尚未丧失之外，还需考虑刑释后重返社会的需要。人的自由权利涉及面广，包括政治自由权、经济自由权、思想文化自由权、民事自由权等。监禁刑是一种以监禁方式行刑的刑罚，剥夺的是罪犯的人身自由权。

人身自由权是人或者公民享有和行使其他权利的前提，是人之所以为"人"的必要条件，也是显示其个性，实现其目的，履行其职责的前提。正如日本的宪法学家小林直树所说"盖人之自由，首在人之身体不受拘束"。人如果没有人身自由权，就没有实现其他权利的可能。人身自由权是每一个人（公民）的基本权利，没有这一权利的存在，其他任何自由权都是空谈。人身自由权是公民参加政治、经济和社会生活，享受宪法和法律赋予的各项权利的前提。它构成了所有自由权的基础。在不对他人的人身自由权构成侵犯的前提下，我们每一个公民应该充分平等地享受自己的人身自由权，具体表现为：在法律范围内人们有独立为行为而不受他人干涉，不受非法逮捕、拘禁，不被非法剥夺、限制自由及非法搜查身体的自由权利；人们可照自己的意志和利益行动和思维，不受约束、控制或妨碍的人格权。人们享有在法律规定的范围内维护其行动和思想自主，并不受他人或者其他组织非法剥夺、限制的权利。总之，人身自由是自然人自主参加各项社会活动、参与各种社会关系、行使其他人身权和财产权的基本保障。

人身自由权是一种法定的权利，权利的范围是由法律规定的，受到法律的约束，权利主体无权自行界定权利范围。主体在法律规定的范围之内，行使其权利，就被认为没有侵犯到其他权利主体的权利，反之，则认为侵犯到他人的权利。如果对他人或者大多数人的自由权利受到侵犯的情况下，不得已可考虑对侵犯人的自由权利进行限制和剥夺，并以维护他人和社会秩序为必须限度。

人身自由权具有可限制性和剥夺性，其原因在于权利主体在法定的范围内才享有该权利，而其范围是由法律规定的，因而法律可对其进行限制甚至剥夺。人身自由的限制和剥夺有严格的限制：首先需要通过行政、司法程序来限制和剥夺；其次应该按照法律规定的程序（或者按行政程序，或者按司法程序）进行；最后需要考虑的是对特定人的人身自由的限制或者剥夺，是否为了保障了大多数人更好地享有自由所必要。

人身自由权通常包含身体自由权和精神自由权。身体自由权也称作行动的自由权，是指自然人按照自己的意志和利益，在法律规定的范围内作为和不作为，不受非法限制、剥夺、妨碍的权利。身体自由权所包含的是自然人自由支配自己外在身体行动的权利。非法限制、妨碍或剥夺自然人的身体自由，即为侵权行为。

精神自由权，也称作决定意思的自由、意志自由权。在现代社会，自然人依自己的意志和利益从事正当的思维活动，观察社会现象，是进行民事活动的前提，法律应当予以保障。因此，精神自由权是自然人按照自己的意志和利益，在法律规定的范围内，自主思维的权利，是自然人自由支配自己内在思维活动的权利。非法限制、妨碍自然人的精神自由，即为侵权行为。

我国宪法规定的人身自由权包括行动自由、人格尊严、住宅、通信自由和通信秘密自由。对于人身自由权给予了充分的保护："公民的人身自由不受侵犯。任何公民，非经人民检察院批准或决定或人民法院决定，并由公安机关执行，不受逮捕。禁止非法拘禁和以其他方法非法剥夺或者限制公民的人身自由，禁止非法搜查公民的身体。"宪法的这一条规定确立了人身自由的宪法地位，使公民人身自由权成为公民基本权利体系的基础，也标明了限制、剥夺公民人身自由权只能是由特定公安机关执行，并规定了严格的执法程序。人身自由权的保障是现代宪法遵循的一项基本原则，对人身自由的限制、剥夺必须按照基本权利的立法界限原则进行。

人身自由权就是个人依据自己的意志决定，在法律许可的范围内，自主决定自己身体活动的自由权和自由支配自己内在思维活动的自由权的权利。从其所涵盖的内容范围看，人身自由权有广义和狭义的区分。广义的人身自由权专指个人身体保护、人身自主的自由。它包括人身保护、住宅不受侵犯、迁徙自由、人格尊严不受侵犯等。狭义的人身自由权是指公民有人身自主权，有举行行动的自由权，不受他人的支配或控制，公民的身体不受非法侵犯的权利。监禁刑对罪犯人身自由权的剥夺是基于维护社会稳定和安全之必要为限。监禁刑行刑目的就在于通过对罪犯进行关押，使他们与社会隔离，失去再犯罪的条件，以防止服刑期间重新违法犯罪。同时，在关押期间通过警戒、威慑、教育社会上其他可能犯罪的人，使他们不至于走上犯罪的道路，最终使得社会秩序稳定，大多数人生活安定。监禁刑的执行方式说明了监禁刑企图通过将罪犯与社会相隔离实现以下效果：其一，可以避免犯罪人与社会中诱使其犯罪的环境的接触；其二，通过隔离保持社会利益；其三，通过隔离震慑社会上的人。因此，监禁刑对人身自由权的剥夺仅指狭义范围，即身体活动的自由。除此之外，罪犯应当享有作为人、作为公民的未被法律剥夺的那部分权利，这是罪犯权利的主体部分。

三、对被监禁罪犯人身自由权利剥夺的实现

通常人身自由权的保障是通过实体和程序两个方面来实现的。在实体方面，各国基本采用通过宪法和法律所确定的人身自由权进行保障。在人身自由权保障体系中，宪法保障是首要的，也是最富有成效的。宪法确认保障人身自由权是宪法的基本原则之一，确认人身自由权的范围，对人身自由权的立法具有指导作用。刑法对人身自由权利的保护体现为对损害和侵犯人身自由权的行为，如构成犯罪，追究刑事责任；同时也通过刑法确立罪刑法定主义原则，即法律规定为犯罪行为的，依照法律定罪处刑，法律没有明文规定为犯罪行为的，不得定罪处刑等。总之，实体法对人身自由权的保护主要表现在对人身自由的原则、原理、范围等方面进行规定。人身自由的程序保障主要表现为刑事诉讼法对强制措施和刑罚执行的规定，明确相关条件、执法主体、执法期限、违法救济等。此外，监狱法和其他一些法律也规定了相关的程序，强调在拘留、逮捕和刑罚的执行等方面，必须严格依法律规定的程序进行；严禁刑讯逼供；被告人合法权益受保护原则；保护罪犯的合法权益等。可见，宪法上确定的公民的人身自由权最终通过具体的实体法和程序法的规定和实践得到实现，同样对人身自由权的剥夺也需要通过相关法律践行。

监禁刑对罪犯人身自由权的剥夺也是通过实体和程序两方面进行。从程序上，对罪犯人身自由权的剥夺是通过刑事诉讼司法程序实现的，经过诉讼活动最终产生生效判决，判决执行阶段体现为对罪犯以羁押于监狱的方式，通过监狱及其设施，譬如监狱建筑、监狱外围设施、监狱技防设施实现罪犯与社会的隔离，从而也就剥夺了罪犯的人身自由权。罪犯因此也就失去了与

监狱外的社会自由交往的权利，未经监狱审核与批准，服刑人员一律不得出监，也不得随意与社会人员通过书信、电话进行交流。也就是说，押入监狱后，服刑人员再不能像在社会上那样，可以自由行使其行动自由权，按其意愿与人来往，前往其想去的地方，其与社会交往的意志决定权被剥夺了。当然，禁止其与外界来往并非绝对受限。服刑人员欲与社会人员交往可申请并经过行刑机关批准。行刑机关根据法律规定以及特定条件主要指"监管安全条件"与"社会接受条件"最终决定服刑人员能否交往、以何种方式交往、交往到什么程度。"监管安全条件"又可细分为"监管安全设施、服刑悔改表现、警力配置强弱"等条件；"社会接受条件"主要可细分为"社会治安状况、被害人是否接受、普通民众情绪"等条件。

　　监禁刑对罪犯人身自由权的剥夺是通过监狱的隔离功能体现的。罪犯与社会的隔离实现了刑罚的"报应"本质，充分发挥监狱固有的惩罚职能。人身自由权是一项最为基本的权利，是人之为人的根本。众所周知，人之所以为人，关键在于其本质上的"社会属性"，即对"社会关系"的依赖。社会个体因犯罪被刑罚剥夺人身自由权，从而将其剥离出赖以生存的社会关系，人的"天然倾向"因此受到压抑与控制，个体势必感到十分痛苦。这样一来，"刑罚"的报应本质就可以体现，惩罚职能就能得以兑现，国家设置监狱，用以惩罚犯罪行为的目的就基本达到了。监禁刑作为刑罚除了具备惩罚功能外，预防犯罪的功能也是必不可少的。监狱的隔离能较好地实现国家设置监狱的另一主要意图——实现犯罪控制上的"特殊预防"。罪犯与社会隔离后，其被置于监狱这一特定的空间，在这个空间里有很多监管制度、矫治措施、安全设施，使罪犯脱离了使其产生犯罪意图，实施犯罪行为的环境。这种隔离的状况经历了严格的绝对隔离、适当宽松的隔离、相对隔离的阶段。在监禁史上曾出现独居制和沉默制为代表的绝对隔离。独居制又称为宾州制，因其最早实行于美国的宾夕法尼亚州的费城监狱而得名。独居制起源于对异教徒的惩罚，让异教徒在独居的情况下面壁反思，随后被应用于罪犯的改恶从善改造和矫治活动，分为严格独居制和缓和独居制两种类型。严格的独居制要求罪犯不许出监房，罪犯之间不许随意互进监房，也不许参加劳动。缓和独居制则要求罪犯在监狱的大多数时间里，也就是日间劳动时仍独居，但短时间的运动、娱乐、教诲时可与其他罪犯在一起，罪犯在一起时不能交流。继独居制之后出现了沉默制，该制由于首先在美国纽约州的奥本监狱实施，所以又称奥本制。沉默制要求罪犯夜间分房监禁，白天杂居劳动作业，但要保持绝对沉默，严禁罪犯之间交谈，避免发生互相争斗、预谋犯罪等。沉默制相较独居制有一定的积极意义，但两者在过度重视犯人之间相互传恶习的同时，忽略了人的本质属性，因此很快地就被证明是失败的。随后，监狱剥夺罪犯人身自由的监禁刑的执行就体现为首先将罪犯进行分类，根据分类结果将其羁押于不同级别的监狱。一般来说，人身危险性相接近的罪犯就会被羁押于同一监所，监所将罪犯按规定分配到特定的监区和监舍。同一监所、监区、监舍的罪犯在一起劳动、生活、接受教育和矫治。在监狱内由于罪犯之间共同生活、学习、劳动，他们之间必然就存在着联系和交流，虽无法杜绝罪犯之间交流而传恶习之弊端，但不至于使罪犯过于孤独，最终导致行刑彻底失败的结局。随着监禁刑行刑实践的深入，行刑方式与行刑目的之间的悖论日趋显著，行刑理念发生了变化，监禁过程中隔离特性已不再绝对。各国逐渐采取措施，让罪犯接触社会，出现了亲属进监探望，参与监狱活动；社会力量进入监狱帮助罪犯；半监禁行刑，允许对罪犯有条件地进入社会学习、工作，使罪犯在服刑期间可与社会交往。在我国行刑社会化的初步措施体现在"走出去"和"请进来"两个方面，实施范围基本局限于监狱空间。半监禁行刑在我国目前还很少适用，但是随着行刑进程的发展，这也是我国行刑的发展方向。至此我们发现，随着监禁刑实践的深入，行刑悖论的缓和成为必要，在行刑的隔离性和刑释后的罪犯社会化要求之间的矛盾化解方面出现了行刑隔离绝对化的让步和妥协，监禁刑的"隔离"特性也不再绝对，从某种意义上，监禁刑对罪犯人身自由权的剥夺逐渐转化为限制。绝对隔离状态的打破不仅体现在监狱戒备的宽松、罪犯有更多的机会接触社会，还体现在监狱内的物质文化生活水平尽量争取与一般社会一样，生活样式与一般社会一样，监狱构造及监禁形态应尽量与一般社会接近，行刑活动应尽量与一般社会挂钩，处遇体制及维持秩序体制尽量社会化，允许受刑人最大限度地保持与社会的联系等。如美国密西西比州的一个女犯监狱关押容量尽管只有 200 人，但占地面积却达到了 7 英亩，设有娱乐场所、咨询中心和为方便孩子与母亲探视和共同居住的场所，以及其他若干教育单元。① 该女犯监狱堪称狱内行刑社会化的典范。从行刑时效看，有效克服"监禁刑悖论"，防止罪犯人格监狱化，大大降低了罪犯的再犯率。

监禁刑对罪犯人身自由权的剥夺在于控制犯罪人与社会人员接触这一层面上，但并不包括对犯罪人处于特定场所后所采取的行为。对罪犯的"狱内管理"是剥夺或者是限制罪犯人身自由以后必然出现的状态，但是"狱内管理"并非惩罚本身。因此，只要不危及或者触碰监狱的隔离功能，在条件允许的情况下，监狱最大限度地为罪犯营造较好的生活、劳动、学习、矫治条件，为罪犯实现再次社会化而创造条件是符合监禁刑本身的行刑本意。这一点可从我国刑法和刑事诉讼法规定的情况得知。对于监禁，法律在对罪犯与社会关系交往上做了限制外，并没有如"管制"刑那样做更详细的规制，规定罪犯在监狱行刑中各方面的问题。我国监狱法对罪犯在监狱内的情况做了一些规定，但主要是在组织劳动、组织教育、生活卫生、心理矫治等方面，并且都围绕着如何保障服刑环境和教育转化罪犯为宗旨。当然，"狱内管理"过程中罪犯未被剥夺权利势必会受到一定的限制，比如被剥夺人身自由之后，罪犯的财产权和亲属权等一些权利的行使就会受到影响。从现代各国实践上看，监狱行刑除了强调"关押"职能，剥夺和限制罪犯与社会人员的交往自由外，可以说，社会上一般个体所享有的自由形式，均在监内有所体现，并且向拉近两种环境距离的方向发展。如罪犯在监狱的衣食、治病、学习与娱乐等都是有保障的，其他自由形式如探亲、与配偶同居、到社会上参观、学习、工作等，都在行刑时有所推行。被判处"监禁刑"的犯罪人，在监狱里

---

① 张国敏："'徒刑'的困惑与省思"，载《辽宁公安司法管理干部学院学报》2013 年第 1 期，第 25 页。

并非被剥夺得毫无自由，客观上享有相对自由。正如社会上普通公民不可能享有绝对自由一样，罪犯在监狱里也只能享有相对自由。如同学生在学校、军人在部队、公务员在国家行政机关，甚至人在社会，其享有自由都只能是相对的。当然，由于罪犯在监狱行刑是因为其犯罪行为而需要对其惩罚，因此，总体而言，其享有的自由相对较小。尽管从表面看，罪犯享受的自由大打折扣，但只要条件成熟，在行刑社会化背景下，犯罪人可以享有接近于普通公民可以享有的各种自由。行刑理论和实践的发展表明，监狱行刑并非要剥夺罪犯的一切自由，除了控制罪犯与社会"私自接触"外，监狱应尽最大可能给予罪犯各种正当自由。

总之，我们可以明确监禁刑的本质是惩罚，形式是"控制罪犯私自超越监狱围墙"而与社会人员接触。"狱内管理"则包括安排食宿、组织队列、组织劳动、开展教育等，它们是监狱对罪犯实施的行政管理，本身并非惩罚行为。它们是监禁刑的派生物，是监狱将罪犯监禁起来、"兑现"惩罚后接下来发生的行为。这也就是狱内管理既有一定的强制性，又需要向人道化发展的原因。

四、对服刑罪犯人身自由权剥夺限度的省思

从前述内容可以看出，罪犯权利主要由以下三类构成：罪犯的人权、罪犯的公民权以及基于矫正的需要的专属权利。这三类权利各有特色，一般认为，人权是内在的，是一种道德权利，本身没有强制性，其内容随着社会经济、文化的发展而不断发展。经由国家意志所决定的公民权是外在的，是人权的外在形式，同时却是被动的、稳定的，有时甚至是停滞的。罪犯的人权和公民权是罪犯的基本权利，是作为人和公民的罪犯维持生存和精神需要的必要保障，因而也是其他罪犯权利的基础。由于矫正罪犯的目的就在于促使罪犯重新成为正常的社会的人，成为在行使法定权利的同时也承担法定义务的公民，因此，由矫正的需要所带来的罪犯权利和罪犯人权、公民权一样，最终离不开"人"或"公民"这个字眼。各国宪法、刑法、监狱法等法律通

过对罪犯权利保护的途径实现了对其剥夺自由程度的限制。

（一）服刑人员应享有的权利

明确了监禁刑只是剥夺服刑人员人身自由权的刑罚后，我们很容易得出以下结论：服刑人员享有除了人身自由权以外的其他权利。对此我国学者邱兴隆先生亦认为，监狱不得剥夺受刑人人身自由以外的任何其他权益，[①] "罪犯在接受刑罚时，不应该仅仅面对威吓、惩罚和报应，就好像对着狗举起杖来一样，这不是对人的尊严和自由予以应有的重视"。[②] 人们对罪犯权利和监禁刑的本质有了共识：《欧洲监狱规则》第 64 条规定："监禁在本质上是一种剥夺罪犯自由的刑罚方式。除了合理的隔离和维护监狱纪律，监禁条件和监狱管理制度不应加重监禁的刑罚本质。"1955 年第一届联合国预防犯罪和罪犯待遇大会通过了《联合国囚犯待遇最低限度标准规则》，其核心理念就是：囚犯被送入监禁是作为惩罚而不是为了惩罚，被剥夺的仅是人身自由权，其他权利应当受到尊重和保障。从理论上说，被判监禁刑的罪犯剥夺的仅是狭义的人身自由权（与外界社会的接触权），除此之外，服刑罪犯应该享有作为人之基本权利，一国公民的权利，作为服刑罪犯的权利。很多国家也在立法和实践层面明确了罪犯的权利，以实现监禁刑对罪犯人身自由权进行剥夺和限制的约束。严格意义上，被判监禁刑的罪犯应广泛拥有除狭义范围的人身自由权外的所有权利，具体包括以下内容。

1. 生命权

被判监禁刑的罪犯，他们的生命权显然是未被剥夺的，因此在服刑期间，享有维续生命的物质生活待遇权。在住宿方面，房舍必须符合卫生规定，卫生设备应当充足，并供给充分的洗漱用具等。在衣服和被褥方面，应发给适合气候和足以维持良好健康的全套衣服，供给每一囚犯一张床，并附有充足的被褥。在饮食方面，应供给囚犯足以维持健康和体力的有营养价值的饮食，

---

① 邱兴隆：《刑罚的理性评论——刑罚的正当性反思》，中国政法大学出版社 1999 年版，第605 页。

② ［德］黑格尔：《法哲学原理》，商务印书馆 1996 年版，第 206 页。

囚犯口渴时应有饮水保证。在医疗方面，每一监所最少应有一名合格医官，负责照顾囚犯身体和精神的健康；监狱的医务室应该诊疗可能妨碍囚犯恢复正常生活的身心疾病和缺陷，为此应提供一切必要医药、外科手术和精神病学上的服务。此外，罪犯应享有完全禁止体罚、暗室禁闭和一切残忍、不人道、有辱人格的惩罚行为，任何这种行为都应视为对联合国宪章宗旨的否定。对执法人员的训练应保证充分顾及这一点。保护罪犯人身权利还表现为，对罪犯应给予人道及尊重其固有的人格尊严的待遇，包括为使罪犯可以保持整洁外观、维持自尊，必须提供妥为修饰须发的用具；发给罪犯的衣服不应有辱人格或有失体面；监所制度应设法减少狱中生活的差别等。

2. 财产权

财产权意味着人们有权采取经济行动以获得、利用和处置财产，它是人类谋求生存、发展、建立和拥有家园的权利，是生命权的延伸，是有人类自由与尊严的保障。被判监禁刑的罪犯享有合法的财产权，有权对其财产占有、使用、收益和处分。《世界人权宣言》中"任何人的财产不得任意剥夺"的规定，同样适用于罪犯。凡罪犯私有的金钱、贵重物品、衣物等按监所规定不得自行保管时，应于入狱时由监所妥为保管，囚犯出狱时再如数归还。

3. 政治权利

政治权利是公民依据宪法和法律规定，参与国家政治生活的行为可能性。未被剥夺政治权利的罪犯应享有该项权利。一方面表现为以选举权和被选举权的行使参与国家和社会的组织与管理即政治权利，另一方面表现为在国家政治生活中自由地发表意见、表达意愿的自由即政治自由。监所应保障未被剥夺政治权利的罪犯享有相关权利。

4. 宗教信仰自由

宗教信仰自由是指公民依据内心的信念，自愿地信仰宗教的自由。内容上包括有信仰或不信仰宗教的自由，信仰这种或那种宗教的自由，在同一宗教里信仰这教派或那教派的自由，过去信教现在不信教的自由，过去不信教现在信教的自由。对罪犯而言，如果监所囚禁的同一宗教罪犯达到相当人数，应指派或批准该宗教的合格代表一人，按期举行仪式。不得拒绝罪犯来访任一宗教的合格代表，但如果罪犯反对任何宗教代表前来访问，此种态度应受充分尊重。在可行范围之内，罪犯应准参加监所举行的仪式并准持有所属教派宗教、戒律和教义的书籍，以满足其宗教生活的需要。

5. 文化教育权

罪犯享有文化教育权。文化教育权是一种综合的权利体系，在基本权利体系中处于基础地位。教育方面体现为受教育权，文化方面体现为科学研究自由、文艺创作自由和其他文化活动自由。因此，一切监所均应提供文娱活动，以利囚犯身心健康。青少年囚犯和其他在年龄和体力方面适应的囚犯，应获得体育和文娱训练，监所应为此提供场地、设施和设备。监所应设置图书室，购置充足的娱乐和教学书籍，以供各类囚犯使用。

6. 监督权与请求权

罪犯享有监督权和请求权。监督权是监督国家机关及其工作人员活动的权利，是人民主权原则的体现，具体包括批评、建议权，控告、检举权，申诉权等。请求权是依照宪法规定，要求国家作一定行为的权利，是基本权利实现的手段性权利，是具有一般效力的、具体的、现实的权利。监督权包括国家赔偿请求权、国家补偿请求权、裁判请求权。罪犯实施监督和请求权具体体现为罪犯应该在每周工作日都有机会向监所主任或奉派代表主任的官员提出请求或申诉；监狱检查员检查监狱时，罪犯也可向他提出请求或申诉；罪犯应可以按照核定的渠道，向中央监狱管理处、司法当局或其他适当机关提出请求或申诉，内容不受检查。除非请求或申诉显然过于琐碎或毫无根据，应迅速加以处理并予答复，不得无理稽延。

7. 劳动权

劳动既是罪犯的权利，也是罪犯的义务。服刑罪犯都必须参加劳动，但以医官断定其身心不宜为限。监狱劳动不得具有折磨性质，而应足以保持或增进囚犯出狱后诚实谋生的能力，特别是应对青少年犯提供有用行业方面的职业训练，且职业训练上的利益不得屈居于监所工业营利的目的之下。监所应同样遵守为保护自由工人而制订的安全及卫生上的防护办法，并应制订赔偿因犯所受工业伤害的规定，赔偿条件不得低于自由工人依法所获条件。罪犯每日及每周最高劳动时数由法律或行政规则规定，但应考虑到当地有关雇用自由工人的规则或习例；所订时数应准许每周休息一日，且有足够时间依规定接受教育和进行其他活动。对罪犯的劳动应制订公平报酬的制度，应准许罪犯至少花费其部分收入，以购买核定的自用物件，并将部分收入交付家用，其他部分收入作为储蓄基金在囚犯出狱时交给囚犯。

8. 一定的外界接触权

罪犯的待遇不应侧重把他们排斥于社会之外，而应注重他们继续成为社会的成员。因此，罪犯应准在必要监视下，以通信或接见方式，经常同亲属和有信誉的朋友联络。罪犯应该以阅读报章杂志和特种机关出版物、收听无线电广播、听演讲或以管理单位核准或控制的类似方法，经常获知比较重要的新闻。从罪犯判刑开始便应考虑他出狱后的前途，并应鼓励和协助他维系或建立同监所外个人或机构间的联系，以促进他家庭的最大利益和他自己恢复正常社会生活的最大利益。

9. 罪犯享有的特定权利

现代社会各国对不同的主体给予不同的特定权利，如对妇女权利的保护、儿童权利的保护、老年人权利的保护、残疾人权利的保护以及华侨、归侨和侨眷权利的保护等。对于罪犯也有其特别享有的权利，例如减刑、假释权、会见亲属权等。

（二）服刑人员实然权利

我们知道监禁刑行刑目的在于通过剥夺或限制罪犯的人身自由实现预防犯罪的目的。行刑内容表现为使服刑者失去或减少人身自由。文章已广泛论述人身自由对个人价值的实现具有极其重要的作用：它是人们进行社会交往，从事社会活动，实现特定权利，履行特定义务，取得某种利益的必要前提。人身自由权是人的最为基本的权利，如被剥夺则影响和制约着人们其他权利的实现。罪犯因监禁而失去人身自由权，特殊的身份、特殊的处遇决定了他们在行使未被剥夺权利时不可能与其他普通公民一样享有同等的权利。美国著名犯罪学家格雷沙姆·塞克斯在《囚犯社会》一书中做了明确的论述，监禁给被监禁的罪犯造成五大痛苦：自由的剥夺、异性关系的剥夺（隔离）、自主性的剥夺、物质及享受服务的剥夺、安全感的丧失。的确，由于对罪犯人身自由权的剥夺，那些以人身自由为前提的权利和自由必然随着罪犯人身自由的丧失而受到剥夺或限制，一些与人身自由相联系的权利由于罪犯人身自由被剥夺而只能部分享有或者只是在法律上享有，实际上无法行使。从罪犯服刑期间权利被剥夺或享有的情况看，在同一时期各国给予服刑罪犯的权利各有不同，在不同时期一国给予罪犯的权利也并不一致。

监狱的安全与秩序是考察罪犯权利范围时必须考虑的一个重要因素。罪犯权利的有限性除了体现惩罚外，同时也是由刑罚所追求的预防目的所决定的。在此意义上，可以说罪犯的法律地位并不等同于"标准公民"，而是一种特殊的公民状态。罪犯的某些权利虽然没有被剥夺，但是基于刑罚的性质和监管改造的需要，这些权利必然被烙上刑罚的印痕，从而在内容上表现出它们的不完整性。

监狱的安全和秩序是监狱履行职责，实现其职能的前提和基础。为了防止罪犯越狱、暴动或者其他危险情况的发生，监狱不得不制定监规纪律对罪犯在监狱中的行为和权利加以限制或者剥夺，于是罪犯权利在被法律剥夺的基础上，呈现出进一步缩小的态势。对此，《联合国囚犯待遇最低限度标准规则》第 27 条指出："纪律和秩序应当坚决维持，但是不应实施超过安全看守和有秩序的集体生活所需的限制。"国际上各国亦持相同的观点，并将其作为囚犯权利的一项基本原则。美国 1977 年"科劳诉理查德"一案的判决，将"犯人保留自由公民的全部权利，而为了确保监狱秩序或为了给监狱全体成员的权利和人身安全提供合理保护而必须加以限制的除外"作为罪犯权利的一项基本原则。在德国，在法律没有作出明确规定的情况下，只有为了监狱的安全和秩序免遭严重破坏而迫不得已时，方可进一步限制犯人的自由。在我国，监狱行刑权力的行使应该受到该原则的限制则是毫无疑问的。为防止监狱滥用此项权力，必要的限制是必须的，监狱为维持纪律和秩序应以不超过安全与秩序所需要的程度为限。这表明罪犯的权利因为监狱的安全与秩序的需要而必然受到一定的限制。在行刑实践中，安全与秩序对犯人权利的限制具体表现在：按照规定的作息时间行事；未经许可，不得离开指定的区域；按规定摆放物件，保持牢房整洁；遇有危险情况必须报告；监狱视情形可进行搜查、采取一定的安全措施；如果探视有可能危害监狱的安全与秩序，并且担心他们的探视会对犯人产生有害的影响，监狱有权拒绝探视；从监狱的安全考虑，可以对探视时的谈话进行监督，但不得监督辩护人的谈话；凡有害监狱安全和秩序的通信，监狱有权予以扣押，并将扣押的情况通知犯人本人；罪犯收监时应当严格检查其人身和所携带的物品等。

然而，何为"监狱的安全与秩序的需要"，这是一个既抽象又具体而复杂的问题，不可能全部由法律作出明确规定。对其判断往往需要由监狱自由裁量。监狱可以根据具体的情形，基于维护监狱的安全与秩序的实际需要对罪犯的权利作出一定的限制或剥夺并受到比例原则的限制，这种限制以义务对犯人的影响没有超出或超越为维护监狱的安全与秩序所必需的程度，即限制与义务与其目的之间的关系是适宜的。

权利要以一定的社会物质生活条件为基础。一定时期人们的权利，是由当时的社会物质生活条件决定的。罪犯的权利范围与社会的物质生活条件存在着密切的联系。法律中对罪犯权利的确认和保护必须以现存的经济条件为依据，而不能超越现实经济条件许可的范围。随着社会的发展，各国对罪犯权利的保护都较以前有了很大的进步，并呈现出罪犯权利日趋扩大化的趋势。各国对罪犯权利范围不同的规定主要原因在于经济发展状态和物质生活条件不同所造成。因此社会物质生活条件构成制约罪犯权利范围的一个重要因素。罪犯在生存和财产方面的一些权利由于受到国家现实物质生活水平的限制，物质资料丰富了，罪犯的生活条件自然也就会提高，反之，罪犯的生活条件就会受到局限。另外，罪犯的一些权利的实现也需要经济条件的提高。监狱当局应当尽量尊重有宗教信仰罪犯的饮食习惯，为他们提供符合宗教规则的饮食，但如果支持罪犯饮食习惯会造成不适当的额外开支，监狱当局则很难或者无法提供这类饮食。当然，应该坚守的是，在现有的物质生活条件下，不管怎样强调服刑人员的权利，都不应使服刑人员的生活水平高于社会上的公民，否则刑罚的惩罚性将无从体现，刑罚的威慑力也必将消失或者削弱，因此罪犯不应该享有奢侈性权利。

所谓善良风俗是指国家社会的存在及其发展所必需的一般道德。虽然何为善良的风俗没有一个统一的标准，每个人对它的理解都有所不同，但人们还是努力寻找一个普遍的良心规范，争取使该规范获得很多人的认同。不管承认与否，人类事实上在很大程度上以存在普遍的风俗性观点和评价的可能性为前提，并将其作为自己行为或者至少部分行为的依据。^① 因此，遵守善良风俗是每一个公民应尽的社会义务，罪犯也不能例外。罪犯与一般公民还有所区别，他们是在监狱这一国家刑罚机关近距离监管下生活的，他们的一举一动都要受到监狱当局的监视，他们的行为规范更要符合国家的要求，这一点与远离国家监督的一般公民是有区别的，因为一般公民的行为，有时国家可能以沉默的态度予以宽容，但是罪犯却不能享受到这种待遇。因此，罪犯权利的行使必须符合公共道德和善良风俗的要求，最起码不能破坏它。具体来说，服刑罪犯应享有权利受限或剥夺的情况如下。

1. 罪犯的生命权受限

罪犯的生命权受到保护，而维系生命的物质条件和其他条件受限。罪犯在监狱服刑，监狱对罪犯的物品供应和服务是有限的。罪犯的吃、穿、住、行及其医疗所需物品和服务由监狱提供，服刑人员没有任何选择的余地。罪犯进入监狱后，其与异性的生理关系受到限制和剥夺；服刑人员在监狱内失去独立安排生活的权利，劳动、休息、娱乐及其生活，由监狱统一安排。

2. 罪犯的财产权受限

罪犯进监狱服刑后，对其合法财产的权利行使主要基于监狱安全和秩序的考虑而受阻。很多国家监狱监管纪律规定罪犯入监时除了生活必需品外均

---

① 吕新雪："罪犯权利的限制因素探析"，载《法制与社会》2008 年第 27 期，第 15 页。

不能带入监所，其他物品交由监所保管，刑期届满后返还罪犯。罪犯会见时可接受内衣、内裤、线衣、棉被和鞋子（皮鞋除外）；内容健康的书、报及学习用品；适宜监狱内开展的文化体育活动用品；经监狱医院或卫生所签单同意的外购药品。会见人带给罪犯的上述物品必须经会见室民警检查确认后，由监狱警察直接交给罪犯（药品必须经医院或卫生所医生鉴定后，由分监区警察领回）。对在会见物品中夹带违禁品的，一律没收，并视其情节给予适当处理。除上述物品外，其他物品一律不得带入监内。在我国，由于比较重视监狱安全问题，对入监的罪犯要求不带一物一铁（除其随身的内衣内裤外），对其现金和汇款直接存入罪犯本人的储金卡，储金卡可在监狱消费，每月消费限额为 300 元，储金卡最高限额为 10 000 元。对探视亲属原则上不允许送物品。

3. 对部分政治权利的限制和剥夺

服刑的罪犯不可能行使宪法赋予一般公民的一系列的基本权利，具体如下：（1）选举权。对依法剥夺政治权利的罪犯，在刑罚执行期间当然剥夺其选举权，对没有附加剥夺政治权利的罪犯，依然享有选举权。（2）通信权。一般而言，罪犯在服刑期间可以与他人通信，但是来往信件应当经过监狱检查。监狱发现有碍罪犯改造内容的信件，可以扣留。罪犯写给监狱上级机关和司法机关的信件，不受检查。保留罪犯的通信权，是监狱、社会、家庭共同改造罪犯的需要。（3）服刑罪犯在监狱内丧失了结社、游行示威的权利。（4）服刑罪犯在监狱内行使出版权应征得监狱的审批。

4. 宗教信仰自由权的行使受限

罪犯不仅有信教的自由，而且还有从事宗教活动的自由。从理论上，监狱有权为罪犯从事宗教活动提供物质等条件。然而，在行刑实践中基于各方面的考虑，罪犯的宗教信仰自由权的行使受限。

5. 受教育权受限

罪犯受教育的权利受到一定限制。在学习的时间和条件等各方面必须结合监管工作的特点和惩罚与改造的目的，不可能实行我国普通教育体制。在我国，罪犯的扫盲教育在各监狱都得到实现，而在此基础上的高层次的教育并非都得到满足，大学教育、研究生教育更是凤毛麟角。

6. 监督权与请求权行使受限

罪犯的监督权和请求权通常是受到肯定并往往以立法方式予以承认，但在实现过程中各国因相关制度和配套措施不同，实现的程度有所不同。监督权和请求权的行使必须要有对罪犯合理的权利配置和国家义务设置以及程序保障，特别是鉴于罪犯在监狱服刑这一现实，这一权利的行使更需要借助他人的协助，更多的是律师的协助。对律师进监为罪犯提供法律帮助，各国基于监狱安全的考虑都有所限制。

7. 劳动权受限

公民享有劳动的权利，作为罪犯亦享有劳动的权利，但是在监狱里罪犯行使劳动权利时没有选择劳动内容的权利，从事什么劳动、怎样劳动都由监狱规定的。除了年龄或者身体的原因，罪犯应接受强制劳动。

8. 对外交往权受限

罪犯并非没有对外交往权，但是罪犯对外交往必须经过监狱同意。例如与外界通信，信件内容须经监狱审查；罪犯有条件离开监狱试工、试学也必须经监狱严格审批。

因此，罪犯作为公民，其基本权利除了狭义范围的人身自由权之外，虽然在原则上与其他公民没有差别，但由于其是犯了罪被判监禁刑的罪犯，在具体行使未被剥夺的权利时，权利的内容和范围上还是与其他公民有着不一致的地方。罪犯权利的不完整性主要表现为：部分权利被暂停行使。对这部分权利，虽在法律上未被剥夺，但由于被监禁的现实而暂停行使，这些权利称为名义上的权利。例如，父母对子女的抚养权、夫妻之间的同居权。部分权利只能限制行使，即权利未被剥夺，也可行使，但在行使过程中因监禁而受限行使。例如，教育权、劳动权，已受到一定的限制，从而失去其完整性。还有一部分权利是基于罪犯特定身份而享有的权利，例如减刑、假释权、分类处遇权，对这部分特定权利，罪犯一般没有主张权。这部分权利，实际上是罪犯在服刑过程中，通过自己的努力，对原来被剥夺的那些完整权利的部分回复。从行刑机关方面讲，则是根据矫正的需要，对罪犯公民权利的逐步还原。因此，对罪犯特定权利的实现还需最终由国家机关批准。从对罪犯权利的分析，我们可总结出：从总体上看，罪犯权利的变化基本上是向着权利逐渐完整的方向发展的。罪犯的服刑过程，就是从罪犯入狱权利被剥夺、被限制开始，到罪犯出狱时完全恢复权利为终止的一个渐进过程。

同时，罪犯权利处于波动状态，这一点与一般公民权利总处于稳固状态不同。这种波动状态，要么体现为权利范围的增加或减少，要么体现为权利程度的提高或降低。导致变化的因素包括行刑政策的改变、罪犯改造表现的不同等。

五、对罪犯权利保障路径的思考

（一）保持监管权力与罪犯权利平衡

1. 监管权力对罪犯私权的保护

从卢梭社会契约论的观点出发，我们普遍认为国家权力是公民让渡其部分权利而获得的，不管是何种形式的民主政治国家，都是通过民主代议的方式授权于政。因此，公民权利是国家权力的基础，国家权力是公民权利的保障。监管权力作为国家行刑权力之一，是一种超越于个人之上的公共力量。它具有强大的力量和措施，可以通过强制手段使义务得以履行，罪犯得以改造。基于此，监管权力也是保护罪犯权利最有效的工具。随着监狱的出现、监禁刑的产生，监管权力也随之产生。监管权力从其产生之日起，一方面担负着管理、教育、矫治罪犯的使命，另一方面承担着对罪犯权利保护的职责。良好的监禁刑法律的标志就是罪犯权利和国家监管权力的良性协调。在两者关系上，罪犯权利第一，监管权力第二，力求罪犯权利和监管权力的平衡。法律对罪犯基本权利的配置状况及行使的有效性构成了平衡国家行刑权的基本力量。

罪犯权利归每一位具体的罪犯个体享有，权利本身由于享有主体的个体性和特殊性而显得微弱，不可能与监管权力相抗衡。监管权力是国家权力之一，该权力的享有主体是国家，本身具有强大的力量。力量悬殊的不同主体要实现他们之间权力和权利的平衡，完善的救济制度的设置是必不可少的。监管权力从它生成时起就有走向异化的倾向。权力的异化使得它又成为罪犯权利的障碍。监管权力以其权力的力量可限制或剥夺罪犯的权利，同样也可赋予罪犯权利和特殊的待遇，为此总会在不同程度上被少数人所垄断并被用来优先谋取和扩展这些人的权利和利益。人类进步的方向之一就是尽力克服这种异化倾向，使监管权力这样的公权力褪去其虚幻色彩而逐步成为真正的公共权力，即平等地保护和促进更大多数人的权利的成长。社会进步的重要特征就是个人权利的扩展，从而使个人的个性、自由和尊严得到真正的高扬，这是社会发展的最终目的。在此意义上，个人权利是公权力正当性的根据，公权力的行使应当以扩展个人权利为目的。监管权力应该依法对罪犯权利进行限制，同时也应该依法保障罪犯的合法权利。

2. 罪犯权利的维护是对监管权力的限制

"权利与权力，乃构架人类社会制度之脊梁"。[①] 法治的本意就蕴含着保障权利和制衡权力，因此正确定位这两者之间的关系和界限成为法治国家政体设计的理论基石。

绝对的权力滋生绝对的腐败。监管权力带有支配的力量，且以相应的强制手段执行，以达到令罪犯服从的目的。因此，罪犯的个人力量是无法更无力对抗强大无比的监管权力的。鉴于此，如果不对监管权力进行必要限制，这种具有强大的支配力量和强制手段的监管权力一旦被滥用，罪犯权利将得不到保障和维护。因此，只有通过对罪犯权利的保护来限制和监督监狱公权的行使，方可达到"权利义务"的平衡。

监管权力是国家基于统治权依法对实施犯罪行为而被判监禁刑的人实行刑罚惩罚的权力；而罪犯权利是罪犯所依法享有的未被剥夺的权利，在本质

---

① 李扬："权利与权力的博弈——从聂树斌案谈我国刑事诉权的缺失与补正"，载《中国刑事法杂志》2009 年第 1 期，第 76 页。

上属于私权。两者是统一对立的。统一体现在监管权力对罪犯权利的保障上，对立体现在监管权力对罪犯权利的剥夺和限制上。这种对立统一的情况可总结为当监管权力被具体运用于某一犯罪人时，便形成国家与犯罪人之间的法律关系，刑罚权和罪犯权利由此相互联结，罪犯权利的"质"和"量"由监管权力运用的结果所确定。若监管权力扩张，则罪犯权利势必被压缩而减少，若监管权力被非法滥用，则罪犯权利随时有被侵蚀和剥夺的危险，而处于不稳定状态；相反，若监管权力被严格控制，保持着谦抑的品质，则罪犯权利保持稳定并能得以改善。因此，监管权力和罪犯权利之间存在限度上的此消彼长的关系。

因此，制约监管权力，防止其任意扩张而侵害罪犯权利，是保障罪犯权利的基本要求。在当今任何国家都存在一个刑罚权力和罪犯权利之间的平衡点，但这个平衡点因各国法律文化的差异而不同。在我国，由于长期受"官本位""权力本位"思想的影响，监管权力和罪犯权利始终处于此强彼弱的状态，监管权力是强盛和占支配地位的，而罪犯权利是处于弱小的、被支配的地位，从而导致监管权力与罪犯权利的失衡。这一情况持续至我国提出监狱转型的方略，从此，我国开始重视罪犯权利，并从制度、措施、监狱警察的培训等方面入手，取得了一定的成效。然而，监管安全始终作为评判监管工作成效的重要指标，使得监管权力与罪犯权利的冲突未得到突破性的进展。这种强弱不平衡、不对等状态也成为监狱转型的重大障碍之一。

为实现监管权力与罪犯权利的动态平衡，我们应该将权力以权利为界限，明确监管权力的内容和范围，超越其范围即为越权，对罪犯权利的范围除法律列举的以外，还包括法律没有剥夺和限制的内容。在权利对监管权力的分割、平衡和制约的同时，强化多元权利的自主自律发展及与公权力的互动合作，通过民主参与，使公权力为权利和公益而合理有效地设定和运行，进而赋予公权力以稳固的权威性和合法性。

（二）涉及限制罪犯宪法基本权利应适用法律保留

所谓法律保留，是指凡属宪法、法律规定只能由法律规定的事项，则只能由法律规定，或者必须在法律有明确授权的情况下，才能由行政机关作出规定。法律保留是限制行政机关权力、保障相对人权利的重要措施，更是宪法在一个国家的最高地位和权威的体现。现代大多数国家对被监禁罪犯权利的保护通常主张法律保留原则。德国联邦宪法法院在1972年监狱囚犯权利案件判决中认为，把刑事囚犯的基本权利置于不确定的状态不利于罪犯权利的保护。在刑罚执行中，如果对罪犯基本权利可以随意地加以限制，那么与基本权利约束国家权力的要求就是相矛盾的。[①]　因此，对罪犯基本权利的限制应适用法律保留，凡是涉及罪犯的基本权利的事项，如人身权、财产权、平等权、政治权利与自由、社会经济权利与自由，应依法律进行限制，监狱不能以内部规则的形式来剥夺或者限制罪犯的基本权利。从我国的实际情况来看，行刑实践中受到特别权力关系的影响，罪犯基本权利被非法予以剥夺或限制的情况依然存在。监狱基于对罪犯的概括的支配权，为达到刑罚的目的，往往通过制定监狱内部管理规则的形式，对罪犯的基本权利加以限制。这种限制不当地侵害了罪犯的基本权利，与罪犯人权保障的潮流不相符合。因此，对罪犯基本权利的限制应适用法律保留。法律保留原则严格区分国家立法权与行政立法权，是法治在行政立法领域内的当然要求，其根本目的在于保证国家立法的至上性，划定立法机关与行政机关在创制规范方面的权限秩序。当然，对罪犯基本权利的限制适用法律保留原则并不意味着在监狱行刑关系领域内实行全面法律保留，因为如果实行全面法律保留，一方面会造成立法机关的负担，另一方面无法顾及行刑权的特殊性，进而妨碍刑罚目的及功能的实现，因此监狱内部规则的存在仍然不可避免，即有限度地承认监狱行刑关系领域内特别权力关系的存在，允许行刑机关一定范围的自主管理权力的行使，在不侵犯罪犯基本权利的前提下，排除法律保留原则的适用，制定诸如工作制度、作息制度、日常安排等内部规则。监狱行刑中的特别权力关系应采取"重大事项"法律保留原则，即涉及罪犯基本权利及其他重大权利的事

[①]　"罪犯宪法基本权利探析"，http：//www.doc88.com/p-3897482249314.htm，访问日期：2016年9月15日。

项适用法律保留原则。这样既可以避免立法对行政的过分干预，又能保证特别权力关系中特定目的的实现。但承认行刑领域中特别权力关系的存在，也不意味着行刑机关权力的行使可以不受任何限制，其必须受到目的合理、程序正当以及限制范围最小化的限制。

（三）为罪犯受限权利的实现提供制度上的支撑

在监禁刑的执行中罪犯权利所受到的实际限制，要比它享有的罪犯权利大得多。罪犯权利的有效实现的程度以及它能否得到充分保障，会极大影响我国监禁刑执行目的的实现。在监禁刑的执行中，如果罪犯权利没有得到充分的保障，在回归社会后，又受到社会各方面的排斥。在这种情况下，罪犯会有一种被欺骗的感觉，产生一种被遗弃感，认为自己在服刑期间既没有得到应有的权利，也没有得到复归社会后的人格尊严。这是一种不公正的表现，正是这种不公正，很可能又将他们重新推入犯罪的境地。因此，监狱应该重视罪犯未被剥夺，但实际上受限的权利的真正实现，逐步努力为这些受限的权利提供制度上的支撑。从总体思路上，行刑社会化是一个发展的方向，相关制度的完善应从此方面努力。在此，笔者仅就以下问题的制度支撑进行论述。

1. 对受教育权的支撑

罪犯作为公民，其受教育的权利未曾被剥夺，在行刑期间，罪犯的受教育权应得到保障，监狱有义务创造条件，帮助罪犯实现受教育权。从罪犯的文化素养看，大多数罪犯的文化水平较低。大学及其以上文化程度的罪犯比例较少。因此，对罪犯进行扫盲和中学教育成为一项主要的教学工作。目前，几乎所有的监狱都有进行扫盲教育的条件和能力，一些监狱也能自行承担中学教育工作，但是大学及其以上的教育工作就不得不依靠社会资源。除了文化教育，罪犯在监狱拥有受教育的内容还包括技术培训以及其他提高社会生活适应能力等方面的培训，教育内容广泛，因此在教育工作的问题上，监狱应该进一步深化"请进来、走出去"的方略，积极利用社会教育资源，满足罪犯受教育权利的实现。

此外，罪犯受教育权的实现与否影响其改造质量。罪犯刑释后顺利回归社会无疑是监狱行刑的重要目的。罪犯行刑期间与社会相对隔绝，造成罪犯从心理到谋生技能等各方面与社会严重脱节，这非常不利于教育矫治罪犯目的的实现。充分保障、给予罪犯受教育培训的机会，有助于罪犯树立重返社会的信心，增强其重返社会的能力。如果罪犯已经具有相当的文化程度和技术程度，他有权就地选择接受更深层次的教育。在不妨碍监管秩序情况下，行刑部门有义务对罪犯接受高等教育和特殊技艺教育创造有利条件。监狱的义务是向其尽可能地提供受教育的条件和机会，并不断拓展罪犯受教育的途径。

2. 罪犯对外接触权的支撑

大多数罪犯进入监狱后，普遍都会产生思念亲人和留恋社会的强烈愿望。他们希望能有与外界接触的机会。随着行刑实践的发展，罪犯对外界一定的接触权日益受到重视。会见权和通信权是其中一项主要的权利，也是狱政管理工作的重要组成部分。在监禁刑的执行中，保障罪犯通信权和会见权，有利于促使其积极改造。通过该权利的实现，罪犯可了解外界的情况，使思想和认知保持与社会同步，思念亲人的情感可得到实现，并得到亲人的谅解。在监禁刑的执行中，搞好会见权、通信权的依法实现，不仅体现对罪犯的社会主义人道政策，而且能发现和掌握罪犯的思想动态，便于监狱与家属共同商讨帮教规劝方案，以提高改造效果。从我国目前的情况下，监狱信息化建设正在良性发展，我们可借助信息技术和产品带来的便利条件，在确保监管安全的前提下，进一步加强或扩大罪犯的会见权、通信权的力度和范围，在条件成熟的监狱可尝试半监禁刑的实施。

3. 罪犯申诉、控告、检举权的支撑

申诉、控告、检举是我国公民普遍享有的权利，被判监禁刑的罪犯仍然享有该项权利。被监禁的罪犯由于受监管权力的控制，依法享有的控告、检举权具有比普通公民更为实际、具体和重要的意义，是罪犯合法权益的一项重要内容。罪犯依法享有的此项权利应通过完善监管制度予以实现。首先，可考虑从程序方面入手，明确规定对罪犯申诉、检举、控告受理处理程序；其次，明确受理部门和承办人的权利和义务；最后，规定违规、违法办理所应当承担的后果。这样可有效制止扣押罪犯的申诉、检举或者控告材料，确保罪犯的申诉、检举、控告的及时处理和移送。这些问题的有效制止，就是对罪犯权利的有效保护，有利于监禁刑的执行，促进罪犯的改过自新。

4. 对同居权的支撑

在监禁刑的执行中，罪犯享有与其配偶同居的权利。从司法实践中看，给予罪犯与其配偶同居权，对稳定罪犯思想，缓解其被剥夺自由、"与世隔绝"所造成的沉重心理压力，促进其情感交流、改善心理障碍，促进其安心改造、积极配合监狱教育矫治工作有很大的帮助。确保罪犯与配偶的同居权，可通过对罪犯假释，执行半监禁刑的方式进行；对于不符合假释，半监禁刑的罪犯也可通过让配偶进监狱的方式实现。无论采取何种方式，从我国监禁时间来看，在实际操作中还存在一些诸如"无法监控"等客观难题，但这完全可以从管理、技术手段层面予以克服。

六、结 语

监禁刑是剥夺罪犯人身自由的刑罚，这是监禁刑产生之初人们对其内涵的界定。随着行刑实践的发展，人们对监禁刑的内涵有了进一步的认识：监禁刑是剥夺或者限制罪犯人身自由的刑罚，对于人身危险性较小的罪犯，人们主张不再剥夺其人身自由而改为限制人身自由。对罪犯人身自由的剥夺或者限制，其真实用意在于"剥夺或限制罪犯与社会的自由交往权利"，以实现罪犯与社会的隔离。这种隔离的结果就必然出现对罪犯的"狱内管理"。我们应该明确的是，狱内管理并非是对罪犯惩罚，而是隔离带来的后果。在实践中，监狱对罪犯进行狱内管理，会导致罪犯很多未被剥夺的自由受到限制，但是这种限制会随着社会的进步，监狱管理水平的提高逐渐缓解。从目前我国的监狱工作看，监狱应自觉将狱内管理工作上升到"矫正罪犯，促进再社会化"的高度来认识与落实，它应该被视为监狱的另一主要职能（监狱固有职能即为"刑罚惩罚")——"矫治罪犯"来对待。行刑社会化理念的深入，为平衡罪犯因剥夺人身自由权而限制了罪犯享有未被权利之间的矛盾，监禁刑的执行逐渐体现为对隔离属性的减弱，由曾经的完全隔离逐渐向相对隔离转化，由剥夺人身自由向限制人身自由发展。

第二节　监禁刑作为主要刑种的缘由探究

罪犯是社会的产物。古往今来，人们对于罪犯采用了剥夺生命、损害肢体、驱逐、没收财产等刑罚手段，然而这些手段或者由于过于残忍而逐渐被淘汰或严格限制使用，或者由于适用面较窄而较少适用。人们对犯罪和惩罚反思的过程中产生了监禁刑，然而很快发现监狱不是解决犯罪问题的完美办法。从监禁刑诞生之后，监禁刑的悖论暴露无遗——行刑目的和行刑方式之间的不可回避的矛盾；监禁刑的执行不仅没有降低犯罪率，反而制造了累犯。[①] 监禁刑广受批评和质疑，并且从 20 世纪中后期开始，非监禁刑受到刑罚理论界的无比青睐，很快地很多西方国家尝试以非监禁刑代替监禁刑，但是大量的司法实践证明，监禁刑仍然是主要的刑种，被各国广泛使用。笔者将在下文探讨其主要原因。

一、监禁刑能够实现对犯罪人的惩罚

刑罚目的论研究成果越来越重视对罪犯顺利回归社会的实现或者社会防卫，但是作为刑罚其最为本质的功能在于对罪犯的惩罚。1965 年，J. 范伯格在《刑罚的表达功能》一文中强调"刑罚是表达愤慨与怨恨态度以及否定与谴责评价的传统手段"。[②] 刑罚通过对罪犯的惩罚，给广大民众对犯罪的愤恨

---

① 杜宇："报应、预防与恢复——刑事责任目的之反思与重构"，载《刑事法评论》2012 年第 1 期，第 36 页。

② 梁根林："公众认同、政治抉择与死刑控制"，http://view.news.qq.com/a/20110608/000051.htm，访问日期：2016 年 9 月 23 日。

提供了一个合法的宣泄机会，同时也从国家层面承认了对罪犯憎恨的合理性。对此，古今中外许多学者作了深刻的论证。德国的耶塞克教授从"刑罚在国家政治上的合法化""刑罚在社会心理学上的合法化"以及"刑罚在个人道德上的合法化"三个角度强调了刑罚是满足公众的正义感所不可或缺的，认为对犯罪和犯罪人宽容甚至给予不惩罚的谅解，最终会导致人类社会的倒退，重回到滥用私刑的境地。对犯罪人进行惩罚是国家的犯罪人的任务。19世纪英国著名刑法史学家詹姆斯·斯蒂芬曾指出："报复情感之于刑法与性欲之于婚姻具有同样重要的关系，对罪犯处以刑罚是普遍冲动的合法发泄方式。"①对于刑罚的惩罚性除法律作了研究，人类学与伦理学的研究成果也表明报复或复仇是人类对加害于己的行为的一种近乎本能的反应方式，对于加害给予道义报应是人类根深蒂固的一种正义情感，它存在于迄今为止的一切社会文化形态中。我国学者也认为惩罚是刑罚的本质特征之一。早在我国尧舜时期，就有了"代行天罚"的思想，自此，我国古代统治者以"替天行罚""恭行天罚"为名义对罪犯实行刑罚。此后，天罚思想得到西汉政治家和法律思想家董仲舒的进一步发展与完善，成为人们法文化的重要内容。惩罚观念至今仍深植于公众的内心。"罪有应得""死有余辜"等，直接而形象地反映着社会公众固有的正义、合理观念，展示着我们的观念与实践对于惩罚犯罪的追求。刑罚是要求立足于作为国民一般意识乃至社会观念的惩罚观念之上的，而以惩罚为基础的又是针对行为人实施了法律所不允许的行为的一种道义上的非难，所以刑罚的内容必须是惩罚乃至痛苦了。

监禁刑的核心内容就是对罪犯以剥夺自由方式实现惩罚之目的，具体体现为通过监管实现刑罚对犯罪人的人身自由的剥夺，如以武装警戒、高墙电网、监规监纪剥夺或限制罪犯自由，如限制一定的言论与从事某些社会活动的自由、限制其活动的空间，并对犯罪人进行非常严格的监督管理。这就说明了监禁刑基本的价值就是惩罚，即给予犯罪人必要的制裁，给犯罪人带来

---

① 刘守芬、韩永初："非犯罪化、非刑罚化之理性分析"，载《现代法学》2004年第3期，第26页。

痛苦和不愉快。监禁刑的惩罚性，由自由本身的丧失或者减少即可构成，不需要借助其他条件。这是监禁刑的刑罚属性与酷刑的主要区别，也是刑罚发展的体现。

监禁罪犯，使其与社会隔离的惩罚性体现于对人之根本属性的剥夺和限制。人是自然属性和社会属性的统一体。自然属性是人最基本的属性，以人内心的需要和人的本能欲望为出发点，满足人对物质的需要、对性欲的要求、繁殖的本能、对愉悦状态的渴望以及对生的渴望等这些人生来就具备的一些属性。这是一种自然需要。社会属性是人之为人而对于社会关系的依赖性和人的特殊素质、能力的形成、发展对于社会实践的依赖性。这是人与动物相区别的根本属性，是人在一定社会中所形成的内心感受和需求，它是经社会熏陶后天形成的心理状态。人的第一需求是生存，为了生存人们必须进行生产劳动。劳动的过程不仅是人与自然发生联系的过程，也是人与人发生联系的过程。只有这些联系才会实现对自然界的影响，才会有生产。人的社会属性更多体现为人之作为人而对于社会关系的依赖性，和人的特殊素质、能力的形成、发展对于社会实践的依赖性，即人要被打上社会的烙印。但这个烙印不是与生俱来、先天打上的，而是在社会中逐渐生成、逐渐打上的。每一个人都具有社会属性，都要依赖于社会才能生存，都要依赖于社会才能具备认识能力和实践能力。这是所有人的共性，概莫能外。为此，首先应当避免重新把社会作为抽象物同个人对立起来，个人是社会的存在物。① 个人只有生活于社会之中，作为社会的一员，属于一定的社会形式，受社会关系制约，才具有其真实性与现实性。

人是自然属性和社会属性的具体的、现实的统一，两者之间相互依存、相互联系。人的自然属性是社会属性得以存在的前提。离开了自然属性，人的社会属性就不可能存在。人的社会属性又制约着人的自然属性，并使人的自然属性成为社会化的自然属性。离开了社会，人的自然属性就退化为动物

---

① 马克思："1844 年经济学一哲学手稿"，见《马克思、恩格斯全集》，人民出版社 1995 年版，第 76 页。

的属性。人满足其自然属性，用于维系其存活的吃、喝、性行为的机能，一旦脱离了人的社会活动，那么，它们就只是动物的机能。

监狱行刑的方式体现为将罪犯拘禁于监狱之内，剥夺人身自由权利，使其遭受痛苦。罪犯之所以感到痛苦其原因在于监禁限制或剥夺了人的社会属性，并进而影响到人的自然属性。首先看监禁刑对社会属性的影响。我们说，人不可能像动物一样孤立地生活着，人必须归于一个集体，一定的社会，所以人是社会的。社会的范围时大时小，大至世界或国家，小至单位和家庭。在社会中人与人之间在从事生产和生活中相互交流着，并在交流中不断成长、成熟、发展。在人类初级阶段实现抵御敌害和改造外部世界谋取食物，在高级阶段能够提高人的能力，实现人的价值，产生归属感。监禁刑的实施使罪犯离开社会环境，即使现代社会已不再采用独居制和沉默制，但是将罪犯与社会隔离无疑是对人之属性的剥夺，罪犯之痛苦感受应随之产生。人的自然属性的内容实际上就是人本身所具有的动物的内容。这样我们就不难发现罪犯一旦被监禁，那么对自然属性：吃、喝、睡、冷、暖、热、性、繁衍、抚养后代等内容也就有一定影响。这个影响程度不是一成不变的，它是随社会的发展、监狱的条件和监管制度的变化而有所改变的。随着监禁刑向文明化发展，罪犯在监狱里没有温饱之忧，但是，人的性方面的满足、对子女的抚养都不可能实现，同时对吃、睡、住、就医的条件和环境也没有选择权。

美国芝加哥大学的莫里斯教授曾指出这一问题的实质：监禁刑无疑是人类社会对罪犯的一种驱逐，切断罪犯与外界的联系，使心理和社会性受到损害。[①] 莫里斯教授明确指出了监禁刑对罪犯自由的剥夺实际上就是在某种意义上对罪犯的驱逐，剥夺其社会属性，进而影响自然属性，其痛苦自然产生。自由是体现和实现人之属性的根本。在现代文明社会，自由越来越成为人类追求的核心价值，失去人身自由就失去了独立、自主、平等生活的能力。人在社会的生存和发展需要必要的行为自由，以满足其需求，实现其自由。自由权利，正是对人们在一定限度内自由的法律确认，是通过法律承认和保护

---

① 王平：《中国监狱改革及其现代化》，中国方正出版社 1999 年版，第 117 页。

的人们的利益范围以及人们根据法律规定作出实施某种行为或者不作出某种行为的选择权。人的自由权所涵盖的内容广泛,监禁刑所剥夺的并非所有自由权,仅指人身自由权中的行动自由权,对罪犯通过监禁方式剥夺或削弱根据个人意志进行身体活动的权利,进而影响其他一些未剥夺权利的实现。作为罪犯必须接受人身自由被剥夺的义务,忍耐由此影响其未被剥夺权利行使的现实。这是罪犯法律地位的主导性也是刑罚正义性的要求,更是国家炮制刑罚、运用刑罚的自然结果。这样的结果导致人的社会属性和自然属性都受到了影响。

总之,监禁可以实现个人自由的丧失和减少,这不同于其他刑罚的本质特点,使我们很难割舍它。在追求平等、向往自由的市民社会里,自由属于每一个人,当人们都有"若为自由故其他皆可抛"的情感时,用剥夺自由的监禁方式,无疑能实现对罪犯的惩罚。正如福柯所言,在一个自由受到推崇,自由属于一切人,每个人都怀着一种普遍而持久的情感向往自由的社会里,监禁怎么会不成为典型的刑罚呢?[①] 的确,失去自由对一切人都是同样重要的,而且通过监狱实现对犯罪人自由的限制,这是一种简单而又平等的惩罚,通过监狱和时间要素的结合实现了对犯罪人刑罚的量化。

尽管宣扬惩罚的价值可能会被认为不人道,但是任何一项社会制度都必然是存在于特定的时间和空间之内的。当人们面临犯罪的侵害时,现实的办法就只能是通过适度的惩罚平息受害人和社会的愤怒,消解社会的紧张情绪,实现报应所希望的社会公平与正义。在社会文明化、刑罚人道化走向宽缓的趋势背景下,保持刑罚对罪犯的惩罚性、对犯罪行为的否定评价性是必要的,由此而给犯罪人带来身体的、精神的或者财产的剥夺性痛苦这一点也是不能抛弃的。丧失自由的痛苦以及由此产生的其他痛苦是监禁刑的基本内容。这种痛苦标志着对犯罪邪恶的惩罚,也意味着因犯罪付出的代价,更是监禁刑作为刑罚的应有之意。

---

① [法] 福柯:《规训与惩罚》,刘北成、杨远婴译,三联书店 2007 年版,第 234 页。

二、监禁刑有利于实现公正

刑罚的生命在于能够实现公平，而刑罚公平除了做到对罪犯的必然惩罚性外，罪刑均衡也是一个极其重要的方面。罪刑均衡也被称作罪刑相当、罪刑等价或罪刑相适应，其基本含义是刑罚的轻重同犯罪的轻重相适应。作为一种刑罚思想和刑法原则，罪刑均衡原则是西方资产阶级学者在反对封建刑罚的过程中提出的。该思想源于"善有善报，恶有恶报"这一人类固有的复仇本能，是人类在漫长的商品交换过程中形成的等价交换观念在道德中的反映，是一种根深蒂固的正义信条。刑罚本质上是一种恶害、一种痛苦，国家通过对犯罪人适用刑罚，均衡犯罪的恶害，进行"恶有恶报"，实现正义的要求。如果刑罚轻于犯罪的危害，则不能完全实现对犯罪的谴责；如果刑罚的分量重于犯罪的危害，则刑罚就会丧失其存在的伦理根据，本身就具有恶的属性。刑罚的公正性就在于此。

罪刑均衡的公正价值在于它的平等性。平等是公正的应有之意。康德写道："公共的正义可以作为它的原则和标准的惩罚方式与尺度是什么？这只能是平等原则。"[1] 根据此原则可以明确地决定在质与量两方面都公正的刑罚。罪刑均衡要求刑罚的配置应严格按照犯罪行为危害的大小确定刑罚的轻重。这是对国家运用刑罚权的限制，在制刑权、量刑权运用过程需要特别关注的问题。这就排除了犯罪人的身份、地位、财产状况对定罪量刑的影响，彻底否定了封建刑法的等级特权制度，在刑法中贯彻了人人平等原则。

罪刑均衡原则还承担着驱恶扬善，伸张和维护社会正义的道德伦理使命。犯罪行为是违反法律的行为，也是违反道德规范的行为。刑罚对犯罪行为的制裁做到同犯罪的危害大小相对称，这样的等量报应，实现了对犯罪的道义非难，恢复被破坏的道德秩序，伸张社会正义，使犯罪人"罪有应得"。只有这样，刑罚才能成为一种正义的力量。自从有了人类社会，犯罪行为一直

---

[1] ［德］康德：《法的形而上学原理——权力的科学》，沈叔平译，商务印书馆 2005 年版，第 213 页。

都以不同程度、不同方式危害着社会的秩序、人们的权益，"民众怀有的不安全感所引起的集体心理状态的一种典型表现便是要求惩办犯罪"。[①] 对罪犯的惩罚应考量社会所受到的损害与行为人道德上的罪过，作出合乎犯罪危害程度的刑罚惩罚，准确表达国家和民众对犯罪的态度，实现惩恶扬善的效果。

为实现刑罚公正、正义价值，人们就需要找到一个由一系列越轨行为构成的阶梯，同样也需要一个相应的、由强到弱的刑罚阶梯与犯罪阶梯相对应。在现行刑罚种类体系中，监禁刑由于其良好的弹性可以实现这个最好的、最重要的刑罚阶梯。监禁刑由于监禁时间的长短不同而有利于建立罪刑阶梯。监禁刑本身有很大的收缩性，且不说不定期刑的辉煌过去，就拿相对确定的监禁刑来说就有拘役、有期徒刑、无期徒刑。一般来说，有期徒刑刑期短至几个月，长至 20 年不等。监禁刑就是因为其以时间长短作为刑罚轻重的标准，所以具有很大的弹性。这一特点使得其适用范围较广，能够适用于各种不同性质、不同情节、不同种类的犯罪惩罚的需要，能够充分体现罪刑均衡原则。刑罚个别化的内容之一是刑罚分量应该与犯罪人的人身危险程度相适应。在诸种自由刑中，最适合于这一要求的是监禁刑。也就是说，它可通过刑期的差异而适应同是应判监禁刑的罪犯相互之间在人身危险性上存在的差异，进一步实现刑罚的个别化，进一步体现刑罚的公正性。

因此，监禁是最明晰、最简单、最公平的刑罚，它能够用时间来量化刑罚。通过征用犯人的时间，监禁刑体现了这样的观念：以犯罪行为对社会和被害人的伤害程度的大小决定刑期的长短。监禁刑按日、月和年的时间单位计算，在罪行与时间之间规定出量化等式的刑罚。这是一种综合经济、道德、法律的方法，实现犯罪危害性与刑期的等价报应和道德上的善恶报应。在我们这个社会中，用时间来衡量交换是自然的，监禁也同样是自然的。西方学者把市场竞争环境下人的自由与时间紧密联系起来，即时间就是金钱。对于每一个具有独立人格的社会主体而言体现得淋漓尽致，监禁用时间来作为量

---

① ［法］卡斯东·斯特法尼：《法国刑法总论精义》，罗结珍译，中国政法大学出版社 1998 年版，第 29 页。

刑因素，在报应角度来看具有较高的刑罚效率。时间也是制止犯罪的最强有力的手段，是改造犯罪人的有效手段。对此，现代法国思想家福柯也认为监禁与罚款不同，这是一种平等的处罚。

至于各国监禁刑的时间期限多长为宜，并无统一的标准。尽管现代刑法理论追求的罪刑相适应是一种价值的均衡，但是抽象的价值均衡必须是在人们的理解和认识能力范围之内。在此国（或地区）与国（或地区）之间是存在差异的。理论上，对监禁刑刑期的长短设计及法律适用，一直有在争议，但是，刑期幅度的长短只要符合各国国民道德观念基础上的罪刑阶梯即可，使惩罚与罪过之间必须具一定比例的原则。

监禁刑与其他刑种一样具有惩罚性，但其优越性还在于能够为罪刑均衡原则提供充足的选择余地。监禁刑是具有可分性的自由刑，对于同是应当判处徒刑但危害程度不同的罪犯，即使程度差异较小，监禁刑仍可通过刑期上的多少和大小体现刑罚的相应性。据此，可以说，监禁刑是能最彻底地体现罪刑相适应原则的刑种。

三、监禁刑有利于预防犯罪

监禁刑具有明显的严厉性与惩罚性，这不仅有利于实现报应公正，还有利于实现犯罪预防。

（一）监禁刑有利于实现一般预防

所谓一般预防是指通过对犯罪人适用刑罚达到预防社会上的其他人犯罪的目的。对预防对象，学界有一定的分歧，有的学者认为特指"潜在的犯罪人"，而有的学者则认为指除罪犯以外的"所有其他人"。在此，我们可理解为除犯罪人以外的其他人。

挪威学者约翰尼斯·安德聂斯认为，刑罚的一般预防有三种作用：恫吓；加强道德禁忌（道德作用）；鼓励习惯性的守法行为。他称这是一般预防的存在价值。① 的确监禁刑的适用具有较强的恫吓作用。尽管在监禁刑的执行中，每一位罪犯对被剥夺人身自由权的感悟和理解有所出入，但是不得不承认，由于人身自由权在人的权利实现中的基础性作用，监禁刑的适用会对人们产生恫吓作用。从刑罚运用的效果看，刑罚的必定性和持续性是刑罚最为影响人类心灵的元素。死刑是最为严厉的刑种，行刑具有强烈性，但延续时间短暂，在短时间内对人们的心灵有巨大的冲击，但是这种冲击延续时间短暂，对人们的影响力较弱，尤其对那些悍不畏死的犯罪人没有显著的惩罚效果。财产刑的执行通常体现为一次或数次执行的方式，很少每日执行，执行的效果因各人财产能力等原因而不同，富裕的人对财产被剥夺的刑罚惩罚体会较弱，对于特别贫困的人们，财产刑的执行没有太大的意义。非监禁刑对主观恶性大的罪犯并没有警示作用。最容易和最持久地触动我们的是一些细小而反复的印象。在这一点上，所有的刑种中监禁刑的行刑是最为持久的。把犯罪人监禁在监狱中，每天都按监狱的规定和监管人员的命令重复着日常的行为规范、劳动事项、接受教育和矫治。这种被剥夺或限制自由的过程是长久的和痛苦的，对犯罪人和其他人的影响也是最为深刻的。这是制止犯罪的最强有力的手段。"处死罪犯的场面虽然可怕，但只是暂时的……丧失自由的惩戒则是长久的和痛苦的，这乃是制止犯罪的最强有力的手段，这种行之有效的约束经常提醒着他人：如果我犯了这样的罪恶，也将陷入这漫长的苦难当中"。② 监禁刑的时间要素对于惩罚犯罪人和教育旁观者的作用是深刻的，它以一种反复持续的方式不断惊醒世人犯罪人的下场。监禁刑通过剥夺犯罪人的人身自由实现对犯罪人和其他一般社会公众的暴力威慑。"一种使人类免于酷刑的恐怖但却持续地令人痛苦的剥夺，在罪犯身上产生的效果要比转瞬而逝的痛苦大。它能不断地使看到它的民众记起复仇的法律，使所有的

---

① ［挪威］约翰尼斯·安德聂斯：《刑罚与预防犯罪》，法律出版社 1983 年版，第 5 页。

② ［意］贝卡里亚：《论犯罪与刑罚》，黄风译，中国大百科全书出版社 1993 年版，第 46 页。

人对有教益的恐怖时刻历历在目"。①

监禁刑的适用也彰显了守法的价值。监禁刑既是对犯罪行为的否定，也是对守法行为的肯定，强调自觉守法的价值。监禁刑执行的持续状态形象而具体地展示了对法律遵守的意义和违法犯罪的后果，警示人们个人利益和欲求的实现需在法律允许的范围内以及每个人对社会共同利益维护的必要性。在一定意义上说，对法律的遵守意味着对自身利益的舍弃与控制，原因在于法律在要求人们不侵害他人或社会利益的同时，也保护了人们的自身利益。这种权利与义务的对等性不仅体现了法律的公正性，也是自觉守法的价值所在。监禁刑之连续适用于犯罪人，使广大奉公守法公民不断形成守法价值的正反馈，并因而对犯罪形成本能的厌恶，其守法意识得到不断的稳固。

另外，监禁刑对于被害人具有明显的精神利益，有阻却私自报复的作用。被判处监禁刑的犯罪人即使其犯罪性质严重，其完全可能并没有很大的人身危险性，但是犯罪性质严重表明了社会对其犯罪的愤怒与恐惧，监禁这些犯罪人即使对其再犯能力没有什么显著影响，却至少可以消除被害人的愤怒与紧张情绪，防止被害人在得不到公力救济的情况下私自复仇，从而可以避免新的社会矛盾，预防新的犯罪产生。监禁刑具有的这种安抚功能或报复感情平息功能也在一定程度上起到了唤醒和强化人们规范意识的作用。"空谈被害人要对犯罪人宽容、不要有复仇心是不现实的，我们可以假设国家是理性的化身，但是我们绝对不能也无权要求被害人也是宽容、理性的化身。"承认并正视被害人的复仇情绪，是保障社会安定秩序的重要要求。不少学者论证监禁刑的弊端时提到，监禁刑对于被害人无利益。实际上，现代监禁刑执行已经开始改革，包括法国、德国、日本、俄罗斯在内的资本主义国家的监狱都对犯罪人的劳动给付工资；我国也逐渐开始对犯罪人在监狱中的劳动给付一定数量的报酬，这些报酬中的一部分就是用来支付给被害人的赔偿金。在恢复性司法理念的影响下，很多监狱也在尝试服刑期间罪犯与被害人之间

① 张雯、巨澜："福柯视野中的权力、知识与身体"，载《西安文理学院学报（社会科学版）》2009 年第 2 期，第 65 页。

达成进一步的谅解协议。

"惩罚应该成为一个学校而不是一个节日"，这是人类行刑史上人们的智慧总结。的确，刑罚的价值在于惩罚成为一本永远打开的书而不是一种仪式。监禁刑的运用实现了这样的效果。监禁刑可以通过时间的持续使惩罚对犯人生效，也对观众有教益。对于犯人能够在持续的时间中不断自省和接收矫治，对于观众应该能够随时查阅这本关于犯罪与惩罚的永久性词典。

（二）监禁刑有利于实现特殊预防

监禁刑从产生之初就强调特殊预防的功能。监狱所具有的隔离功能使犯人与外界、与一切可能促成其再犯罪的事物相隔离，使其通过教化后能真诚地反省自己的罪行，降低其个人再犯的人身危险性，实现犯罪人的改恶从善，从而达到特殊预防的目的。这种刑罚的效应体现在三个层次：第一，隔离层次，直接通过监禁的刑罚束缚犯罪人，使之与产生犯罪条件的社会相隔离而不能犯罪。第二，惩罚并恫吓，通过监禁刑的实施使犯罪人感受到惩罚的痛苦性和严厉性而不敢犯罪。第三，在行刑过程中，警察和社会从思想、文化、心理、劳动技能等方面教育犯罪人，使之养成守法的习惯而不愿犯罪。

监禁刑的根本特征就在于剥夺犯罪人的人身自由，这样就使犯罪人与所在社会进行隔离，从而割裂了犯罪人与犯罪环境的联系，剥夺了犯罪人与他的惩罚和他所面临的环境这两者的结合效应。事实上，从监禁刑发展的沿革来看，人们对犯罪人实施监禁的最初目的之一就是将他们排斥在正常社会之外。在西方，监禁刑最初是以死刑和流放刑的赦免刑的形式登上历史舞台的。其与死刑和流放刑一样是为了将犯罪人隔离于社会之外。这种隔离至少使罪犯在关押期间基本上剥夺了再犯罪能力，从而实现刑罚的个别预防功能。犯罪学的研究成果也证明，犯罪人的生活环境、交往的群体对其实施犯罪具有很大的影响。监禁刑对隔离功能的实现体现为独立的监区和监舍与社区相隔离。在监狱内安装安全监控设施，采用分押分管制度，运用警戒、耳目等手段对犯罪分子限制或剥夺其人身自由。这种隔离使罪犯在一定时期内回避了社会产生犯罪的环境，剥夺其再犯的可能性。除此之外，监禁刑通过对罪犯持续的监禁和严格管理，使他们感受到触犯刑法承担刑罚所带来的身体上和精神上的双重痛苦，感受到刑罚的严厉从而不敢再犯罪。

监禁刑的特殊预防目的还在于对犯罪人的改造功能的实施。改造功能是在近代监禁刑产生之初就内含于监禁刑的功能。当时，西方启蒙思想家和近代学派的刑法学者大力倡导，在监禁过程中，通过对罪犯改造可以实现特殊预防。"曾经降临在肉体上的惩罚应该被代之以深入灵魂、思想、意志和欲求的惩罚。如果由我来施加惩罚的话，惩罚应该打击灵魂而非肉体。"[①] 随着行刑理念的改变，严格意义上的监禁刑已经完全不是报应刑理念下的那种机械地、简单地关押犯罪人，也不是为了惩罚而让犯罪人从事繁重的体力劳动，而是综合采取各种心理的、生理的矫正措施，通过各种途径来感化、教育犯罪人，促使犯罪人改恶从善。从国家和社会的角度看，对罪犯改造的目标，并不是期望将罪犯改造成一个"道德高尚的人"，而是尽量将其人格缺陷填补完整，让其从一个道德有缺陷的"可能犯罪的人"变成一个不愿犯罪的具有生产能力的社会人。有部分现代犯罪学研究表明：通过剥夺犯罪人自由的惩罚方式可改善、改造受刑人的效果不佳和累犯率居高不下。然而，我们认为，不能以罪犯的累犯率来说明改造的失败，毕竟犯罪是社会复杂原因综合作用的结果。监狱的改造措施有其科学性和合理性。目前，许多国家的监狱都具有系统的教育和改造犯罪人的人才资源。在监狱，除了对罪犯进行思想、文化教育外，还大量采用了心理学的方法深入强化对罪犯的矫治效果，针对罪犯的具体情况，建立资料库，了解罪犯的性格、气质、兴趣、情感、态度、信念、价值观、人际关系等与社会行为有关的心理特征，建立心理档案，进行心理诊断、心理咨询、心理辅导、心理治疗，强化实现特殊预防的效果。科学的管教方法和设施更有利于服刑人从心理和物质准备上早日再社会化。在这基础上对他们分类教育和分级管理，通过灌输、引导、渗透、批判四个环节进行法制、形势政策宣传，道德教育，使他们了解国策和法律，认识到

---

① ［法］米歇尔·福柯：《规劝与惩罚》，刘北成、杨远婴译，三联书店 1999 年版，第 17 页。

自己犯罪行为的刑事违法性、社会危害性、应受刑罚处罚性，从而打消再次犯罪的念头，达到预防再次犯罪的目的。此外，监狱还借助情感手段，监狱警察通过情感交流的方式，对罪犯给予真正的关心，给罪犯充分的尊重、宽容、理解、信任，与罪犯在情感上建立沟通、交融和信任，激发罪犯良性情感，切实预防再次犯罪。监狱还运用亲情帮助罪犯从心理上转变对自己罪行的认识和树立杜绝再犯的决心。

监狱的劳动改造也能产生积极的改造效果。一些学者在研究监禁刑时，仅注意剥夺人身自由和时间这两个要素，不注意强调劳动这一要素，而笔者认为这是非常重要的一个要素。现在许多国家在具体的行刑实践中也都在考虑对犯罪人的职业训练和劳动技能的学习和劳动，对犯罪人的改造效果。如德国的刑罚执行法明确规定罪犯进行劳动治疗或其他工作的义务，除年龄或身体状况不适合参加劳动的除外。在苏联社会主义时期，苏维埃政权也十分重视强制劳动在改造和再教育被判刑犯罪人中的作用，认为强制劳动是再教育被判刑犯罪人的基础，并与后者组成完善个性的统一过程。俄罗斯的刑事法律也同样规定把劳动视为监禁刑的不可缺少的行刑要素。在我国，劳动是作为手段来改造被监禁的犯罪人的，把劳动作为监禁刑的要素，其目的就是要通过生产劳动的途径教育改造犯罪人，矫正其恶习，提高其学习和生活技能，以实现再社会化。我国监狱曾成功地改造了日本战犯、国民党战犯、伪满皇帝溥仪的实例就充分说明了劳动这一要素发挥的作用。

在历史上，劳动往往被单纯地理解为一种惩罚手段，表现为让犯罪人进行艰苦的体力劳动，比如秦造长城、隋炀帝开运河都曾经动用大批的犯人，这种劳动只能理解为劳动惩罚，它只是一种惩罚手段，而不是劳动教育改造，它从根本上体现的是惩罚的观念。而现代监禁刑的劳动要素除包含惩罚的功能，更为重要的是它包含了让犯罪人明白劳动更多的是为了犯罪人自己顺利复归社会，而不是国家单纯地为了社会而对其进行的惩罚，它包含教育复归的功能。笔者认为，无论是报应主义还是功利主义，都能够有力地支持劳动改造的存在价值，劳动改造自身的优点是支持其作为监禁刑要素自身合理性的根本所在，也是实现特殊预防的途径之一。

四、监禁刑具有大众性

在人类社会的发展过程中呈现出了刑罚种类的更替。每一刑种的产生和存在都与当时社会人们的思想意识相适应。最早出现的死刑制度作为血复仇制度的替代物，剥夺了被害人及其所在的氏族对加害者的无节制的血腥复仇和杀戮的权利，由国家代表被害人对犯罪人进行的杀害是以复仇为内在冲动、以公正报应为价值追求的。随着社会的发展与文明的进步，人类的复仇欲望不断地趋于理性化，对犯罪的报复不断地受到节制，刑罚种类不断更替变化。人们对犯罪的报应观念不断地超越血族复仇、同态复仇，进而进入等量复仇、等价复仇，报应主义观念亦由绝对化趋向相对化，甚至发生了正当性危机，道义报应与正义情感的满足不再是自在自为的正确的刑罚根据，教育改善罪犯、防卫社会等功利主义追求日益构成对报应主义的超越乃至否定，而成为国家启动刑罚权、追究犯罪人刑事责任的更为重要的原动力。刑罚理念的改变促进了刑罚轻缓化发展的趋势，但是，必须承认，现阶段公众的集体意识仍然要求对严重犯罪给予公正的报复与道义的报应，同时，人类社会也还没有完全摆脱因国家权力异化而可能侵害公民权利的危险，因而只有以道义责任为基础，根据罪犯所犯罪行及其罪责程度进行公正报复，才能防止国家脱离罪行本身而基于纯粹功利主义的考虑去任意适用刑罚。在现阶段公众的正义观念中，公正的报复与道义报应仍然是国家和社会必须对犯罪作出的正义的反应方式。在这样的背景下，肉刑因其残忍性而被废止，死刑作为最早出现的刑罚因其残忍性与不可纠正性被很多国家废止。监禁刑以剥夺或限制自由的方式执行，一方面能够使罪犯感受到痛苦，达到惩罚的目的；另一方面行刑方式较死刑和肉刑文明，符合社会文明发展状况。

惩罚如果不得民心，其效果与浪费相似，因为不能对社会的一般预防发挥应有的功能，反而会激化民众的怨恨情绪。监禁刑是最主要的刑罚方法之一，也是最符合民众心目中刑罚特征的刑罚方法之一，因此具有大众性。这样监禁刑获得广泛的公众认同，监禁刑通过对犯罪的报应满足了深藏于集体意识中的正义情感。而集体意识、正义情感对监禁刑的广泛的公众认同，又使监禁刑制度获得了凛然于所有的功利性追求之上的正当性和合法性。在许多人看来，即使监禁刑的执行不是完美的，但只要公正地适用，满足了集体意识中的正义情感，获得了广泛的公众认同，就具有存在的正当性和合法性。众所周知，在监禁刑的产生和发展的历程中，在不同的历史时期、不同的国家，尽管监狱管理的文明与人性有所差别，但作为监禁罪犯，剥夺罪犯自由的刑罚方法得到了人们的普遍接受。从运用监禁刑的实践看来，无论是被告人还是被害人都容易接受，不至于对犯罪人或被害人一方偏颇而引起更大的矛盾或对司法的不信任情绪，进而损害民众的感情。进入现代社会，很多国家虽然探寻替代监禁刑的刑罚方法，非监禁刑或半监禁刑的运用呈上升趋势，但是各国运用监狱剥夺罪犯自由，打击犯罪，惩罚罪犯仍有强烈的现实需要，在惩罚罪犯的问题上"犯罪就会坐牢的传统思维"依然根深蒂固。

特别是在我国，由于经历了漫长的封建史，重刑主义传统根深蒂固。正像有些学者形容的那样"重刑主义像一个无法摆脱的幽灵，一直在国人的心中荡漾"。"重刑主义""乱世用重典""刑罚万能"的传统思想在我国根深蒂固，可以说中国几千年的刑罚史就是一部重刑史。翻开史籍，各朝各代都记录了当时的严刑峻法。从古至今，中国的刑罚都排斥非监禁刑，认为监禁刑是最有效的惩罚方法，更能有效地控制犯罪。普通民众心理上也更愿意接受监禁刑作为报应手段，"审判人员在作出刑罚处罚时，习惯于只重视主刑的处罚，而忽略非监禁刑方法的运用和附加刑的独立适用"。传统的观念是很难转变的，毕竟是几千年传承下来的。正是这种重刑主义的传统思想，在为监禁刑的适用提供肥沃土壤。人们在对罪犯的惩罚上形成了一种思维定式：惩罚罪犯最好的办法就是监禁，剥夺其人身自由以消除其二次犯罪的条件。从社会和民众层面看，报复与朴素的正义、报应的混同，会支持更为严厉的关押的行刑方式，如果遭遇某种治安形势甚至某种特殊事件，都会使脆弱的非监禁刑备受指责而陷于困境。

刑事政策与刑法制度要想得到公众的认同、理解、尊重与支持，就必须反映公众的呼声与要求，满足民众的正义感。刑事政策与刑法制度应当是集体意识、国民欲求、民众意愿和公共意志的一面镜子。如果集体意识仍然强烈要求以道义责任为基础对犯罪给予公正的报应，并且只有死刑才能够满足公众对最极端犯罪的道义报应的正义情感，就应当顺应民众的这种公共意志与普遍诉求而对最极端的犯罪适用死刑。集体意识中表现出来的公众强烈要求惩罚犯罪以及支持死刑报复犯罪的正义情感，能够为刑事政策与死刑制度的设计提供某种程度的正当性和合法性。一个与公众普遍的正义情感、共同意识、集体良知背道而驰的刑事政策与刑法制度必然会为公众所唾弃。监禁刑的由来具有深刻的人文历史情怀。作为共同情感的反馈，其是对惩治恶行需求的心理反应。如果没有对恶行的痛恨与愤怒，就不会引发如此强烈而直接的惩罚手段。因此，完全排除人性的因素和民众的需求，对于刑罚的自我完善而言，并非是一条可期成功的路径。换言之，只有充分考虑民意对刑罚合理性之迫切需求，并将民众的正义感深深根植于刑罚的观念与理论当中，才能确保刑罚的运用获得公众的理解、尊重、认同与支持；反之，如果刑罚理论与公众所坚持的常识、常情、常理相悖，那么其实践也必然会遭遇巨大的困境。对于民意对刑罚合理性存在的需求，很多国家的学者都已达成共识。在法国，斯特法尼教授明确指出："人们对犯罪的愤恨也影响与引导着社会对犯罪所作的这种反应。"① 这种愤恨对于社会的正义是不可缺少的。监禁刑司法实践的情况也说明了在短时间内很难被非监禁刑所取代。

五、非监禁刑的运用仍具有局限性

非监禁刑难以适用的现实问题是长期以来监禁刑作为主要刑种的原因之一。非监禁刑作为针对回避监禁刑弊端的措施在国际社会中受到广泛推崇，认为这是对社会、被害人、社区以及犯罪人本身有显著益处的刑罚措施。不

---

① 程林、滕超："刑罚合理性与民意关系探析"，载《江西警察学院学报》2011 年第 2 期，第 26 页。

仅许多国家的立法和司法部门大力推进非监禁刑的适用，联合国在这方面也进行了大量的努力。然而，非监禁刑的广泛运用存在一定的障碍。例如，托马斯·马蒂森认为，"监狱行刑替代方法"并没有真正地替代监狱，反而变成了该系统的附加办法。非监禁刑的实施不但没有缩减监禁刑实施的整体系统规模，反而使其扩展，并且让监狱系统持续不断。总而言之，非监禁刑的实施没有在监狱趋势缩减方面作出任何重大的贡献。

不可否认，从理论上而言，在社会行刑而非在监狱行刑可回避罪犯监狱化的问题，但是非监禁刑的适用也有诸多问题需要解决，如果设计不理想，使用不合理，就不能实现应有的功效。首先我们需要正视的是非监禁刑的惩罚性问题。非监禁刑不监禁犯人，将其置于社会之中，依靠纪律约束。这也许对轻刑犯、过失犯会起到积极作用，但对于重刑犯，惩罚性体现得过轻，不仅不能防止其再次犯罪，也有违罪刑相适应原则。不可忽视的是，由于非监禁刑的惩罚度太低或者不具有惩罚性，非监禁刑就失去了存在的意义，整个社会也不会接受。其次是非监禁刑的广泛使用必须具备一定的条件保障。一是要保证足够的专业人员参与到非监禁刑的实施过程中。非监禁刑的实施空间大，实施内容广泛，形式多样，需要大量的专业人员的投入，这势必要启动机构的重新设置和人员的再次配置。二是非监禁刑的广泛应用必须有一套完善的执行机制。目前，国际上对非监禁刑的执行方式的尝试形式多样化，如社区服务、中途之家、假日监禁、监外劳动、试工、试学。这些执行方式虽证明对降低罪犯监禁率、节约行刑成本都很有效果，但是也容易引发罪犯乘机逃跑、管理不到位等弊端，为此需要因地制宜地规范执行制度。三是需要建立完善的社区。非监禁刑不在监狱执行而在社区执行。通常意义上，社区是进行一定的社会活动、具有某种互动关系和共同文化维系力的人类群体及其活动区域。社区的核心内容是社区中人们的各种社会活动及其互动关系。非监禁刑的执行将社区功能扩大化——改造罪犯，犯罪人员是在社区内生活，对其监督、帮助、教育都需要在社区内实施，这就需要强化社区建设。四是非监禁刑的广泛使用应依托现代计算机技术。在社会行刑因空间范围大，监管机关和人员难以把握罪犯情况，因此需要借助现代信息管理技术，实现对罪犯信息的全面跟踪，以便刑罚执行机关随时把握。五是完善非监禁刑的适用程序。程序是保障实体权利（权力）得以正确实现的保障。非监禁刑的适用必须是在严格的程序规制下进行，让刑罚权在公开、公正、透明的环境下运行。这是发挥非监禁刑效果，提高司法公信力的必由之路。

从以上情况我们可以得知，非监禁刑替代监禁刑绝非易事。当前我国社会正处于转型期，社会流动性大，社会处于不定型的状态，一些配套的制度和条件尚不完全具备。因此，在当前全面而迅速地推进刑罚的非监禁化可能为时尚早。

六、结　语

边沁设计了一系列刑罚制度的特性。他认为：刑罚应当具有下列多个特性：（1）可变性，即在量上可变，以达成罪刑之间的比例；（2）稳定性，惩罚造成的痛苦应当相对稳定；（3）与其他惩罚的通约性，即能与其他刑罚相比量；（4）表示性，惩罚应当类似于罪过，或表示其特征，最具特色的惩罚方式是同态报复；（5）儆戒性，儆戒是惩罚的首要目的；（6）节约性，刑罚不应当浪费；有助于改过自新，使之丧失能力之效，刑罚应当剥夺犯罪人的犯罪能力，主要体现在死刑场合；（7）大众性，刑罚应当为大众所接受；（8）可减免性，刑罚应当能够减免，防止受到错误对待后无法纠正或不能做到宽容。从以上论述中可以大略窥出刑罚论的概貌。对刑罚特性的设计是边沁对刑罚论发展作出的重要贡献之一，是人类熟练掌握刑罚工具满足自身目的追求的重要标志，是刑罚论发展成熟的重要标志之一。①

监禁刑基本上符合边沁提出的刑罚的多个基本特性，尽管并不是在每一个特性上都能够有最好的体现，但是毫无疑问，监禁刑是所有现行我国刑罚方法中最大程度上符合上述刑罚特性的刑罚方法。法律以其理性形式确认社会情感内容，能够使刑罚活动真正为公众所接受，在这一公众心理基础上的

---

① ［英］边沁：《道德与立法原理导论》，时殷弘译，商务印书馆2000年版，第236页。

刑罚运行才真正具有生命力。尽管现代社会已经不能容忍同态复仇这样的观念，但是尽量使得惩罚与罪过之间具有稳定、强烈的联系还是非常重要的。监禁刑发展至今，绵延数千年的历史，已经在普通民众的心中与犯罪之间形成稳定而牢靠的联系，故此监禁刑具有比较突出的表示性。其他如罚金刑与经济犯罪之间，剥夺政治权利与侵犯民主权利犯罪和危害国家安全犯罪之间也具有明显的表示性，但是由于这些刑罚方法适用的有限性，其表示性还是不如监禁刑明显而普遍。边沁指出，真正作用于人心的，只是关于惩罚的想象（外表的惩罚），惩罚本身所做不过是引起这种想象。对比其他刑罚方法，监禁刑具有非常明显的惩戒性；罚金刑对那些非牟利性犯罪人的惩戒性不明显；死刑的惩戒性明显，但是已经不符合现代社会的潮流因而不能大量适用；剥夺政治权利这种刑罚方法对于我国尚处于社会主义初级阶段的国情来说，对于普通民众几乎没有什么做戒性。监禁刑本身能够给犯罪人带来深刻的痛苦，但是由于监禁刑的执行有累进处遇制度和开放式处遇制度，其痛苦还可以通过缓刑、假释、监外执行等制度给予缓解，因此监禁刑具有节约性，只要操作得法，不会形成多余的浪费。罚金刑也具有明显的节约性，但是在财物被盗走的人非常富有而得到财物的人非常贫困的情况下，也会出现例外。

即使在非监禁刑运用比较广泛的美国，监禁刑的运用仍然没有减少的趋势。监狱是野蛮和文明的分界线，如果把监狱废弃不用，那么就不得不回到绞刑、鞭刑、流放性等野蛮刑罚的时代。因此，为了不再退回到更差的年代，人们宁愿选择监禁刑这种"不太差"的刑罚。

第三节　监禁刑的执行效果和罪犯再犯率之间的关系省思

随着社会的发展，物质财富日趋丰富，贫富分化日益明显，各类社会矛盾加剧，犯罪对社会秩序的威胁与日俱增。社会民众对作为主要刑种的监禁刑充满了期待，希望监狱工作能够在控制刑释人员重新犯罪的问题上把好关。

这是一个极具普遍性的思想，甚至在我国也曾提出了衡量监狱工作的首要标准就是刑释人员再犯问题。人们对监狱工作的期望值不断提高。与此同时，人们也对监狱监管工作的实效产生了许多质疑，认为随着监禁刑制度的发展，罪犯的再犯率并未下降。美国学者马丁森于1974年发表了《监禁刑有什么效果》《有关监狱改革的问题与答案》等文章，作者根据其在1966年开始的对美国纽约州自1945年到1967年完成的1000多例有关监禁矫正效果的案例分析，对所有的矫正领域的更新项目都进行了检测，结论是监禁矫正对于减少犯罪几乎没有什么效果，除少数项目有一定积极影响外，矫正的努力不能对重新犯罪率产生可以看到的效果。马丁森的调查结论引发了美国学界对矫正模式的质疑，并迅速扩展到欧洲其他国家，形为一股以出狱犯重新犯罪率或者再犯某些重大犯罪为由，质疑监禁刑的矫正效果的热潮。国内外一些学者受到类似研究的启发并结合自己的研究，认为监禁刑对于改善犯罪人几乎没有什么价值，或者认为监禁刑不能促进犯罪人的再社会化，不仅如此，监狱反而让犯罪人变得更坏。在这样的背景下，学术界掀起了轰轰烈烈的对非监禁刑研究的热潮。

作为一种特殊的犯罪类型，刑释人员的重新犯罪有其复杂的原因。刑释人员再犯发生在社会环境中，因此具有一般主体犯罪的原因特征犯罪不是孤立于社会的现象，而是一定社会发展阶段的历史产物。它决定于一定历史阶段的社会经济制度，以及某种社会经济制度在不同时期、不同发展阶段的社会、经济、政治、文化等多方面的状况。刑释人员再犯因其主体曾有在监狱服刑的经历，因此也不可避免地与监狱行刑的环境、效果有一定的关系，也与社会对刑释人员的态度、安置帮教工作状况等犯罪控制要素有关。完全以重新犯罪率来衡量监狱监管工作质量，要求监狱承担所有重新犯罪的责任，这是不科学的。监狱工作成效与罪犯再犯率有一定的关系，但只是其中的原因之一。监狱改造工作中的文化建设、心理矫正、劳动技能和劳动习惯等方面的成效明显，可在一定程度上有效改造罪犯并对再犯问题予以控制。但是需要强调的是，监狱工作的效果只是在一定程度上影响刑释人员的再犯问题。

笔者认为刑释人员的再犯原因与犯罪原因的复杂性、刑罚效果的有限性、监禁刑行刑的实效性、行刑人员自身等多种原因密切相关。

一、犯罪原因的多样性

对于"人为什么会犯罪""什么原因致使人犯罪"的问题是人们自古以来不断探索的问题。对该问题的答案可谓众说纷纭。从探讨历程看，最初人们对犯罪原因都归因于原因的单一性。随着研究的深入，成果不断丰富，对犯罪的原因观点呈现出百家争鸣之势，各有千秋，无统一的定论；同时也有共同之处，学者们都认为犯罪原因具有多元性。

持犯罪原因单一性观点的较为突出的学者有亚里士多德、柏拉图、苏格拉底。亚里士多德在认为人是善恶综合体论的基础上，提出人类的罪恶本性是犯罪产生的根本原因；柏拉图认为，人生存的环境，特别是社会环境，例如不良的教育和不良的环境影响，是产生犯罪的原因；苏格拉底却从人的长相、容貌入手，例如骨相、皮肤的颜色、相貌，认为相貌丑陋和怪异者是罪犯。[①]

从总体上看，持犯罪多因论观点的学者认为犯罪原因包括社会因素、犯罪人的个体因素，以及个人和社会冲突激化的结果。从根源上说，犯罪人的犯罪个性不是来源于犯罪人自身，不是犯罪人头脑中固有的，更不是先天遗传的，而是来源于社会，所以犯罪的产生归根结底是由社会决定的。因此，在以上原因中，社会因素是关键、主要的原因，个体因素是非关键、次要的原因，通常社会因素决定和制约着个体因素。

犯罪行为是犯罪现象的核心元素，分析产生犯罪现象的原因可直接从分析产生犯罪行为的原因入手。一个人选择实施犯罪行为，首先是基于社会的文化冲突、时空更替、情景变换、社会转型、分配不公等难以穷尽的落差。在同一社会，不同的人面对这些落差，有人选择积极应对，有人选择回避，有人选择自行调适，有人选择消极对抗。之所以不同的人作出不同的选择，

---

① 吴宗宪：《西方犯罪学》，法律出版社 2006 年版，第 33 页。

是因为个人的生理和心理状态不同。由此可以看出，犯罪原因是犯罪研究中最为根本却又极为复杂的问题，生物、心理、社会等因素混杂，既包括以行为人自由地选择和活动为基础的部分，也存在社会和环境的因素制约的一面。行为的背后存在的是虽然受到素质和环境的制约但同时由行为人的主体性努力所形成的一定选择自由，可以针对这种行为对行为人进行非难，这种被修正的理论基础（即相对意志自由论）是相对妥当的。

（一）社会原因是产生犯罪的主要原因

社会存在犯罪现象就犹如人会生病一般有其必然性，社会本身孕育着影响犯罪产生的因素，犯罪是由社会上存在的许多消极因素综合作用形成的。在自然界，人与人的结合形成了社会。组成社会的每一个人都是善恶综合体，自然资源和社会机遇是有限的，因此在从事生产、生活过程中，其善或恶的本性会在不同的场合显露。当社会环境较为稳定时，资源的分配、机遇的提供较为适中，大多数人的"恶"的一面会受到抑制，反之"恶"的一面就会显现，行为人就会作出有违社会或他人利益的违法行为甚至是犯罪。社会蕴含的一定量的产生犯罪原因的社会矛盾决定了一定的犯罪量。事实证明，在社会转型或社会秩序动荡时期，社会矛盾上升，犯罪量急剧增加；当社会保持稳定状态时，犯罪率就会下降。从这一现象，我们也可看出马克思主义哲学中社会存在决定社会意识原理的体现。良好的社会秩序使人产生守法的意识，恶劣的社会秩序使人产生犯罪的意识。对此刑事法学家菲利提出了"犯罪饱和法则"，认为犯罪现象与影响犯罪因素的变化成正比。社会孕育的影响犯罪产生的因素达到一定量时，一定量的犯罪就会发生变化，不多也不少，呈现出一定的对等关系。恩格斯也曾指出："凡是稍微熟悉一定犯罪统计的人都会看出，犯罪按照特殊的规律性在年年增长着，一定的原因按照特殊的规律性在产生一定的犯罪行为。"[①]

（二）犯罪人个人的生理因素、心理因素也是产生犯罪的原因之一

龙勃罗梭提出了"天生犯罪人"论，该论认为犯罪者都有前额偏平、下

---

① 吴华清："论刑罚的有限性"，载《国家检察官学院学报》2004 年第 4 期，第 45 页。

巴和颧骨大、皱纹和体毛多、两手侧平举比身长等身体特征。有此体貌的人就是"天生犯罪人"。这种观点过于偏激，因此受到诸多批评甚至是讥讽，但是我们不得不承认龙勃罗梭为犯罪生物学的进一步研究奠定了基础。

人们在龙勃罗梭研究的基础上，从生物学的视角研究犯罪原因，发现生物因素是促使人犯罪的原因之一，但是只是在某些犯罪类型中对某些犯罪人起着催化犯罪意念形成的作用而已，绝不是决定性的因素。首先，大量的犯罪事实说明：社会犯罪率在不断增长，并且罪行越重的罪犯，成为累犯的可能性越大。在大量的实证研究基础上，人们总结出了犯罪与犯罪人个人，以及他所处的过去、现在、未来的所有社会因素的综合条件有关。这些因素的关键点在于犯罪人的人格问题和犯罪人的境遇问题。如果人格异常，再碰到恶劣的家庭、学校、社会环境，这样的人犯罪的可能性就会很大，当然，并非符合这些条件的人都会去犯罪。在研究犯罪人个人因素的过程中，犯罪学家们借助生物学研究成果和大量实证研究的基础上发现，生物因素对于心理现象范畴的性格、情感、情绪、欲望、气质、意志等都直接或间接地发生着作用，并对某些类型的犯罪起到明显的作用。如脑垂体活动失调会引起机体反射活动，与其有关的心理现象也会发生相应的变化；内分泌异常，血中缺糖、钾，会使人兴奋不已，增强攻击性，削弱意志力，情绪不稳，爱动肝火；男女性激素也与性行为有关；如果边脑受损伤，容易表现出过分活跃，由此经常出现是非不分的侵害性和冲动性暴行。实施暴力行为的人，体内化学成分失衡，如铅、锡、铁、钙含量极高，而锌、锰、钴的含量极低等。由此犯罪生物学家们认为犯罪现象与个人的生物因素有关，生理机能对人心理的影响作用是不容忽视的。由此我们也可以总结出，人的生理需求刺激或影响人的心理需求，当心理需求需要以犯罪方式实现时，犯罪动机也就产生了。

从犯罪心理学的视角研究个人因素对于犯罪的影响力极为科学的。犯罪心理学是研究犯罪心理的形成过程、心理规律的学科，做到了将主观因素和客观因素融为一体来探讨犯罪的原因。奥地利著名心理学家、精神分析学派创始人弗洛伊德的本我①、自我②、超我③理论认为：当"自我"要求获得本能的满足而又不能按照"超我"所要求的能为社会和法律所接受的方式来实现时，就可能产生犯罪心理，走上犯罪道路。这一观点也可以从马斯洛的"需求说"得到解释。人类需求像阶梯一样从低到高按层次分为五种，分别是：生理需求、安全需求、社交需求、尊重需求和自我实现需求。假如一个人同时缺乏食物、安全、爱和尊重，通常对食物的需求是最强烈的，其他需要则显得不那么重要。此时人的意识几乎全被饥饿所占据，所有能量都被用来获取食物。在这种极端情况下，人生的全部意义就是吃，其他什么都不重要。只有当人从生理需要的控制下解放出来时，才可能出现更高级的、社会化程度更高的需要，如安全的需要。犯罪就是人们在寻求或低或高的需要欲求中因采取的方式不同而出现了守法或犯罪的后果。经济或财产犯罪和性犯罪是属于人为了满足生物和生理欲求时触犯刑律的结果；其他犯罪，诸如危害国家安全罪、渎职罪、贪污贿赂罪、危害公共安全罪、侵犯人身权利和民主权利罪、妨害社会管理秩序罪、妨害婚姻家庭罪等属于追求其他欲求时触犯刑律的结果。

（三）人与社会的互动产生了犯罪

仅仅是行为人自身的问题，或者社会本身存在促使犯罪发生的原因，如果没有人与社会的互动，犯罪也就不会发生。从社会反应角度研究犯罪原因是当代西方犯罪学发展的重要标志，并以此形成了犯罪学的社会反应理论。该理论将宽泛意义的社会反映与犯罪行为之间的相互关系作为研究和观察的对象，以此来揭示犯罪生成过程。这不仅是一种方法论上的突破，也是研究视野上的一次重大转换，并对传统犯罪原因论形成了强烈的冲击。它使人们得以摆脱传统犯罪学根深蒂固的在刑法框架内单纯以作案人为中心，沿着"行为人——环境"的路径解释犯罪的思维模式，进而从"行为——社会反

---

① 本我指人的生物需要本能。
② 对需要本能满足的欲望追求（自我）。
③ 由教育、社会要求所形成的抑制本能冲动追求本能满足。

应"这一新的"二元"互动视角探究犯罪生成的真实过程。

行为个体在社会生活中的活动，体现为人与人和人与社会之间的互动。良性的互动体现在法律和道德范围内进行，这是一种良好的合作模式。在这种模式下人们按照法律和道德的要求约束自己的部分自由，并通过交往实现自己的自由和权利。社会如果都能实现如此的互动状态，那么犯罪也就不会发生。然而，社会的复杂性和人的根本属性决定了，社会在发展过程中必定会发生或产生各种不尽如人意的状况，刺激着一些个体放弃惯常性合作而选择投机式合作、背叛式合作，甚至不合作、非合作。投机式合作是行为人以己方获利为目的实施的与他人的合作。这样的合作不顾及他人的合法利益，至少对他人利益处于放任的心态，因此这种合作方式有可能侵犯到对方利益，严重时会演变为犯罪。背叛式合作的情况下行为人的主观恶性更大，是以对对方合作人利益进行侵害，获取己方利益的心理状态下所进行的合作。这种合作方式不仅比较容易产生犯罪，而且也会刺激对方在长期得不到互惠的时候采取报复对方的行为，从而导致犯罪。非合作本身就是一种犯罪行为，犯罪对象往往针对的是陌生人。行为人通过对陌生人实施犯罪行为实现自己的非法利益，明确表达对社会系统信任的丧失和对法律和道德的不信赖。不合作就是指行为人与自己已有联系的人和物（或者说是圈子里的人和物）之间不愿按照法律和道德规范交往，表现为针对熟悉的人的犯罪活动。这是在熟人社会中，原有的惯常合作方式破裂并且恶化，于是转为采取犯罪行为的不合作模式。

人与人之间的交往都是通过自我与他人之间的互动来进行的，从而通过这种活动来与社会发生联系，表现为一种"个体与个体"的模式。在犯罪学社会反映论的信任论看来，犯罪行为在本质上就是行为人与具体法律制度之间的不合作关系，是一种系统信任的部分丧失，归根到底就是行为人不相信社会规范，不愿意按社会规范行事。这有可能是法律在运行过程中不能充分体现公平正义价值。法律作为一种国家机器，它的恰当运转，可以维护和强化一个自由繁荣社会所需要的秩序。在某种程度上，依靠法律的强制力量去创造信任是很艰难的，但公正的法律可以自己特定的形式来加强人们的信任观念，相反，法律不公会拥有足够的力量去摧毁社会中的信任。因此，良好法律体系的构建和现代法治建设对于人们行为的选择具有重要的指引功能。

犯罪学社会反映论的越轨社会学论认为：偏离或违反社会规范的越轨行为在任何社会都是不可避免的社会现象。越轨行为根据其严重程度又分为犯罪行为、违法行为、违规行为三种，因此，犯罪是社会不可避免的现象。在社会中，合作往往都是在一种博弈的环境中产生，并非建立在双方之间完全信任或者对社会信任的基础之上。在较为信任或者有些信任的基础上为了实现利益而选择合作。这种信任是不确定性的态度，合作也就表现为试探性活动，人们相互进行合作的试探。社会中影响信任的因素很多。其一，社会的转型与发展，打破了熟人社会的格局而使陌生人社会更具普遍性，从而产生大量的移民犯罪。陌生人来到陌生的社会，短时间内很难与当地社会的人群与生活产生信任合作关系，一时难以融入不熟悉的生活。陌生人如果在陌生的环境难以生存或碰到极大的困难，在逆境下，熟人社会的规范约束减弱或消失，很容易采取犯罪行为。其二，信任危机促使犯罪率提高。在我国，传统思想极为重视信任观念，认为"人言而无信，不知其可"，但是，在现代社会中，传统思想淡化，人与人之间、人与社会之间的信任遭到破坏。这样的环境使人们之间的合作条件恶化，隐含着更大的犯罪诱因。其三，习俗和法律的约束力减弱。在追求经济利益的大趋势下，人们对物质的崇拜心理大于违规、违法后的耻辱心。在物质利益面前，投机行为非常普遍。人们并不看重长期合作，一开始就通常会选择一种背叛式的交往关系。不用提及习俗就是法律也常常是束手无策。简言之，犯罪的产生和存生，根源在于信任观念难以建立，或者说人们不习惯于建立长期合作式的信任关系。如果追根溯源，这是因为社会生活本身的不成熟的缘故。人们需要经济利益，但追求这种利益的方式经常表现为不合作模式，在很大程度上起因于人们的"零成本"心理。这种心理根源于人本身的欲望。因此，非合作、不合作并不能完全的清除，作为结果之一的犯罪现象也并不能完全地消灭。①

　　至此，我们可以总结出犯罪行为人选择非合作、不合作的情形说明了一个现实的问题：眼前的社会制度无法保证行为人的利益，他们要用一种不进行合作的方式取得自己的利益。利益是人们进行合作的原动力，同样也是人们不进行合作的原动力。社会分配和个人机会是个体利益实现的重要渠道，也是犯罪的原因之一。通过实现社会分配的绝对公平和机会的绝对均等来控制甚至消灭犯罪是不可能的，但是社会可以努力做到分配的相对公平和机会的相对均等，这样就可控制一定的犯罪量。因此，利益分配的公平与否是人们是否选择良好合作方式的原因之一，也是控制犯罪的途径之一。在这样的背景下，选择以刑罚惩罚犯罪，强制和帮助犯罪人接受一种社会正常的合作模式，引导社会上的人选择合法的合作模式。

　　作为"犯罪学三圣"之一的菲利十分注重研究犯罪产生的原因，主张犯罪原因的多元性，认为人类学因素、自然因素和社会因素综合作用而成一种自然的社会现象——犯罪。任何一种犯罪都是三种因素共同作用的结果，在不同的犯罪中起主要作用的因素会有所不同。"单单在盗窃罪中，社会因素的影响远比人类学因素的影响要大，但在谋杀罪中，人类学因素的影响则比社会因素的影响要大得多。"② 正确地寻找出犯罪的全部原因，应当是将社会环境、生物因素和心理状态、犯罪情境辩证地统一起来。因为它们之间不是相互矛盾、对立和排斥的关系，而是相互渗透、作用和互补的关系。它们是这样辩证统一的：当人受到社会环境的刺激、反射后会产生某种需求欲望；当欲望不能顺利得到满足时有可能企图以非法手段来获取而产生犯罪心理，当犯罪的内在动因形成后一旦遇到适当的外界条件的作用时，就可能将犯罪心理外化成犯罪行为；当某些罪犯的犯罪类型与生物因素有关时，在这种外化作用下就更容易外化成犯罪行为。所以单有社会环境的外部条件而缺乏犯

---

① 康均心："关于犯罪原因的一种解释"，载《武汉公安干部学院学报》2005 年第 1 期，第 38 页。

② 郭建安："菲利及其刑事科学思想"，载《刑法论丛》2006 年第 1 期，第 576 页。

罪心理的内部动因或者单有犯罪心理的内部动因而没有社会环境的外部条件均不可能导致犯罪发生。我们也应该注意到，犯罪心理形成与人的情感、异常性格、情绪控制、精神障碍、意志培养等心理因素都有一定的联系。犯罪原因应当从这些综合因素中去寻找正确的答案。

二、刑罚的有限性

犯罪的原因是多方面的，是由社会多方面因素综合作用产生的，那么预防犯罪就应从社会入手，针对社会中的人、社会制度、社会环境、自然环境等因素消除犯罪产生的原因。不可否认，刑罚是控制和预防犯罪的手段之一，它是以国家强制力为手段，对犯罪行为采取事后惩罚的方式，以期实现预防犯罪的目的。刑罚以剥夺罪犯某种权利的方式实现，其结果就是让犯罪人感受到痛苦，以此在有限程度上遏制犯罪人再次犯罪和那些可能犯罪者实施犯罪的动机。从某种意义上，这是一种事后恐吓的方式阻止犯罪，在某种情况下是能起到一定作用的。刑罚从采取的方式、时间、角度、对象等情况而言，应该说是从人的因素（犯罪人和其他社会人）上，从趋利避害的心理上阻止犯罪行为的发生，发生预期目的的前提条件就是行为人尚处于较为理性的状态，在利益取舍和情绪矛盾的状态下，仍能权衡利弊。此外，刑罚的作用还在于可以满足被害人和普通大众对犯罪和犯罪人愤恨的心理需求上。犯罪是侵害被害人权利和社会权益的行为，被害人和民众自然会对犯罪人产生愤怒甚至报复的心理。通过对犯罪人的惩罚平息社会矛盾，从而安定社会秩序，实现社会正义。当然，如果我们把犯罪的总体结果与导致其产生的人类学的、自然的和社会的因素的不同特征进行比较，就会很容易发现刑罚对犯罪的结果只不过略微有些影响。刑罚的确无助于消除产生犯罪的社会土壤。正如意大利著名刑法学家菲利所说："我不否认刑罚是围堵犯罪的堤坝，但我断言这些堤坝是不会有多大的力量和效用的。每个国家都会从其长期的令人悲痛的经验中发现，它们的刑罚之堤不能保护其免遭犯罪激流的淹没；而且，我们的统计资料表明，当犯罪的萌芽已经生成时，刑罚防止犯罪增长的力量特别弱。"①

从反方面看，人不犯某一罪行，有相当多的原因。有的是犯罪条件不具备，有的是基于亲情的考虑，不愿让亲人担忧，有的甚至是犯罪对象过于强大而无法实施犯罪，也有的是畏惧刑罚而不去犯罪，当然这样的情况很少。行为人意图实施犯罪或是受激情支配，火山爆发般的激情不允许他去思考刑罚的惩罚。行为人意图犯罪或是经过深思熟虑，刑罚的惩罚也许已经考虑，但更多会认为可以侥幸幸免，并为幸免而做准备。对此，菲利也有论述"所有的罪犯都异口同声地说，在其预谋犯罪时，只有一件事在推动他，那就是在犯罪之后安然地逍遥法外。如果他们稍微考虑到有可能被发觉、被处罚，也不会犯罪，只有一时感情冲动者除外"。② 为了能更好地说明该观点，菲利还举了一个伪造货币罪的例子，伪造者在实施犯罪时需要不断模仿纸币上的文字，文字中有一句话就是："法律处罚伪造"，但是这样的恐吓性语言也未让他们停下犯罪行为。此外，还有一个例子也能说明问题，那就是在公开执行死刑的现场，围观者还在实施着盗窃行为。

刑罚只能起到一定的预防犯罪的功能，而其充分发挥功能，还需要多方面因素的配合。如果缺乏所要求的相应条件，刑罚功能的发挥就会受到影响。这些条件主要是：第一，犯罪与刑罚之间的必然因果关系。只要有犯罪行为发生就必须要有刑罚惩罚的后果。这也称为刑罚的不可避免性，也就是刑罚的必定性，这是影响刑罚功能的最主要因素。刑罚的必定性影响人们的行为选择。如果国家和社会能够做到有罪必罚，这对于普通人来说就传递了一个重要的信息：只要犯罪就不可能有侥幸逃避惩罚的情况。这样也能从一定程度阻却犯罪的发生，也就是起到一般预防的作用。对于犯罪人而言，对每一位犯罪人给予刑罚惩罚，刑罚的惩戒功能与矫正功能才能真正发挥预防犯罪人再犯的作用。然而，在现实生活中，犯罪与刑罚并非是绝对对应的因果

---

① 恩里科·菲利：《实证派犯罪学》，郭建安译，中国人民公安大学出版社 2004 年版，第234 页。

② 孙国祥："刑事一体化视野下'严打'的理性思考"，载《江苏行政学院学报》2004 年第4 期，第 96 页。

关系，这首先体现在破案率上，就是刑事侦查能力较强的发达国家也没有做到 100% 的破案率，当然，这也是不可能做到的，毕竟对已发生案件的还原是需要具备主客观条件的，总有一些案件是没有被侦破的。已侦破的刑事案件在后续的起诉和审判阶段还可能由于证据瑕疵和程序错误等问题没有受到刑罚处罚。犯罪与刑罚因果关系的状况无论在哪个国家、哪个时代，刑罚概率都不可能是 100%。贝卡利亚说过："对于犯罪最强有力的约束力量不是刑罚的严酷性，而是刑罚必定性……即使刑罚是有节制的，它的确定性也比联系着一线不受处罚希望的可怕刑罚所造成的恐惧更令人印象深刻。因为，即使是最小的恶果，一旦成了确定的，就总令人心悸。"[①] 列宁也说过："惩罚的预防作用不完全决定于惩罚的残酷性，而是决定于惩罚的不可避免性。重要的不是对犯罪处以严厉的惩罚，而是一件犯罪事件也不应未经揭露就忽略过去。"[②] 只有当犯罪行为都能够无例外地受到刑罚制裁时，刑罚才能在其发挥效益的程度范围内发挥功能。显然，现实的犯罪与刑罚之间的比例说明犯罪分子有比较大的侥幸逃脱惩罚的可能性，其刑罚的整体预防效果仍然不会令人满意。第二，刑罚的及时性，这是影响刑罚效果的又一重要因素，"是发挥刑罚效益的必要条件之一"[③]。"迟来的正义为非正义"。犯罪行为发生后，如果能很快将犯罪人绳之以法，让他很快感受到刑罚惩罚的降临，这样能较好让他感受到刑罚的报应，有利于他对自己所犯罪行的悔悟。对于受害人及其家属，及时惩罚犯罪人能够抚慰他们的心理，避免他们采取报复行为。对于其他人，刑罚惩罚的及时性能够让人们在头脑中将犯罪与刑罚建立法律上的因果联系，在一定程度上阻止犯罪的发生。总之，犯罪与刑罚之间的时间隔得越短，在人们心中，犯罪与刑罚这两个概念的联系就越突出、越持续，因而，人们就很自然地把犯罪看作起因，把刑罚看作不可避免。第三，刑罚的公正性和公平性。刑罚的适用必须体现公正、公平，这样才能体现其正义价值，广大民众才会尊重法律、敬畏刑罚，从而增强其受到自觉遵守的效力，实现一般预防的目的。公平、公正的刑罚有利于提高受刑者对于所受刑罚的认同感和接受度，因而有利于发挥刑罚特殊预防的功能。刑罚特殊预防功能发挥的好坏，即取决于刑罚轻重与犯罪危害程度在"量"上的适应性，也就是刑期的长短、罚没金额的大小等，还取决于刑罚与犯罪行为和犯罪分子在"质"上的适应性，也就是刑种的选择适用应针对犯罪的性质和行为人的犯罪目的。缺乏针对性的刑罚难以发挥应有的功能。公正、公平的刑罚既能够体现刑法的正义价值，提高刑法在社会成员中的威信，从而增强其受到自觉遵守的效力，而且也有利于提高受刑者对于所受刑罚的认同感和接受度，因而有利于发挥刑罚特殊预防的功能。不公正、不公平的刑罚产生的可能是与预防犯罪正好相反的效果。第四，刑罚执行要具备的条件。有些刑罚功能并非刑罚本身所必然具有，而是需要在具备一定条件的基础上，通过操作才能够发挥出来。因此，这些条件是否具备，对于刑罚相关功能能否有效发挥就具有重要影响。例如，曾出现的公开执行死刑和肉刑，要有围观民众和受刑人的配合。在执行现场围观民众要对罪犯持厌恶、愤恨态度，对行刑行为充满敬畏，被行刑人要对自己的罪行表示懊悔，并赞美行刑的正义。以此，最终显示皇权君威的尊严。剥夺自由刑的基本功能是监禁，这种功能随着刑罚的执行自然就能够发挥出来。然而，这种监禁刑所具有的教育、矫治功能却不是只要把罪犯关起来就必然会实现的。行刑机关必须通过积极的活动，针对犯罪人的个人情况，采取必要的措施对被关押者进行有针对性的教育、挽救之后，才能使监禁刑发挥其特殊预防的教育、改造功能。而行刑机关是否采取这些措施，怎样采取这些措施，采取的措施是否符合教育、矫治的目的，就成为影响监禁刑教育、挽救功能有效发挥的决定因素。

刑罚是有一定的预防犯罪功能，并且只是在一定程度范围内发生作用，超越了这个范围，它就会显得无能为力。第一，出现大范围的普遍违法甚至犯罪现象。法律不可能把多数成员作为自己的适用对象，因此，从众心理情况下，行为人一般都缺乏违法感，对刑罚的恐惧心理也较弱，从而使刑罚难以发挥应有的警诫作用。"法不责众""众不惧法"，就是对这种情况的通俗表达。第二，罪犯犯罪动机强烈或者已经丧失理智。刑罚对这种罪犯也难发挥遏制其实施犯罪的作用。因为他们犯罪是出于强大的动力推动，对刑罚的感受性已经弱化，甚至已经不存在，他们对犯罪不会再权衡犯罪与其所可能带来的惩罚的利害关系，犯罪行为成为其任何条件下都要进行的必定选择，因此不能指望用严厉的惩罚预防其实施犯罪。这在激情犯罪和深思熟虑后犯罪身上表现得比较明显。例如，死刑已经在人类历史上存在了数千年，一直被用作遏制故意杀人罪的重要手段，杀人者死，这可以说是任何一个社会的普通社会成员都熟悉的戒律。然而，谋杀案件从古至今在各国都没有绝迹过，死刑对这些谋杀犯显然无能为力。第三，犯罪分子已经实施严重犯罪，其本身具有严重的人身危险性时，刑罚无法遏制其再实施同类或者危害相对较轻的犯罪。

的确，刑罚仅凭其作为心理力量的法律威慑的特殊作用，显然不能抵消气候、习惯、人口增长、农业生产及政治和经济危机等因素的世代相传的持续作用。其实，在社会中，犯罪的行为要想不成为犯罪，除非犯罪所触犯的那些集体感情转为同情或者赞许这些行为，并且具有必要的、足够的力量去消除那些相反的议论。即使能够实现这些条件，犯罪的事实仍然消除不了，只是转变了一种形式，因为犯罪的原因仍然存在，新的犯罪又会产生出来。① 犯罪就是强烈而又明确的集体意识的触犯，而强迫社会上所有人都具有同一的道德并且绝对不犯过失，就是不可能的事情。刑罚就是集体意识对于犯罪的反抗，就是值得施以刑罚的行为。

多元复杂的犯罪原因证实，刑罚是有限的，监禁刑也是有限的，它充其量是在扮演着公共当局对付犯罪的一种事后补救措施或者是刑事政策手段的角色。作为罪刑关系只是犯罪的外部关系，它同经济、权力、文化等其他社会因素与犯罪的关系一样，是偶然的随机性的综合关系。刑罚的轻缓化和重刑化与犯罪率上升或者下降只是一种变量关系而没有必然关系，以刑罚遏制犯罪虽然是社会所期望的，但其可遏制性的程度是有限的。正如菲利所说："刑罚的本质仅仅是暴力对暴力的原始反应，与人们犯罪的真正原因相去甚远，不可能改变人的自然的和不可征服的倾向性，因而其威慑作用是有限

---

① ［法］E. 迪尔凯姆：《社会学方法的规则》，胡伟译，华夏出版社 1999 年版，第 54 页。

的。"① 刑罚预防犯罪的功能是有限的，而有限功能的发挥是受诸多条件限制的，而这些条件却并不是在任何社会的任何时间、地点都能够同时具备或者充分具备的，因而刑罚相应功能的发挥程度也就因此而受到制约，作为刑罚种类之一的监禁刑其功能的发挥也就会受到限制。刑罚（包括监禁刑）虽然在一定条件下，对于某些犯罪能够产生积极预防的效果，但从社会整体而言，却并不具备单凭其自身就能够完全消除社会中犯罪现象的能力。一个国家的犯罪现象不是因为没有刑罚而产生，同样它也不会因为有了刑罚就消失。

三、监禁刑自身的有限性

监禁刑作为主要的刑罚种类之一，在预防与控制犯罪的过程中，其功能的发挥是有限的。而监禁刑由于其固有之悖论——行刑封闭化与回归社会化之间的矛盾而其功能之发挥受到特有限制，加之在行刑过程中行刑操作元素的影响而使有限的预防功能进一步受限。

（一）监禁刑固有的行刑悖论限制预防犯罪功能的发挥

监禁刑是将罪犯封闭于监狱的刑罚执行方式。在监狱里罪犯接受改造教育、心理矫治的根本目的是刑期满后重返社会，顺利回到社会是其"终极目标"。然而，在监狱这一封闭的刑罚执行机构服刑势必会暂时地切断罪犯自身与社会的联系。在社会中信息的更新并传递、社会的变化和发展不断影响着人们的意识和行为，促进着人们的发展。信息更新越频繁，社会变化越显著的社会，封闭行刑对刑释人员顺利重返社会的难度越发增加。监禁使服刑者丧失已有工作和生活基础，降低适应新生活的能力。在长期关押过程中，罪犯被要求根据监纪监规行事，其主观能动性的发挥受限。缺乏自主、按照命令行事的强制生活使罪犯的人格形成扭曲，削弱他们的生活适应性和创造能动性。监禁症是罪犯适应、内化监狱生活方式的产物。社会生活的目标是促进公民个体自由与福祉的不断发展，这一目标的实现主要依赖于公民个体

---

① 〔意〕菲利：《犯罪社会学》，中国人民公安大学出版社1996年版，第45页。

的自主能动性的发挥。监狱行刑的功用在于剥夺罪犯自由以示惩戒，监狱对服刑人员的生活必然采取主动、强力干预，事事规范、时时控制的措施。服从、消极适应是服刑人员监禁生活的特点。这样的特性与罪犯再次社会化带来了障碍。监狱生活方式与社会生活方式异质性特点表明，罪犯越是适应、习惯监狱的生活方式，出狱后适应社会生活就越困难。监狱繁重的生产任务、毫无变动的生活和环境及娱乐项目的缺乏，造成犯人的长期压抑，并且压抑的情绪得不到缓解和释放，久而久之，产生严重的心理问题。

服刑人员的社会关系因监禁行刑断裂。人是社会关系的总和，社会关系的内容即是人们社会生活的内容，社会关系的断裂使服刑人员与其他人之间原有的关系不能正常维系。夫妻之间特定的权利义务法律关系和特定的伦理道德关系因此受阻。父母子女之间的权利义务关系难以实现对于负担本来就比较重，完全依靠服刑者作为主要经济来源或者生活依靠的家庭来说，对服刑者的关押会引起家庭造成难以估量的严重后果。无独立生活能力的老人、病人、儿童可能因此得不到扶养、照顾，子女辍学而变成社会流浪儿，有些家庭甚至可能因此分崩离析，妻离子散。这些不但损害了家庭相关成员被抚养、受教育权利的实现，更会给社会带来不稳定因素，严重者甚至会滋生新的犯罪。这种家庭问题反过来也会影响到对服刑者教育和改造的质量。关押还带来罪犯之间交叉感染问题。严格的监管纪律从理论上说不可能有相互交流犯罪手段、恶性相传的机会，但是，任何监管制度在实施过程中都会出现一定的漏洞，关押场所在一定程度上又会成为传播犯罪信息和技能，相互交流犯罪经验和体会，商讨对抗国家改造的方法，散播不良意识甚至犯罪观念的场所，从而严重影响罪犯人格复归目标，影响自由刑的改造质量，造成再次犯罪现象严重。监狱亚文化不可避免地会助推服刑人员监狱人格的养成。

总之，在监狱行刑始终面临"狱中封闭式"和"狱后开放式"的矛盾、狱中"阻断社会化"和出狱"再社会化"的矛盾。正如有学者指出："将一个人关押在高度警戒监狱里数年之久，告诉他每天睡觉、起床的时间和每日每分钟应该做的事情，然后再将其抛向街头并指望其成为一名模范的公民，这真是不可思议的事情!"

（二）监禁刑执行中诸要素发挥的效果影响对罪犯的矫正效果

任何刑罚的执行都会由于实践操作失当而引起其他的负面影响。在刑罚执行过程中，行刑包括执行者和被执行者、行刑行为、行刑环境等方面。任何一方面的因素在行刑中不能充分发挥其作用，行刑效果就会受到影响。

1. 行刑机关不可能完全做到有针对性地改造罪犯

行刑机关只有弄清楚服刑人员的犯罪原因，才能有效地开展矫正活动。这是矫正罪犯的前提，然而弄清楚服刑人员的犯罪原因是困难的。一个人实施犯罪的原因是非常复杂的，对此上文已有相关的论述。首先，犯罪的原因是多种的，是一个由各种罪因有机结合的系统，包括犯罪人自身的罪因、社会的罪因、犯罪的时空因素、被害人的因素等。每一个罪因又有许多小的罪因组成，如犯罪人自身的罪因，又有生理的、心理的、精神病理的等多种因素组成。同样，每一个小的罪因，又有许多更小的罪因组成。其次，每个犯罪原因在具体犯罪当中的作用却又是不同的。自新中国成立以来，我国行刑时都较为关注犯因调查，然而在有限的条件下，较难做到针对每一罪犯的犯因进行改造、矫正。近年来，在行刑矫正过程中，行刑机关引进了循证矫正制度，其核心在于根据罪犯犯罪的原因有的放矢地采取矫正措施。行刑机关的矫正活动主要是针对服刑人员自身的犯罪原因，而服刑人员自身的犯罪原因不过是服刑人员实施犯罪的罪因系统的一个子系统。所以，行刑人员认识、把握服刑人员自身的犯罪原因始终面临着困难和挑战。对具体犯罪原因的准确把握取决于认识手段、方法和认识能力等。犯罪原因是客观存在的，我们认识、把握犯罪原因始终存在主客观不一致的问题。就目前看，无论是对罪犯的心理测量，还是档案分析、行为观察、面谈、问卷测验等，都存在犯罪原因认识不准确的难题。探索矫正的内容与方法、提高矫正效率，必定是行刑机关永久的课题。

2. 行刑机关矫正活动所需的人、财、物资源不可能完全得到保障

对犯罪人的矫正活动是一项极其艰难的工作。矫正活动需要投入人力、

物力和财力。然而，任何社会和国家对这方面的投入不可能是无止境的，这既是从刑罚经济性考虑，也是从伦理道德的角度看问题。矫正的目标是使罪犯顺利复归社会，那么对罪犯而言，矫正活动则具有社会福利性质。从伦理道德的视角看，一个社会也不可能对那些危害社会的犯罪人投入过多的资源，社会不会接受罪犯的待遇超过社会平均人的福利生活。因此，社会资源极其丰富的情况下，投入监狱的资源毕竟是有限的，有限的行刑资源是使行刑机关的矫正效果大打折扣的原因。

四、刑释人员自身及社会的因素导致再犯发生

（一）刑释人员自身的原因

刑释人员在行刑期间的矫正效果是有限的，其本身具备的一些犯罪因素在回到社会后还将存在。长久的监禁生活又使他们新添了难以适应社会的因素。在监狱行刑期间，罪犯的生存环境、生活习惯、物质条件等都发生了变化，而且早已与服刑前的人际网络脱离。刑满释放往往会打破他们服刑后期相对情绪稳定的状态，而产生了同释放联系在一起的思想负担和心理反应，造成再次社会化的难度。

大多数服刑人员在释放前都普遍存在顺利回归社会的强烈愿望，并表示不再实施犯罪行为。在访谈中，很多罪犯表达了对就业的向往，对受社会歧视的担忧，他们一般都会有发挥自己在服刑期间所学到的一技之长的愿望。总之，服刑的罪犯或多或少的有一些自卑心理，这种心理使他们难以做到大胆面对社会，害怕接受、面对这些越来越陌生的东西就会逐渐地对社会产生疏远的感觉，从而影响到其重返社会的行为。

根据社会交换理论，一般来说，一个人要想在社会生活中与他人建立良好的互动关系，就必须得拥有一定的资本或者说资源。如果自身可用来与他人交换的资源特别少，或者说能吸引别人的资源特别少，则在社会中就会处于不利地位。[①]

---

① 莫瑞丽、金国华：“对刑释人员回归社会中的社会排斥分析”，载《南都学坛》2008 年第 3 期，第 86 页。

刑释人员在社会交换中的确处于劣势。从文化程度看，很多刑释人员的文化程度偏低；从所掌握的技术技能看，很多刑释人员持有的技能较低；从经济条件看，许多刑释人员的经济状况都不是太好。因此，刑释人员在社会中很难吸引人与之互动，自然而然就受到排斥，这种排斥包含被社会排斥，也叫被动排斥，也包含主动排斥，是刑释人员因自卑等原因而不主动参与到社会活动中去，从而将自己排斥在外。这种排斥体现在与家人和其他人的交往关系方面，刑释人员不愿与他们建立和保持应有的关系。当然，这种社会关系中的自我排斥也是在互动中形成的，即往往是因为受到了别人的排斥（这种受排斥可以是自己直接的经历，也可能是根据自己观察所得的经验），而采取的一种自我脱离的行为，最终拉大自我与社会的心理距离。由于家庭的不和谐和建立社会关系的困难可能会导致刑释人员重返社会后失去了一个主要的依靠，这不仅是可能诱导其犯罪的重要诱因之一，并且也是罪犯重返社会后的主要障碍。

（二）社会对刑释人员的抵制

犯罪是对国家、社会、被害人权益进行侵犯的行为。犯罪人接受刑罚惩罚后，社会民众难以做到欣然接受他们回归社会，而往往受到社会的排斥。这是一种简单而朴素正义价值观的体现。这一观念在国家制度层面体现为法律或政策直接规定某些行业或职位不能由刑释人员担任，如教师、公务员、法官、警察、检察官等职位都与刑释人员无缘。社会对刑释人员的排斥还体现在刑释人员在其他岗位重新就业的问题上。就业是一个人安身立命的基础，也是刑释人员回归后面临的最主要的问题。没有就业就意味着没有固定的经济来源，对于他们来说非常容易诱发新一轮的犯罪。从这几年的情况来看，刑释人员的就业状况不容乐观。通常刑释人员能够找到的也多是那些付出较多且待遇较差的工作岗位，此外，临时性和不稳定性也是此类工作的特征。刑释人员在劳动力市场遭受着排斥，这种排斥不仅包括无法就业这种绝对的就业排斥，还包括边缘就业这种相对排斥的情况。刑释人员遭受社会排斥还体现在人们不愿与之建立正常的交往关系。在社会上，犯过罪的人往往会被长时间地贴上"坏人或者危险人物"的标签而受到人们深深的歧视。由于罪犯之前的犯罪行为被社会大多数成员认为是对公共秩序的破坏和社会利益的损害，社会公众一方面片面地根据其过往的犯罪经历进行判断，担心自身的利益受到其不法侵害的损害；另一方面也受到传统观念因素的影响，使得他们从心理上排斥有"污点"的罪犯。社会公众的这种歧视和偏见直接导致加大了回归社会罪犯与其自身和社会之间的距离，反而会对刑释人员形成负面心理刺激，让刑释人员感到社会的冷漠和对其过去行为的不宽恕，对形成犯罪心理起到了负向强化作用。

五、结　语

犯罪是在特定的时空条件下由多种因素综合作用产生的，犯罪人的自身素质只是引发犯罪的一个方面，还应考虑社会环境、自然环境、犯罪实施当时的情境等多种因素。因此，我们不能苛求监禁刑矫正的成果，不能将对犯罪人矫正成功以刑释人员不再犯罪为衡量指标，否则我们就不需要出狱人社会保护工作了。出狱人社会保护工作的存在，说明犯罪人出狱后，可能遇到各种情况再次引发犯罪心理，这并不能够说明矫正不成功。笔者认为，只要在执行刑罚的当时消除了犯罪人那种反社会意识或者大大减缓了反社会意识，或者至少减小了其犯罪可能性，就算是成功的矫正。因此，以简单的累犯率来说明矫正没有效果是不科学的。

监狱规训纪律的秩序效力只达于监狱这个特定的空间和罪犯刑期这段特定的时间。监狱规训纪律无法延及罪犯出狱之后，相反，功利改造培养了罪犯付出与回报的精确观念。社会生活并不总是有着一一对应的规则与关系，出狱之后，他们会发现，社会规则在奖励上并不像规训纪律那样及时而精确，而惩罚却是一样的严厉。因此，他不得不对监狱规训纪律留在他身上的影响进行重构。在这种重构中，监狱规训纪律的影响逐渐淡出，新的社会规则开始调整他的行为。监狱纪律规训对罪犯出狱后的自律影响以及持久度的不理想，受到了这种重构的冲击。刑释人员对于消除和淡化监狱规训纪律的影响越快就能越快接受新的社会规则，再社会化也就能更加顺利。

第三章
监禁刑功能之反思

学界少有对监禁刑功能的论述，却代之以对监狱功能的介绍，观点各异，各不相同。金鉴先生主编的《监狱学总论》把监狱的功能分为惩罚和改造两大功能。许章润教授在其著作《监狱学》一书中明确表明监狱的功能是集惩罚、矫正、整合、导向功能为一体的综合功能。吴宗宪教授在《当代西方监狱学》中认为监狱具有控制功能、改造功能、惩罚功能和维护功能四种。监狱是执行监禁刑的场所和机构，监狱的功能可认为是监禁刑的功能。监禁是监禁刑执行的主要表现形式，监禁的本质是惩罚，而惩罚本身作为法的恢复，是不同于物的赔偿和损失的补偿，不同于私有财产的恢复。也就是说，监禁刑的功能除了惩罚外还包含着大量非惩罚的要素，如教育、改造、治疗、矫正。总的来说，目前学界对矫正功能的研究势头早已远大于惩罚。从监禁刑矫正理论和实践的视角来看，矫正是一个大概念，不仅包括监狱矫正，也包括社区矫正。矫正措施也是多样的，例如监禁隔离、教育感化、心理治疗和行为规训。但在监禁刑执行阶段，惩罚和矫正两者存在交叉现象，例如矫正项目中也包含着惩罚的成分，例如监狱军事化管理、禁闭处分。这些措施既属于矫正措施，也属于惩罚和规训措施。体现惩罚的监禁纪律也体现一定矫正功能。监禁刑的矫正效能也可通过监禁刑的确定性和严厉性来反映，但更为重要的是，通过矫正措施作用于犯罪人而使其自身的改善程度来体现。矫正的机理和效果体现在罪犯的转化上，特别是通过矫正使其犯罪心理和行为、人格和素质的改善等方面，从而体现出矫正主要是一种积极的功能；而惩罚的机理在于使人因恐惧而消极地不敢犯罪，其内心和素质方面未必有积极的变化。因此，矫正是更高层次的目标，需要更多的资源投入；而惩罚需要判刑、关押、纪律，其作用即时发生，较矫正成本要低许多。"马丁森炸弹"残酷地砸碎了人类矫正的梦想，但是对于监狱矫正困惑的思考步伐不能因此停止。矫正无效是人为的结果，还是客观的必然，监禁的威慑在当今还有多大的力度……只要有监狱存在，这些就是永远的主题。矫正是刑罚之重要功能，也是监禁刑的重要功能。监禁矫正效能，是指在监禁刑罚执行过程中，矫正主体运用各项矫正措施作用于矫正对象，从而实现预防犯罪和罪犯自身素质改善等刑罚目的的程度。正如李斯特所言："刑罚的使命，在使犯罪人再为社会有用之一分子！"① 监禁矫正效能比威慑效能更多关注矫正对象的内在素质改善。

在本章中，笔者将从惩罚、教育、劳动、心理矫正四个方面的功能论述监禁刑的实际效果。监禁刑对罪犯的矫治功能主要是通过教育、劳动与心理矫正三个途径实现。监禁刑的教育功能更多体现为实现矫正效果而采取的手段，或者可以认为内含于矫正功能。劳动功能曾作为惩罚和矫正兼具的功能，发展至今更趋向于矫正功能，心理矫正功能作为监禁刑相对较新的功能，属于矫正功能的内容。为使对监禁刑的功能的研究更客观，本书在探讨的过程中进行了思考、分析，对监禁刑执行的实际情况除了收集资料外，还以云南省丽江监狱为调研对象作了大量的访谈工作，对 734 名服刑人员和 340 名监狱警察进行问卷调查，回收了 721 份有效的服刑人员的问卷，333 份有效的监狱警察的问卷。

第一节　监禁刑惩罚功能之观察与省思

所谓惩罚就是有目的性地对犯罪人施加痛苦。所谓痛苦，乃是社会和国家对被惩罚者所拥有的可以满足需要的有价值的东西予以强制剥夺，因此而产生的不快。监禁刑的惩罚是刑法对犯罪行为否定性评价的具体实施，是让罪犯失去自由，并在狱内严格的纪律的约束下，现实而具体地承受刑罚之惩罚，从而使其感受到被剥夺自由的痛苦和因此而带来的受到耻辱的效果。在本源的意义上，监禁刑就是监狱通过惩罚实现对犯罪的报应，通过惩罚把法律对犯罪行为的否定性评价落到实处。惩罚曾是监狱一元化的目标，随着刑罚文明的发展，监禁刑以多元目标的实现为己任，监狱也就具备了多元目标。在多个目标当中，惩罚应该是监禁刑最为基本的目标或功能。监狱试图通过

---

① 林山田：《刑罚学》商务印书馆 1953 年版，第 182 页。

监禁惩罚使罪犯感受失去自由的切身痛苦，使其受到威慑而不致再犯。从形式上看，监狱实现剥夺自由刑的手段主要有三个：一是由监狱的警察对关押在狱内的受刑人实行直接监管，限制其狱内的活动自由；二是用高墙、电网、大门等物质性设施使受刑人与社会隔离；三是在监狱的围墙、大门等重要部位设立岗哨，由武装警察部队实行武装警戒。通过隔离使受刑人无法实施危害社会的行为。黑格尔明确了监狱惩罚的法律属性："为了表示被犯罪所破坏和否定的法律秩序和规章制度是现实存在的，不能允许放任那种违法行为状态，就此而言，对犯罪人的惩罚才是必要的。惩罚就意味着恢复被破坏的法律秩序的意义上，为维护法律秩序而对个人处以必要限度内的刑罚是正确的。"①

一、监禁刑惩罚功能的实现方式

现代刑罚观认为监禁刑中的监禁就是惩罚功能的体现，但是监禁刑的执行并非只是为了实现惩罚功能。因此，监禁是惩罚本身，不是惩罚的前提，监禁刑执行最终的目的是实现罪犯的再社会化。监禁隔离是从自由进入接受惩罚的界线，是过去自由的中止，又是现在自由受阻，接受惩罚的开端。这种监禁隔离不是对罪犯的简单隔离，简单关押，也不是抽象的，而是具体的，实实在在的。20世纪法国著名思想家米歇尔·福柯在其所称的"我的第一部著作"——《规训与惩罚》中对监禁惩罚有了较为深刻的论述和评价。在此，笔者借用福柯的"规训"一词概括监禁刑的实现方式。现代监狱的惩罚是失去自由的监禁，及其在技术表现形式上的纪律规训。"规训"的英文是"discipline"，它有训练、校正、纪律、学科、训诫、符合行为准则的行为等含义。福柯的"规训"正是运用该词的多义性，并赋予它新的含义，指近代产生的一种特殊的权力技术，又是制造知识的手段。可以说，规训是监狱改革的结果，也是监禁刑应有的手段。规训以纪律约束实现。监狱里，纪律有自己运行的机制和明确的

---

① 韩玉胜、刘崇亮："刑事执行立法的目的与原则"，载《昆明理工大学学报（社会科学版）》2010年第3期，第26页。

条文规定，是法律之下的一种内部处罚。监狱是纪律运行的承载主体，依据纪律运行原理评判罪犯的行为，实现纪律的作用。明确的条文规定是监狱纪律的体现，也是罪犯的行为规范。这是处罚的依据，也是奖励的根据。即不符合规范，偏离准则，都是处罚的对象。相反，在遵守纪律方面有突出表现的就可能得到考评加分、优惠待遇、减刑、假释等奖励。纪律使不被社会关心的罪犯狱内行为受到了压制，把罪犯置身于惩罚的网络。

一般而言，监禁惩罚首先体现为对罪犯自由的剥夺。由于罪犯被关押于监狱之中，因而失去自由而同时失去诸如社交、谋生、对家庭的照顾等机会。此外，罪犯在监狱行刑过程中监狱通过纪律对罪犯在狱内的一切行为进行评判，并对违反纪律的行为进行责任追究。对于前者有学者称为消极的惩罚，对于后者有学者称为积极的惩罚。消极的惩罚在罪犯移送至监狱之日起就得到实现，而规训惩罚纪律所体现的是积极的惩罚。积极的惩罚的具体内容为：为了确保行刑的顺利实施，就必须建立一套在监狱法律法规指导下，在量化基础上的监规监纪，其标志性的监规监纪就是计分考核。监规监纪就是规训纪律的体现，表现为具体的纪律条文，写明相关的纪律约束和违反约束的后果。罪犯按约束规定行事即为服从管理，后果为不对其进行违规处罚。如果遵守规训纪律特别突出的就可能得到奖励，当然，奖励是特殊的和个别的。如果罪犯违反监规监纪乃至又犯罪，就要视其情节给予不同程度的行政和刑事处罚，常见的处罚有警告、记过、禁闭等行政性处罚和依法定罪量刑并最终给予加刑的刑事性处罚。早在西方监狱改革之初，霍华德对于纪律规训也提出其必要性和重要性，当然，当时他未使用纪律规训一词。霍华德认为监禁刑以单纯的羁押于监狱的手段难以控制罪犯，因此，要通过严格的纪律来训导罪犯。在对罪犯进行纪律训导时他认为监狱应当实施分级处遇。如果犯人行为表现端正、劳动积极可以进入管制较宽松的级别服刑。反之，若表现较差和懒惰，则"降至严管级别"服刑，最终通过考核评判、奖惩措施的落实来引导罪犯的行为。根据罪犯个人的人身危险性建立刑罚分级执行制度，针对不同的罪犯采用宽严不同的规训纪律使规训纪律更具科学性。

（一）惩罚权力体现为观察的规训权力

"纪律是一种有关细节的政治解剖学"。国家或社会对罪犯的惩罚权力，也就是刑罚惩罚权对于监禁刑而言体现为对罪犯自由的剥夺，在具体执行过程中又体现为观察的规训权力。使惩罚权力得到顺利落实的，并非所有法律对象，也就是服刑人员法律意识的提高，而是监狱全景敞视技术的有规律的扩展，形成无限细密的对罪犯观察和监督的网络。因此，全景敞视技术成了监狱规训权力运行的着眼点。细节对监狱的整体进行了分解，把监狱整体分解为"无限细密网络"可及的点。对于已被规训的人，任何细节于他而言都是非常重要的。在监狱里每一个细节都与惩罚权力密切相关，可以这么认为，细节提供了惩罚权力所要获取的支点。规训纪律随着这些"支点"延伸到网络的每一个角落，满足了惩罚执行中纪律存在的技术需要。

纪律规训是这样运行的：监狱对罪犯的行刑表现进行密切的关注，这种关注表现为监狱对罪犯实行一种统一的个人记录，由监狱警察详细填写他们对每个犯人的观察结果。"这在某种意义上是监狱管理的登记册，可随时查阅以评估每个犯人的各种情况，从而可以知道用什么办法来对待每一个犯人。"① 现代监禁刑实施场所的监狱建筑不再都是全景敞视建筑的感化院，对于罪犯的观察和监督借助了信息化技术，这是一双无形的可全方位、无死角、全天候、不中断观察罪犯的眼睛，使监狱对每一名服刑罪犯对狱内行为了如指掌。监狱执行监禁刑首先应该知道法官的裁决并根据现有的条例去执行裁决，并在执行过程中不断地从犯人身上探寻犯罪的原因，汲取那种能够把刑罚措施变成教养运作的知识，借此制定和实施矫正措施。我国现阶段监狱行刑的基础工作也就是观察、记录罪犯狱内行为。这一工作在监狱长、监狱机关警察和监区警察三个层面，有不同的表现。首先，监狱长主要是从宏观把握监狱的工作，具体而言就是领导、指挥监狱工作，很少会对某个或某些犯人进行观察和持续观察。这一点与福柯对监狱长要求不同：监狱长不应忽视

---

① ［法］福柯：《规训与惩罚》，刘北成、杨远婴译，三联书店 2003 年版，第 281 页。

任何一个犯人，因为无论这个犯人被置于监狱的哪个角落，无论他是刚刚入狱还是即将出狱，或是正在服刑，监狱长都应说明按照某种特殊分类他身处狱中的理由或他从某一类变为另一类的理由。监狱机关是综合协调工作的，承担的是一种相对宏观的管理和对外协调的工作，在机关当中有一些部门警察是跟服刑人员有很多的联系的，例如教育科。有很多教育干事就是一线干警，但是机关的职能部门不是主要针对罪犯的，所以机关的监狱警察很少面对面地与罪犯建立工作关系，一般来说，他们根据其所在部门的工作职责具体实施相关业务的信息和材料的汇总、分析，并从事一些上情下达、下情上传的工作，只有在业务需要的时候才会直接接触服刑人员。直接管理服刑人员并对他们进行观察、记录的是监区一线警察。在调研期间，我们观察到从服刑人员起床起，伴随着出操、就餐、劳动、学习、休息等每一事项都有一线警察认真负责地全程进行管理。从工作的实际看，这些警察一般都是"多面手"，不仅沟通能力、观察能力要强，而且还对服刑人员所从事的劳动技能较为娴熟，以对部分劳动技能较差的服刑人员进行指导，此外他们还承担了一部分对服刑人员的思想教育的工作。至于对服刑人员日常表现的记录是由值班的一线警察承担。从每天工作的情况来看，一线警察上班的大部分时间是和罪犯在一起。在调研中，我们观察到一线值班警察上班后首先认真翻阅上一个交班的警察的值班记录，然后查看罪犯是否有信件并查看信件和处理信件。罪犯写出去的信如果涉及反对改造和监狱秘密的内容就还给罪犯，并明确告知信件将不被寄出。来信涉及亲人去世等问题的信件，警察一般会根据犯人的情绪状况来决定是否延缓几天再告诉他。如发现罪犯患病的，一线警察就带他去看病。巡查监区是一线警察一项重要的工作，一般来说每隔半个小时对罪犯点一次名，但是点名不一定都拿着花名册点名，多数情况是检查一下工位上有没有缺人，罪犯在学习和参加劳动时，他们的位置是固定的。在巡查过程中，如果发现有的罪犯情绪反常，警察就会找出来谈话，但是都是在尽量不影响犯人的工作量的情况下进行的。平时一线警察是两班倒，所以周末都只有一天是休息的。监狱一线警察对罪犯的管理基本上是按照监狱精细化规范管理的要求来做的，从他们的工作时间来看，已做到将绝大部分工作时间都用于对罪犯的直接管理上了，不存在警察没有足够的时间用于观察和记录犯人的行为，更多的时间不得不用于开会、值班、配合各类检查的情况。然而，从纪律规训的要求看，我国监狱一线警察占警察总人数的比例还是较小，监狱工作对一线警察的需求量还很大，特别是近年来，我国监狱开始实施循证矫正制度，对矫正措施的针对性采取需要大量的"证据"，而证据必须从大量的观察中得出。

（二）监狱的惩罚针对的是罪犯的监禁生活

"法律的惩罚针对着一种行为，而惩罚技术则针对一种生活。"[①] 福柯对纪律构成的论述与惩罚执行中的纪律的论述最为贴近。他把刑罚惩罚权力对人的控制和 18 世纪修道院、军队、工场中有关驯顺的设计进行分析和比较来探讨纪律的形成。在他看来，军队、学校、工厂中的纪律和监狱中的规训纪律有着本质上的共同点，仅只是程度和表现形式有所不同而已。他认为纪律都包含控制的范围、控制的对象和控制的模式三个方面的因素。控制的范围又可理解为控制的程度，纪律对人的控制是通过对人在特定场所内他的运动、姿势、态度、速度来实现。这样的控制不再把人体当作不可分割的整体来对待，而是"零敲碎打"地分别处理，对它施加微妙的强制。可以说，这是一种支配活动人体的微分权力。控制的模式意味着一种不间断的、持续的强制。在监狱，它监督着罪犯服刑时整个活动过程，包括起居、劳动、学习等所有在监狱的生活过程而不是其结果，它是根据尽可能严密地划分时间、空间和活动的编码来进行的。这些方法使得人们有可能对人体的运作加以精心的控制，不断地征服人体的各种力量，并强加给这些力量以一种驯顺—功利关系。控制的对象就是每一个服刑人员。

对罪犯监禁生活的控制和管理主要通过狱政管理实现。狱政管理是监狱制度的重要内容，在不同的国家有不同的名称。在美国称为监禁管理，在苏

---

① ［法］福柯：《规训与惩罚》，刘北成、杨远婴译，三联书店 2003 年版，第 96 页。

联叫执行管理或叫劳改营行政管理。狱政管理显著的特性就是在刑事法律活动的大框架下具体进行的行政管理活动，其内容细，面宽，要求程度高，计划周密。

我国的狱政管理既有自己的独到之处和特色，也具备其共性。监狱对罪犯在狱内的生活进行全方位的管理，剥夺或限制罪犯的人身自由，控制其与社会的联系，努力使监狱变为一个文明的特殊空间，矫正罪犯懒惰、散漫、放荡等行为恶习，培养其文明健康的生活习惯，达到对罪犯的改造目的。因此，狱政管理更多的内容包括罪犯的生活卫生、通信会见、考核奖惩等方面的内容。监禁刑对罪犯自由的剥夺或限制，这是行刑的开始。将罪犯拘禁于监狱之后，行刑面对的更多的是监狱对罪犯狱内生活的管理，这是狱政管理的重要内容，所以狱政管理虽可认为是一种刑事事务的管理，更是一种内部行政事务的管理。狱政管理更多的内容是对罪犯日复一日的从起床到睡觉的监狱生活的管理，包括罪犯在监狱的衣食住行等日常生活事务、行为规范等具体而繁杂的事务。总之，狱政管理就是监狱通过建立监禁性质的管理制度，也就是规训纪律，对罪犯进行行为控制和养成训练的措施和方法。

1. 狱政管理通过规训纪律确定了罪犯相对固定的位置，以便于对罪犯的管理

纪律有什么样的需要，空间就可以按需求被划分，纪律组织了"一个可解析的空间"①。监狱管理的组织行为也就可理解为对罪犯管理机构的设置及人员的编排，如监区、分监区、入监监区、出监监区、严管监区的设置，对罪犯的生活、学习、劳动小组的设置，还包括对罪犯互监组的设置等。在监狱里纪律确定了罪犯相对固定的位置。按照我国监狱管理法律和规章的规定，罪犯入监后便在入监中心集训三个月，到了集训结束前监狱就根据其性别、刑期、罪名、集训中的表现等将其划分到确定的监区和监舍。在固定的监区，罪犯无论是在劳动、学习，还是就餐、休息，其位置

---

① 福柯：《规训与惩罚》，刘北成、杨远婴译，三联书店 2003 年版，第 162 页。

是固定的。在罪犯需要移动时，例如上卫生间，在监舍休息时在允许的范围活动时，监狱就采用罪犯互助小组的方式予以限制，那么流动中的罪犯的位置仍然是相对固定的。三人互监小组在固定罪犯在监狱的位置上效果显著，多数警察和服刑人员都能积极认可。在问卷中对"在罪犯三人小组在管理罪犯过程中起到的作用是什么"的问题，78%的警察（56名）认为三人互监小组对管理罪犯，监督罪犯按纪律要求从事起到很好的作用，74%的罪犯（532名）认为三人互监小组能实现罪犯之间相互监督，共同改造的作用。从问卷反馈的结果也可看出大多数警察和服刑罪犯都认可纪律对维护监狱秩序的积极作用。（问卷1，13问）（问卷2，11问）

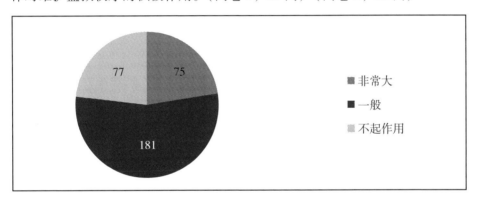

图3-1 罪犯三人小组在管理罪犯过程中起到的作用是什么

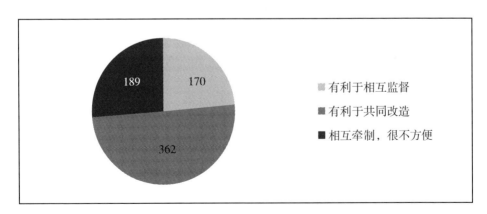

图3-2 你对三人互助小组的看法是什么

在一个监狱里，纪律划分了监区之间、公共区域的界线。在一个监区里，纪律划分了监组之间、楼面之间的界线。这种划分使监狱能更加便利地明确罪犯所处的位置，以便于监督他们的行为。因此，我们说，惩罚执行中的纪律既是惩罚技术的工具，也是惩罚技术的内容。当惩罚执行中的纪律是"用强制的活动填补知识的空隙"的方式时，它是惩罚技术的工具。当惩罚执行中的纪律本身就体现惩罚时，它是惩罚技术的内容。无论如何，惩罚执行中的纪律"分割了法律所不染指的领域"，使服刑罪犯在狱内的生活相对固定于某一个点上，便于观察和监督，由此其自由也就被剥夺了。

2. 狱政管理通过规训纪律对罪犯的时间作了安排

纪律的运行需要借助对时间的安排。时间表分布了事项的进程和活动的节奏，使事项和活动的安排更加精细。监狱时间表编排了罪犯每一天事项的顺序，由此推开，编排了每月、每季度、每半年、每年的事项。时间安排规定了罪犯狱内行为的轨迹，可以预见接连发生的行为，是对罪犯行为的解剖。时间表勾勒了一个罪犯全部生活顺序的网络。纪律通过时间来表达自己对秩序的需要，"时间渗透进肉体之中，各种精心的力量控制也随之渗透进去"。

在调研期间，我们观察到，罪犯的时间是这样被安排的：6 点 30 分起床，值班警察吹响监门哨，罪犯就开始洗漱整理内务，然后跑操；8 点钟吃完饭之后开始劳动，到 11 点 30 分吃午饭休息；中午有 1 个小时的时间是由值班警察来上课，学习内容比较灵活；下午从 1 点左右劳动到 5 点半或 6 点结束，6 点吃晚饭；吃完饭以后有的时候是组织学习，有的时候还加一会班。午饭和晚饭都是在车间里面就完成了。劳动时还组织工间操、眼保健操，整个活动区域是在车间里的，工作的时候是放有音乐的。从总体看，监狱对罪犯的时间安排基本是这样的，但每天监区也会在细节上有所不同。

时间表对事项的编排，重新整顿出了纪律所要求的顺序。通过新的顺序和节点，纪律开始了精细的考核。时间是纪律的条件，反过来纪律巧妙地运用了时间。它把时间分解成片断，规定了每个片断的节点，防止拖沓、冗长，便于纪律的监督。"纪律能够分解空间，打破和重新安排各种活动。它也应被理解为积累和使用时间的机制。"我国狱政管理使对罪犯的惩罚程序化，使刑罚执行成为一种积极的过程，不再是消极的看守和关押，而成为一种有秩序、有目的的刑事实践活动，使刑罚执行趋于科学化、文明化。

规训纪律的强制性贯穿于监狱行刑的始终。然而，这种强制性，就其目的来说，不是单纯地惩罚犯罪，而是从日常的生活行为上，中止、限制、矫正罪犯的犯罪恶习，并为全面加强改造创造条件；就其强制的形式和内容来说，不是对罪犯进行打骂、捆绑、污辱人格，而是实行严格的监管制度，对罪犯的生活、学习、劳动等通过时间和位置的严密组织，对他们的改造、生产、生活表现进行认真地考核，并实行严明地奖惩。监狱规训纪律是对罪犯言行的一种限制、约束和管理，它是从对罪犯时间和位置的安排，到对行为的安排所进行的一种全面管理。

（三）纪律发挥作用需要纪律和纪律对象达成默契

纪律与纪律对象之间需要中介，通过中介的连接实现遵守纪律的效果。在学校里，教师是规范与学生之间的中介；在监狱里，规训纪律与罪犯之间的中介是监狱的工作人员。中介是对规范或纪律的演绎，是活的规范或纪律。中介对规范或纪律的遵守与认同，波及对象对规范或纪律的认同。涂尔干在论述学校里的规范、教师和学生三者之间的关系时这样说道："实际上，我们知道，如果儿童相信规范，是因为他相信他的老师。他尊重规范，是因为他的老师声称规范是值得尊重的，老师自己也尊重规范。但是，如果教师允许违规而不加干预，这样一种容忍的态度就似乎会提供证据，表明他不再以同样的信念相信规范，他不再在同样程度上感到规范是值得尊重的；而学生也会在同样程度上不再相信规范。"①

监狱里，规训纪律的对象是罪犯，从其身份而言，远比学校里的学生复杂，作为规训的中介——监狱民警受到利益的诱惑亦与学校教师不同。学生与教师之间主要靠教师的威信，从而使学校纪律得以遵守。罪犯与监狱警察

---

① 孙有福："学校纪律的德育价值及实践策略思考"，载《中小学教师培训》2011 年第 2 期，第 54 页。

之间主要靠警察的责任和罪犯出狱的愿望之间的默契使得监狱纪律得以遵守。监狱警察是为了履行其职责，顺利完成工作任务，需要严格执行监狱纪律；同时，监狱警察为了承包监组的稳定，为了监狱或监区的考评利益对待监狱纪律需要具体问题具体处理。罪犯为了获得理想的考评成绩，争取早日出监，不得不选择遵守纪律。

纪律不会天生扎根于其对象的意识之中，纪律对象并不必然地接受纪律。明确的无视与虚假的接受都是未达成交互状态的表现。倘若罪犯对惩罚纪律显得不耐烦，而且有了僭越之心，那么他就会表现出唯我独尊与自鸣得意。于是，纪律在他眼里已经一文不值，只不过是写在白纸上的一些无力的文字，纪律在他身上没有了约束作用。

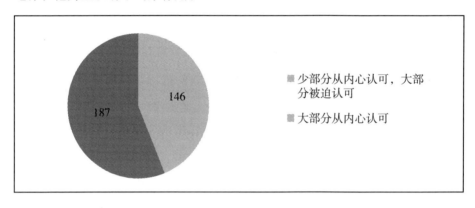

少部分从内心认可，大部分被迫认可

大部分从内心认可

图 3 - 3　服刑人员对监管制度的认可度

在我国，监狱的规训纪律总体上得到认可，有利于规训纪律发挥约束的作用。调研中我们发现，对于罪犯对纪律规训的认可问题，监狱警察和服刑罪犯的观点是基本一致的。80% 监狱警察认为除了极少数主观恶性大的罪犯外，绝大多数认可监狱纪律，其中在认可监狱纪律的罪犯中，有 30% 的罪犯是从内心认可，有 70% 左右的罪犯是经过权衡后选择认可。同样的问题，62% 的服刑人员认为只有认可才会取得好的改造成绩，38% 的服刑人员认为自己是从内心真正认可纪律。我国的纪律规训内容体现于罪犯改造的生活、学习、劳动等方面，并以量化考核的方式体现出来，具有一定功利的色彩，也就是这一功利的色彩使纪律能够得到绝大多数服刑人员的认可。规训纪律得到其对象的认可, 也就能发挥应有的作用。

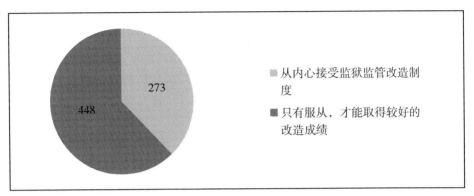

图 3 - 4 你在监狱中服从监管的最主要原因是什么

(四) 严格奖惩是规训惩罚的保障

监狱的严明奖惩, 说到底是用事实向罪犯指明前途。惩罚管制不仅对罪犯的原有犯罪是一种有法律根据的惩治手段, 而且对罪犯在服刑期间也是一种以法律为后盾的治安和改造的有效手段。这种惩罚管制, 主要以建立健全狱内监规纪律制度的形式予以贯彻实施, 在犯人的群体里形成改造、生产、生活三个正常的秩序, 如果有人违反监规纪律, 轻者要受批评、警告, 重者要受行政处分乃至法律制裁, 具有犯人不可抗拒的国家强制性。

严明奖惩, 既是对罪犯的一项区别对待政策, 也是监狱干警按照规训纪律依法办事, 最终保障规训惩罚的实现。奖, 是对罪犯在改造中遵守纪律表现的肯定; 惩, 是对罪犯违反纪律的否定; 严明奖惩, 以是非分明用事实向犯人指明什么是对的, 什么是错的。这既是对罪犯服刑的要求, 也是实现监禁刑惩罚功能的保障。

我国监狱严明奖罚的形式、方法和作用体现于正确管理的日常工作之中。例如, 对罪犯的表扬和批评、记功和记过、加刑和减刑等, 都是实施和表现奖罚的有效形式和手段。监狱执法中, 一年一度对罪犯召开的奖惩大会, 是一种体现严明奖惩的重要形式, 但最经常、最基础的还是平时的正确而及时的表扬和批评。罪犯的改造生活, 都是处于变化之中, 而严明奖惩就要在平时掌握罪犯变化着的动态，及时而正确地开展表扬或批评。罪犯的良知初萌有所表现时，干警就抓住这可贵的启蒙点，予以表扬激励，往往以此为起点，罪犯就能继续勇往直前。罪犯在监内的劣迹，干警能做到及时指出其严重性，并给予适当替告和严肃批评，以示对劣迹的否定。"蚁穴溃堤"常常是从一蚁一穴开始。我国监狱执法注重一开始就对坏东西认真抵制，做到防微杜渐；对好事物，及时准确地信任支持，做到是非分明，扶正祛邪，逐步建立起改造秩序的正气。监狱努力做到日常的小的、及时的奖惩工作，为全年的奖惩大会打下可靠的基础，同时做到把表扬、批评、记功、记过、奖金的扣发，依法加刑、减刑等多层次的奖惩工作有机地结合起来，充分发挥奖惩的威力作用。

因此，奖惩制度能否客观公正地得到贯彻，对于监狱实现惩罚功能的实现至关重要。在访谈过程中，监狱警察和服刑罪犯均认为监狱奖惩制度的制定从总体来说是客观公正的，但对于个别情况而言，却有些不合理的地方。例如，监狱的激励机制对于短刑犯来说作用不大，劳动考核分值的设置对劳动力较弱的罪犯不利。由于监狱对于奖惩制度的执行制定了具有操作性的量化标准，考核分数定期公开，监狱警察对罪犯考核成绩的认定上空间极小，并在极小的警察自由裁量权力上配备行之有效的监督机制，所以罪犯对考核成绩的评定是比较满意的。这样，监狱的规训纪律的实施也就得到了保障。

二、监禁刑惩罚功能得以实现的内在要求——良好的监狱秩序

（一）监狱秩序的形成

纪律不培养真正的品性，而是为了秩序。[①] 秩序往往被认知为有条不紊的正常的运转或良好的外观的状态。在国家和社会秩序层面，法律是秩序的化身，"秩序这一术语将被用来描述法律制度的形式结构，特别是在履行其

---

① ［法］涂尔干：《道德教育》，陈光金等译，上海人民出版社 2006 年版，第 149 页。

调整人类事务的任务时运用一般规则、标准和原则的法律倾向"。① 从纪律实施的实际过程和功效而言，人们对纪律的遵守并非可以证明行为人品行的良好，或者品行得到提升；纪律的遵守使纪律适用的空间实现了稳定的秩序。监狱秩序是监狱在对罪犯执行刑罚的过程中，在一定法律和政策的指导下，树立正确的刑罚执行观念，有条理、有组织地安排各种行刑制度以使监狱管理、教育改造和对罪犯的奖惩达到正常、安全、良好、稳定的一种状态。②

按照英国经济学家和政治哲学家哈耶克的观点，秩序的形成有两种方式，其一是"自发社会秩序"，或者称之为"由人类行为而非人类设计"产生的秩序，指人们在长期的文化进化过程中按照自发形成的规则行事而达成的行为者行为意图与预期的吻合状态；其二是人造秩序，对秩序的形成要素提前作了规定，人们按照规定建立起秩序。监狱秩序就是一种典型的人造秩序，其产生源于国家法律和制度的安排与建构。监狱秩序是在法律的规定下，调整监狱各相关主体之间的关系而建立起来的有条不紊的状态。监狱秩序主要表现为三个方面：一定的监狱结构的相对稳定，监狱相关主体都被纳入一定关系体系；各种监狱规则得到正常的遵守和维护；把无序和冲突控制在一定的范围之内。

规则以自由的名义制定，规训与惩罚以自由的名义获得合法性与正当性，监狱秩序因此而生成。我国监狱秩序可以说是良好的，这要归因于监狱规则和制度的顺利实施。总而言之，规则和制度是监狱秩序形成的前提，相应的奖惩是秩序形成的保障。监狱制度是监狱存在与发展的基础，是监狱规则、理念与价值系统的综合表征，制约着刑罚执行主体与被执行主体以及其他国家组织与社会组织、群体、个人等之间相互作用的语境、策略与结果。监狱制度的基本价值目标是在监狱的共同生活中以及监狱主体与社会主体的相互关系中建立秩序。从制度哲学的视角来说，监狱制度系统是指由相互联系、

① 杜健勋："型塑公共治理中的环境秩序——对于环境法律变迁中的行动者分析"，载《经济法论坛》2014年第1期，第205页。

② 韩玉胜、刘崇亮："监狱惩罚机能及其限制"，http://www.docin.com/p-99261079.html&endPro=true，访问日期：2016年3月15日。

相互作用的若干组成部分结合而成的、具有特定功能的一个有机的制度集合。具体来说，监狱制度由管理监狱警察的制度和管理罪犯的制度两大部分组成。管理监狱警察的制度有：监狱人民警察行为准则、监狱人民警察"六条禁令"、监狱人民警察"六个严禁"、监狱人民警察警容、风纪规定等。管理罪犯的制度主要有：在管理罪犯的制度中，最为核心、有效的是累积分考核制度。累积分是跟罪犯的减刑假释挂钩的，累积分是根据罪犯学习、生活、基本规范、文明礼貌、劳动成果这几方面的成绩汇总而成，现在累积分是采百分制，劳动的比重有所下降。原来的累积分由五个方面构成，现阶段处于累积分制度新老交替的阶段。从监狱制度的构建来看，其思路是在制度管好警察的前提下，用制度管理罪犯。为此，我们注意到监狱制度的建构要关注系统性，更要关注监狱制度与监狱秩序之间的内在联系与发生机制。监狱秩序有赖于监狱制度的规范与约束，并通过公共政策的运作，获取更为广泛的社会资源，在持续稳定中彰显监狱制度的功能。而监狱的历史进程是由监狱制度的变迁成就的。这说明，对监狱秩序起决定作用的是监狱制度，监狱制度是监狱秩序的基础。不过，监狱制度本身并不直接决定秩序，而是通过影响相关制度主体的预期起作用。监狱制度为监狱相关主体的行为和相互之间的交往提供预期，提示相关作为和不作为的方式和后果，防止和抑制人们交往过程中可能出现的任意行为和机会主义行为，使得个人的社会活动具有一定的可预见性，增进行为和交往的合法性，从而建立起必要的监狱秩序。我们可以总结为：制度影响预期，预期影响行为，行为决定秩序。

对监狱相关主体都适用的规则就是监狱制度性规则，监狱制度性规则通过激励与惩罚机制配置监狱行刑资源，引导人们采取理性的行为，从而形成监狱秩序。监狱制度性规则以文字和语言的方式告诫相关主体，相关主体根据自己的认知和主观意愿，通过具体的行为遵守或违反。监狱对于遵守良好的主体给予表扬和奖励，对于违反制度的主体，则给予批评和处罚。正是激励和惩罚功能对人的目标和行为施加了重大影响，起到规范监狱相关主体行为以遵守监狱秩序的作用。调研期间，我们对监区的工作和罪犯的服刑生活做了较为仔细的观察，对监狱秩序的形成和维系也有了总结：监狱秩序是相关主体在监狱制度的指导下，在行刑主体的主导下，经过自我调整而作出选择性行为，这些选择性行为大多数均能按照制度要求作出，当然也存在少数与制度要求相悖的行为。规训纪律转化为制度，制度引导秩序的形成。在这个过程中，我们发现，只有当监狱控制机制恰当地配置了各利益主体的权利与义务，精确构造了激励与惩罚机制，并以道德教化与强制规范相结合的方式来体现监狱制度性规则安排时，监狱秩序才会发生与发展。从这个意义上说，激励和惩罚机制是监狱秩序的基础，监狱的制度是监狱秩序的核心。动态地看，监狱秩序就是监狱利益主体自愿或强制地遵守既定的制度安排与规则设计，使相关待定的利益分享与增进过程保持某种程度的一致性——行动的协调、利益的和谐与合作的改良。良好稳定的监狱秩序是监禁刑各项功能，包括惩罚功能得以落实的前提。从访谈中，监狱警察认为：有少数罪犯是比较认可监狱制度的，大部分人是被迫服从监管制度的，还有极少部分是抵触和敌对监狱制度的。从内心上非常认可监狱管理制度的那些人在本质上主观恶性不大。这一点从对服刑人员对监狱考核制度的评价也得到印证：在 371 名罪犯，问卷总人数的 51% 认为，监狱管理罪犯的规章制度是公平合理的，有 151 名罪犯在承认其合理性的同时，认为有进一步完善的必要，有 199 名罪犯，占问卷总数 28%，认为显失公平。

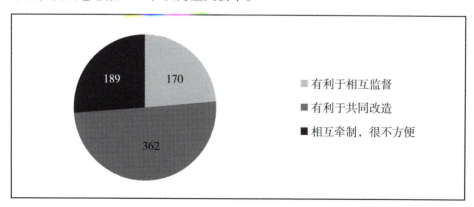

图 3－5　你对三人互助小组的看法是什么

（二）监狱秩序的特性

监狱无时无刻不面临着秩序问题。这是因为作为一种社会存在形态，监狱是一个主要由监狱管理者和罪犯两大主体组成的矛盾群体，它是由一些个体能力、地位、情感、意愿、价值观等诸方面都存在差异的人们构成，充满着矛盾、冲突、竞争和斗争。而且这样的群体内的矛盾与冲突相较于社会一般群体更为集中、更为典型。

监狱秩序具有等级性和多元性。监狱的秩序是等级秩序。以我国监狱机构设置的情况看，国家司法部内设监狱总局，省一级设省监狱管理局，地方再设省监狱管理局某某监狱；从具体的监狱来看，内部再设监狱机关和监区，形成等级管理秩序。监狱内独立的个体与监狱组织之间的互动所构成的关系则是多元秩序，监狱内的主体总体分为监狱警察和服刑人员。监狱警察又由监狱长、政委、科长、科员组成，此外监狱内还有少部分非监狱警察的工勤人员。就监狱整体秩序来说，它是一个由统治、服从命令或服从关系耦合起来的等级秩序。

监狱警察的上下级之间、警察与囚犯之间都存在非常明显的等级差异，监狱分级管理更是把等级差异制度化。这样的差异使监狱秩序打上了明显的等级秩序烙印。但这并不说明多元性在监狱秩序中的缺位。就囚犯来说，人人都存在由独立的人格、情感、愿望、经历等因素构成的个性身份，这种个性身份从不同角度作用于监狱秩序，表征着监狱秩序的多元性。监狱个别化矫正制度正是针对这样的多元性而设计的。因此，在监狱秩序机制中，多元性与等级性都是存在的，多元性侧重在横向的、每个等级本身建构秩序，等级性侧重从纵向的、在整体上建构监狱秩序，换句话说，监狱秩序是"横向分化的多元秩序"和"纵向分层的等级秩序"的有机统一。

监狱秩序是动态多变的。这是监狱秩序的一个基本特征，它是由监狱秩序为典型的人造秩序这个属性所决定的。监狱秩序的动态多变性表现为随着构建监狱秩序的规则、制度和参与主体在不同的环境和时段下所呈现的复杂性。近几年，随着我国监狱器物条件的改善，制度层面的更进，以及管理水平的提升，监狱秩序的稳定度得到了明显的加强，为进一步开展对罪犯的改造与矫正奠定了基础，特别是对监狱秩序的可控性和预测能力有了较大的提高，对监狱秩序以及由此反映的监狱安全问题的认识也更为科学。

从监狱秩序的基本特征可以看出，"监狱秩序的事实状态是指组成监狱各基本要素之间在相互作用、相互联系的过程中所表现出来的稳定性、一致性与和谐性。它是对监狱客观现实的一种描述，也是对现有监狱秩序是什么的一种规定，而且集中表现为对参与监狱行刑关系的主体之间状态的一种描述，反映组成监狱各行刑主体之间行动预期与规则确立的意图之间的吻合。监狱秩序的价值含义是指秩序对主体的有助益性即有用性，以秩序对主体的满足与需要为评价标准。从组成秩序主体的角度而言，它凸显的是秩序的合理性，是一种应然的趋求"。

（三）权力和权利是监狱秩序的内容

秩序是监狱惩罚的内在要求，它必然要求国家在设计惩罚制度时对权力进行合理划分。法律秩序"最有效的划分是将其分为权利秩序和权力秩序"。国家为对罪犯进行惩罚赋予监狱行刑权力，同时也赋予了罪犯一定的权利。行刑权力体现为对罪犯权利的依法剥夺，罪犯权利同时也是对国家权力的约束，对监狱惩罚功能形成限制。也就是国家公权力通过监狱警察得以实施，国家为了防止刑罚权被滥用，对监狱警察的执法权进行了约束和规范。监狱的执法规范对监狱警察形成责任追究，监狱警察在执法时要考虑罪犯的个人权益，还要考虑规范对自己的约束。

监狱行刑权源于国家，是监狱对罪犯实施监禁，进行改造的依据。监狱秩序源于监狱的行刑权力，监狱的行刑权力的范畴和内涵决定了监狱秩序的存在的样态。在人类社会最初出现的监狱，其秩序体现为以权力为主要内容，忽略罪犯的权利；随着监禁刑的出现，罪犯权利开始受到重视，然而由于受报应主义的影响，国家行刑权力占较大比重，罪犯权利受到限制；进入现代社会，受到复归理念和矫正思想的影响，罪犯权利在行刑中得到应有的尊重。

作为人类社会"彻底而严厉的制度",监狱对权力专制的偏爱和对公正与自由价值的追求,看似悖论,却又是其秩序得以形成的不可或缺的因素。现代监狱基于惩罚与规训的制度设定,"它对犯人施展一种几乎绝对的权力。它具有压迫和惩罚的内在机制,实行一种专制纪律","对每个人的所有方面——身体训练、劳动能力、日常行为、道德态度、精神状况——负起全面责任"。监狱的权力能量显然已超越了传统专制权力的能量,其内涵已从单纯的强制扩展至纪律、教育、训练、矫正、惩戒等更多场域,成为一种既是干预、训练和监视肉体的技术,又是制造知识手段的特殊的高度技术化的权力。监狱渗入囚犯精神与肉体的微观权力技术,通过激励与惩罚这两个平台,形成囚犯摆脱监禁、走向自由的目标预期,并使这个自由预期成为囚犯前进的航标灯。

在行刑权力的规制下,监狱警察与罪犯共同作用,成为监狱秩序的主体,并通过对其权利与义务的划分,来保障监狱秩序的稳定。从现在我国监狱秩序的特点看,主要表现为:从监狱秩序的事实状态看,主要体现为单向性的命令服从的模式。现在监狱秩序的构建,仍是一种较为传统的监狱秩序,其秩序的维护,以监狱单方面的行政权力为主要施动力。现代社会是一个互动的社会,在社会秩序的构建中更强调被管理者的权利的维护,更强调管理中的人本的关怀。以人为本,是当代管理的一个基本的理念,而在监狱秩序的构建中,尽管这些年已得到很大的改进,但监狱管理的模式却创新不大。在强调监狱秩序稳定性的前提下,对狱政管理的革新的步伐较慢,对监狱秩序的稳定,主要采用马克斯·韦伯所说的"科层制"管理和福柯的层级监控,通过对罪犯实施分层次的组织控制和全方位、全时段的行为监控,达到秩序稳定的预期目的。这种以命令服从为主的监狱秩序维护模式,不仅突出了监狱的行刑权力,如果没有良好的规则来制约,会造成监狱权力的过度膨胀,而且,这一模式是在相对封闭的狱内环境下,自我运作与循环,对其难以形成有力的监督约束机制。就其本身的运作情况而言,这种单向性会导致其反馈乏力,对监狱秩序的管理运行机制的修正、完善缺少有效的信息,动力也不足，对其改革创新的难度加大。我国目前正在努力控制，而曾出现的监狱行刑权变异的问题也是在这样的秩序状态下滋生的。

从目前我国司法部考核地方监狱的硬性指标看，监狱安全是一项不可动摇的指标。因此，在监狱实际工作中，对监狱秩序的理解更多地停留在浅表的层面上，主要以狱内的三个秩序来衡量监狱秩序是否稳定，对监狱秩序的评价，主要以其结果性的表现——监狱安全为核心，这势必导致对监狱秩序的动态过程的研究和观察减弱。从现有的司法实践分析，监狱秩序以安全的需要为限度，无论是监狱秩序构建的规则、制度，还是对罪犯行为的管理约束，都以监狱的安全为标准进行运作。服刑场所的安全是开展监狱工作的前提；对监狱的安全管理是监狱管理工作的重心之一；防止狱内意外事件和违法犯罪事件的发生是狱政管理的重要日常任务之一。然而，在监狱行刑权实行的实体与程序规则尚不健全的情况下，以安全为主导的监狱秩序的构建，必定导致国家行刑的责任意识缺乏，监狱秩序维护的导向性不明，而过度追求监狱秩序的稳定性和和谐性，容易对罪犯的基本权益造成侵害，反而不利于罪犯的改造。罪犯作为监狱秩序的主体，由于其积极改造的内在需求，如何保护和利用罪犯的内在动力，成为监狱秩序稳定与和谐的本质要求。况且，在安全的绝对要求下，监狱管理不得不投入过多的精力，动用更大的行刑资源，造成监狱行刑资源的浪费，有损于监狱目标的实施。

改造罪犯，帮助罪犯加强再社会化的能力，这是一个需要持续时间投入的工作，是一个润物细无声、潜移默化的过程。在这个进程中，监狱秩序与罪犯的生存质量、与罪犯改造的绩效密切相关。建构良好的监狱秩序，既要考虑监狱安全问题，也要考虑为罪犯回归社会而提升再社会化的能力。为此，应从行刑权力和罪犯权利的良性互动来理解和构建监狱秩序。

行刑权作为刑罚权的一项基本的权能，表明国家打击和惩罚的目的最能体现刑罚的效能，也就是说，监狱改造罪犯质量的高低直接决定刑罚的效能。因此，行刑权就像一把双刃剑，用之得当，国家与公众两者得益；用之失当，两受其害。随着社会的发展和人类文明的进步，在刑罚权中更加关注行刑权，更加重视对罪犯的矫正与改造，耐人寻味的是，行刑的崛起并非行刑自身的必然结果，反而更多地发源于刑罚在变迁中追求自身的价值目标和客观现实的选择，使刑罚在现代更注重其价值的实现。行刑权作为刑罚权的一项基本的权能，表明国家打击和惩罚的目的，最能体现刑罚的效能。

监狱行刑涉及对罪犯的监禁、权利的剥夺和一系列强制性措施的执行，因此，针对罪犯这一弱势群体，各国对有关监狱行刑都作了详细的法律规定，以防止罪犯应有的权益受到侵害，而我国刑事法律对有关监狱行刑的内容却规定很少，作为国家刑事法律体系中的基本大法，刑法和刑事诉讼法对监狱行刑的规定就更为简洁，没有对监狱作为国家刑罚执行机关的基本问题作出规定，导致监狱行刑的一些内容没有法律的明确性规定，政策指导行刑，成为工作的动力。监狱法，作为调整监狱行刑的主体性法律，也因为立法的匆促，规定的内容仍然十分原则，条文少，对行刑过程中的许多重要的问题有的仅有原则性的规定，有的甚至没有规定。这势必造成监狱行刑的有关方面处于无法可依的状态，不得不依赖于政策的调整。在舆论日益强调罪犯权力的背景下，政策经常从罪犯生活待遇等角度制定标准。由于我国地区差异大，罪犯的某些生活标准有时高于当地人民的生活水平，出现了罪犯在狱中的某些待遇高于警察。此外，由于对罪犯执行刑罚的规范性较差，法律法规规定空白，执法出现随意性较大的情况。

在监狱中，监狱警察和服刑罪犯就是主体。监狱秩序的实现，需要监狱警察与罪犯的共同作用，是在特定条件下、在警察引导下的双方的互动。如何发挥罪犯的积极作用，主动参与到监狱秩序的建构中来，使监狱秩序的规则、制度内化为罪犯认同的习惯和行为准则，是实现监狱稳定的基础性要求。在监狱中服刑的罪犯大部分都具有严重的主观恶性和人身危险性，具有较强的反社会性，对他们的改造和社会化绝非易事，从云南省丽江监狱改造和矫正罪犯的情况看，这是一个长期的过程，开始更多地体现为强制性和强迫性的措施，随着罪犯思想和认识的转变，逐步采用引导和鼓励的措施。这符合罪犯在监狱再社会化的规律。罪犯在犯罪前和犯罪时，其反社会性已然具备。这是个体社会化过程中逐渐形成的，具有顽固性，难以在短时间内消退。社会化的教育在一开始的时候会遭到对抗，在他们其中一部分未得到彻底改造之前，随时有反复的可能性。人们会把监狱比作大染缸，虽不准确，但也有其合理之处。监狱是罪犯聚集的地方，各个罪犯的反社会性和主观恶性会不同程度地有所传播。罪犯在接受行刑主体对他们进行政治思想、文化、技术教育等同时，也会受到监狱亚文化的影响。无论监管再严格的监狱，在罪犯间亚文化的传播都会不同程度地通过传习犯罪技巧、犯罪恶习、低俗道德观念的方式进行。这些将直接威胁狱内秩序的稳定，轻则可能会加大改造和矫治的难度，重则可能导致狱内违法犯罪、狱内各种突发事件的发生，而妨碍对罪犯的惩罚、改造的顺利进行。对此，监狱应采取强硬措施，通过严格执法，依照监管法规和制度，堵塞工作漏洞，对违法、犯罪行为严查、严处，保证惩罚和改造工作顺利进行。当然，为了防控危及监狱安全的事件发生，而一味地采取严厉而强硬的措施也是不妥当的。

为更好地改造罪犯，使刑释人员再社会化能力逐渐提高，监狱除了确保安全以外，还需要改善行刑环境。行刑环境的改善意味着监狱环境尽量缩小与社会环境的差距。从某种意义上，监狱安全与改善行刑环境之间有一定的矛盾。过于坚持前者，后者的情况就会恶化；反之，过于追求后者，前者就会受到威胁。从目前我国监狱的实际情况看，监狱安全的重要性是不言而喻的，但同时也在探索为罪犯在社会化而改善行刑环境的问题。由于监狱安全指标是一个硬性指标，改善行刑环境是个弹性指标，因此以前者指标占绝对优势，两者发生冲突时，也以前者指标优先的思路解决问题。然而不可忽视的是，服刑改造环境是监狱对罪犯在服刑改造期间所进行各项活动的进行、发展和变化的环境。服刑改造环境直接决定监狱行刑效果，为监狱顺利实施监狱改造罪犯成为守法公民奠定基础。改变罪犯主观恶习，矫正犯罪习惯只能通过改变环境，除去导致他们犯罪的条件，促使其逐步形成新的思维定式和习惯，从而改变其主观恶习和犯罪习惯。各种改造措施必须在适宜的环境中，才会发挥出应有的效能。因此，在监狱秩序的问题上应改变安全第一的态度，探索在监狱安全和监狱环境改善的矛盾中，具有可行性的协调思路。

三、对监狱惩罚效果的反思

有监狱对罪犯的惩罚，就有罪犯对这种惩罚的抵抗。它的表现形式多样，有隐形的，有明显的；有直接的，有间接的；有暴力的，有软暴力的。虽然现代监狱的运行有别于福柯的纪律、层级监视和规范化裁决手段，但是从权力角度来看，规训权力遭受到抵抗，阻止了监狱惩罚功能的实现。

惩罚被认为是监狱最基本的属性，甚至可以说是第一属性。人们对监狱的惩罚曾经寄予很高的期待，并认为通过惩罚能威慑罪犯，使其认识到自己的错误，牢记教训，不致再犯，同时能产生一般预防的作用等。累犯和再犯的出现，是对监狱惩罚功能理想的质疑。惩罚的规训纪律的作用只存在于一定的区间和时间，它在执行中受到罪犯群体和监狱部门利益的影响，如此等等之原因影响了监狱惩罚效果。

（一）剥夺或限制再犯能力的边界

剥夺或限制再犯能力是监禁刑带来的必然结果，运用监禁刑的前提是把罪犯与社会隔离，这种惩罚对罪犯的再犯罪能力进行了剥夺或限制。在实务中，剥夺或限制再犯能力有两个困境：一个是剥夺或限制再犯能力并不能杜绝罪犯的再犯罪，监禁惩罚的副作用也可能是引发再犯的原因，狱内犯罪是最好的证明；另一个是从动态的过程来看，监狱惩罚中的剥夺或限制再犯能力是阶段性的，或者说是暂时的，它的物理界线在监狱内，时间界线在刑满之日。监禁惩罚带来的痛苦并不足以阻止犯罪。

1. 监禁惩罚的副作用

刑罚制度设计的目的是通过监禁使罪犯受到惩罚，却在惩罚的同时产生了难以厘清的副作用。监禁惩罚一方面把罪犯与社会隔离，另一方面又把触犯刑律的人集中关押在一起。监狱给罪犯贴上标签的同时，又把他们关在一起，使其自觉或者被动的监狱化。布莱恩·雷诺在《福柯十讲》中论述这种副作用，监禁不仅使社会中的人对罪犯产生了标签化的定位，而且使罪犯们相信他们就是那种被认定为懒惰、不劳而获、道德沦丧的人。[①] 罪犯们被关押在一起，他们就有了相互交流的时间和空间。交流的内容自然也就包括各自犯罪的相关情况，犯罪手段等信息的交流无形中就产生了传递犯罪方法的效果。换句话说，他们在监狱里不仅学习行刑机关教授的文化、思想、劳动技能的知识，同时也在学习监狱亚文化。监狱文化的学习符合行刑机关的要求，并能获得理想的考核分数；亚文化的学习能得到其他罪犯的认可，很快适应和融入罪犯群体。学习成为有能力、有效率的罪犯。由于监狱把他们当作罪犯对待，这种情况更是变本加厉。美国芝加哥大学摩里斯（Norval Morris）教授的论述揭示了这一问题的实质及其原因："自由刑无疑是由人类集团之驱逐，将犯罪人驱逐于条件更坏的生存环境，让他们反思、接受矫正，刑期满后，他们却须由此地重新回到社会上来，并被期望适应社会，故得谓为奇妙而无益的驱逐，受刑人在被驱逐之地，不但不可能过上有意义的生活，而且被切断文化的联系，损害其心理及社会性，使其社会复归更困难化。"[②] 在访谈中，罪犯都不同程度地表达了出狱以后的担忧，有的担心出狱后亲友对其的接纳问题，有的担心出狱后的生计问题。

2. 监禁惩罚的威慑作用有限

监禁刑的威慑功能是指受刑人因受到失去人身自由的惩罚而在心灵上所感受到的痛苦，并由这些痛苦感对受刑人产生威慑作用。威慑功能的作用就是使受刑人产生犯意时，能够及时阻却意念，想危害社会而不敢危害社会。监禁刑的威慑功能是以剥夺罪犯的人身自由这一惩罚为前提，否则就不可能产生作用，也就是说，监禁惩罚的理论设计有通过惩罚的威慑使人对犯罪望而却步的初衷。

---

① 钱文霞：《〈苹果酒屋的规则〉中权力与反抗的关系及其意蕴初探》，西北师范大学 2009 年硕士学位论文。
② 崔会如："社区矫正的安全价值及其实现"，载《河北法学》2011 年第 10 期，第 116 页。

从发展的角度看，现代监狱惩罚所具有的正义、人道、秩序要素限制了现代监狱惩罚的威慑性。监狱警察在刑罚执行过程中将被不断要求严格遵守对罪犯人权的保护，这是社会发展的进步和文明的表现，同时也是惩罚轻缓化的表现。虽然犯罪坐牢是天经地义的，是社会的共识，但随着罪犯权利不断增强，监禁惩罚感也将日益减弱，这也是刑罚发展的趋势。

从我国罪犯目前行刑的情况看，绝大部分罪犯的痛苦感还是普遍存在的。通常认为入监初期，服刑人员被迫适应自由被剥夺的生活，他们对自由被剥夺的体会较为深刻，因此问卷中对监狱警察提出的问题"据您的观察，入监初期，大多数罪犯通常表现出来的状态是什么"的回答，有129名警察认为罪犯因思念家人而痛苦，114名警察认为罪犯因无法适应环境而痛苦，有68名警察认为罪犯因无助而痛苦。对此问题，监狱警察在接受访谈的时候谈到，大多数罪犯对于剥夺自由的痛苦是在入狱后半年左右才开始明显，毕竟罪犯从看守所到监狱，生活条件有了改善。当然，也存在一些文化水平较低，从小生活在偏远农村的罪犯，他们对失去自由的痛苦体现较弱。监狱也曾出现过个别罪犯，出狱后，故意通过犯罪手段再次争取入监。其原因一方面在于可能难以适应外面的社会环境，另一方面是监狱的生活条件优于其家乡的条件。

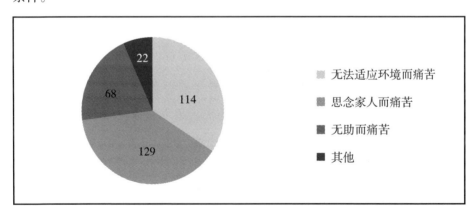

图 3-6　监狱警察认为的入监初期大多数罪犯的表现状态

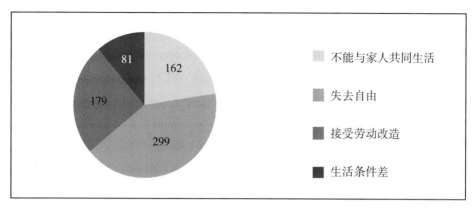

图 3 - 7　服刑人员认为的在监狱服刑最为痛苦的事情

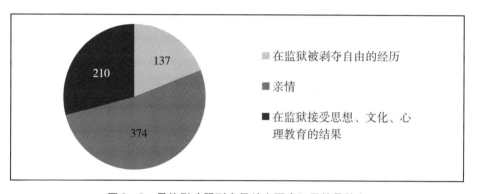

图 3 - 8　最能影响服刑人员放弃再次犯罪的是什么

　　对于类似的问题，对服刑人员的设问是：你认为在监狱服刑最为痛苦的是？对此回答的情况：299 名罪犯认为是失去自由，179 名罪犯的感受是接受劳动改造，162 名罪犯的感受是不能与家人共同生活，81 名罪犯的感受是生活条件差。

　　虽然，罪犯有不同的对监禁刑惩罚的痛苦感受，但是由于犯罪的产生有不同的原因，惩罚威慑与放弃犯罪之间没有必然的联系。"在对各种不法行为的压制中，痛苦远非我们所认为的那样有意义。这不是刑罚与惩罚的本质。"罪犯放弃犯罪有时考虑的并不是自己会受到怎样的惩罚，而是担心自己的行为会使家庭受到拖累。利益诱惑和个人生计，使监禁惩罚在罪犯的眼里只不过是在犯罪被捕之后找到的另一种生活方式。罪犯对于"最能影响服刑人员放弃再次犯罪的是什么"的问题，罪犯的回答情况是：374 名罪犯认为是亲情，137 名罪犯认为是在监狱被剥夺自由的经历，210 名罪犯认为是在监狱接受思想、文化、心理教育的结果。

3. 惩罚没有触及犯罪的根源

法律调整人与人之间的行为，修复被破坏的社会关系，这种修复有直接的修复和替代的修复。例如，在民事行为中，甲欠乙钱不还，乙起诉至法院。法院判决甲还乙钱，乙按判决履行义务。这一判决的执行使被破坏的借贷关系得到了完全修复。这是一种典型的直接的修复措施。在刑事关系中，甲把乙打成重伤，其结果必是法院以判决方式追究乙的刑事责任，对其定罪量刑。在现代社会，同态复仇已经被集体惩罚机制代替，甲把乙打成重伤的修复措施，并不是反过来乙把甲打成重伤，而是甲入狱服刑。刑罚中的监禁是对被破坏的社会关系的替代性修复措施。监禁刑中，惩罚起源于替代性修复措施。除了死刑立即执行和监外执行，国家对入狱服刑的罪犯施以剥夺或限制人身自由的惩罚，惩罚功能有限性的根源也产生于替代性修复措施。公众希望罪犯都能被绳之以法，并且相信惩罚能使他们得到矫正，使之遵纪守法，这是一种善良的愿望。该愿望的实现不仅需要监禁刑的矫正效能的发挥，更需要社会和自然环境的良性发展。

菲利认为，只要自然环境和社会环境不促使其向犯罪方向发展，即使没有刑法典，他也不会去犯罪。惩罚是对罪犯行为的事后追责。在犯罪行为发生之前，刑罚不可能施加于他，所以不可能对其产生作用。包括监禁刑在内的刑罚是一种针对犯罪结果而采取的事后惩罚措施，没有从根本上触及犯罪的原因和根源。刑事审判是根据法律规定审查犯罪行为是否符合犯罪构成，犯罪情节的轻重程度等对罪犯定罪量刑；监禁惩罚关注对罪责的执行。这两者都是犯罪的事后行为，这种事后行为无法从根本上溯及前因。刑法典的作用，仅在于把那些不重视它的人与社会暂时隔离。这种惩罚可以在短期内防止罪犯再犯新罪。而从长远来看，这种隔离难以阻止犯罪，特别是在罪犯恢复自由之后。

（二）规训纪律的有限性

1. 规训纪律本身的限度

纪律作为调整行为的一种途径，它的总体能量限定在一定的区间，它不会过低于平均水平，也不会过高于平均水平。这是由纪律的基因结构决定的。惩罚纪律对罪犯行为的调节、约束也只在一定的范围内起作用。一个被判有期徒刑的罪犯，服刑期满后，监狱内的规训纪律对其不产生效力；一个在监狱严重违反纪律的罪犯，受到了禁闭的惩处。在约束行为与惩处行为中，纪律发挥了作用。禁闭之后，罪犯或者接受更为严厉的加刑惩罚，或者被解除禁闭，回归正常的服刑状态。这时的纪律只在禁闭这一区间内发挥作用，罪犯被加刑或者解除禁闭之后对纪律的惩处的不认可，对自己行为的不悔改，已经超出了纪律的区间范围。涂尔干举了声音的例子来论述惩罚的限度，"声音如果超出了一定的范围，人们也听不到"。因此，我们总结出惩罚是有时间和空间限度的；惩罚所产生的影响不会随着惩罚强度的增加而无限增强，而是相应地减弱。超出限度的刺激并不会对意识造成影响，仿佛不曾存在过似的。

2. 规训纪律的空间条件与作用

纪律需要封闭的空间，一个特定的场所，这是纪律发生作用的前提条件。任何纪律在空间上都有一定的要求。一个国家的刑法，它的空间效力只达及主权国家的范围；一个学校的纪律，空间效力限于这个学校范围。监狱规训纪律，空间效力限于监狱范围。监狱的空间可以分为监狱整体、监区、监组、监舍、特定功能区不同的条块。在不同的空间，发生作用的纪律条款不同。"纪律需要封闭的空间，规定出一个与众不同的、自我封闭的场所"。①

3. 规训纪律与秩序

在"国家—监狱警察—罪犯"三个层次中，规训纪律以国家强制力为后盾，并且上升为不可侵犯的象征性。监狱警察是要维护规训纪律的威严，但对规训纪律的实施具有一定的自由裁量权。公然违反规训纪律是极端的情形，表明了罪犯与国家和监狱警察的对立态度。一般情况下，罪犯在表面上并不会公然违反规训纪律，而是与国家和监狱警察保持一致，但喜欢规避和钻营规训纪律。在秩序井然的表面现象下，罪犯敌视纪律的意识在滋生、蔓延，

---

① 景天魁："时空社会学：一门前景无限的新兴学科"，载《人文杂志》2013 年第 7 期，第 8 页。

因为这种纪律不仅对他没有吸引力，而且给他带来了许多约束。规训纪律使罪犯的行为变得整齐划一、监狱秩序变得有条不紊，方便了监狱对罪犯的监视和管理，但是规训纪律在造就狱内秩序的同时，容易掩盖实质。

4. 规训纪律与道德培养

规训纪律与其他纪律一样，试图通过奖励和惩罚两个基本手段，培养罪犯的品性。如果我们把改造罪犯的内容分为德育和智育两个部分，那么德育属于道德范畴，智育属于智力范畴。人们期待监狱能改造罪犯，这种期待是希望罪犯的品性得到改变，而且认为规训纪律有这种功效。这是对规训纪律作用的误解和误用。涂尔干在《道德教育》一书中以学校纪律为例，阐明了纪律的功效：学校把奖励给了在智力方面突出的学生，他们在学习、技能方面取得了比其他学生更为优异的成绩。而正直、诚实、道德方面出众的学生，如果不具备优异的学习成绩，也就不可能得到奖励。很显然，人们主要把学校里的奖赏当作激励智力的手段来使用，而不是当作激励心灵和性格方面等品性的手段。它们与成功有关，而不是与道德价值有关。

纪律中的奖惩手段的运用偏向于容易量化和出成果的智力范畴，道德范畴受到冷落。监狱规训纪律也不例外，罪犯改造的功利性使这种现象变得更加明显和突出。改造的功利性是指体现规训纪律奖惩手段的分数与减刑、假释挂钩，多得分、少扣分就有早假释、早减刑的可能，服从规训纪律被融入了趋利避害的目的。监狱规训纪律奖惩与改造功利性相结合，使它对德育的偏失更加严重，然而，人们却坚信规训纪律在道德范畴的作用。"用酬报天才的方式来酬报道德功绩，这种做法会让我们感到厌恶。在这里，相反的情况反而不会使我们感到吃惊。在一种内心平静的状态中，在德性带给我们的那种尊敬感与同情心中，以及由此产生的惬意中，人们才能发现对德性的真正奖赏。"① 因此，对监狱的迷信，其中一个原因是对规训纪律中的德育作用和智育作用的不加区分，以为规训纪律带来的监狱的表面秩序能推广到罪犯

① 徐志刚："教师情感促进学生道德学习的机制分析"，载《思想理论教育（下半月行动版）》2013 年第 6 期，第 6 页。

对罪犯道德的培养。纪律不培养真正的品性，而是为了秩序。

监狱规训纪律是监狱警察管理与调整罪犯行为的手段，而在罪犯功利改造的眼里，它是一套可以被很好地综合利用的规则。这种认识本身已经产生了危害。监狱规训纪律是一种无奈做法与选择。

四、结　语

在当今重视监狱教育矫治，强调重视罪犯人权保障的形势下，有人认为应该淡化惩罚罪犯的职能，否则会不利于保障罪犯人权，会引起罪犯的抵触，甚至会激化矛盾，也有损监狱的文明形象。笔者认为，这种看法不尽妥当。从大的方面来说，刑罚如果没有对罪犯的惩罚，就失去其存在的意义，不称其为刑罚。就监禁刑而言，如果没有对罪犯的惩罚，监狱的一切工作包括罪犯的人权保障都会失去前提和支撑，社会对于人权的保障也就无从谈起，毕竟对人权的侵犯社会已不再对其惩罚。至于惩罚罪犯是否会引发罪犯抵触甚至激化矛盾，关键是看惩罚罪犯是否公正，如果是公正的，罪犯应当接受惩罚，而如果不公正，甚至违法乱纪，就有可能会引发罪犯不满，乃至激化矛盾。我们反对的是为惩罚而惩罚，如果严格依法办事，不仅不会损害监狱的文明形象，反倒会强化监狱的文明形象，更能彰显正义，使罪犯和其亲属以及社会公众都能切实感受到监狱执法如山的正能量。

监狱实践检验了制度设计的理想，监狱的现实成效与制度理想存在偏差。偏差是监狱现实成效不能满足制度理想的表现，它潜藏在监狱运行之中，主要表现有：监禁带来了罪犯的监狱化；惩罚并不是杜绝累犯的妙药；规训纪律的效力时效性有限；监狱组织管理受官僚制的影响以及罪犯群体权利对监狱功能的约束等。这种偏差伴随监狱制度的运行而产生。这就好比抗生素，它原本对人体没有抵抗性，只有在临床中的运用，它才会在治病的同时对人体产生抵抗。尽管如此，监禁实践与监禁制度理想之间的偏差不足以成为在刑罚种类中取缔监禁性的理由。

惩罚是刑罚的基本功能，其意义在于通过惩治犯罪表达人们对犯罪行为的报应理念，体现社会正义价值，以此实现维护社会秩序之目的。美国著名法学家约翰·罗尔斯指出："某些法律制度，不管它们如何有效率和有条理，只要它们不正义，就必须加以改造或废除。"① 从某种意义上说，对刑罚惩罚犯罪功能的强调也就是对法律威信的强调，因为惩罚意味着法定刑罚的实现。美国学者安德鲁·冯·赫希指出："刑罚不只是一种预防犯罪的方法，而且还是一种对行为人罪行的对应反应……当运用预防说明刑罚的社会作用时，就需要用惩罚去解释为什么造成罪犯痛苦的功利主义是正义的。"②

刑罚是对犯罪的理性报应。在刑事司法活动中，刑罚惩罚功能的实现做到了社会和国家对犯罪人实施犯罪行为的回应，明确表明了态度。这不仅满足了公众的公平心理需求，也在一定程度上使犯罪人认罪服法。刑罚实现惩罚功能的过程不仅需要做到有罪必罚，还需要做到罪刑相适应。重罪轻罚、轻罪重罚都不足以使犯罪人从思想上真正认罪服法，去恶从善，更不足以体现正义价值。同时，刑罚的适用也应与社会文明的进程同步。随着社会的发展、民主的推进，严刑苛罚是不可能制止和控制犯罪的，而且还会失去民众的支持。因此，以正义价值指引的刑罚惩罚功能是国家确立、适用与执行刑罚所直接追求的一种客观效果和根本基础。没有科学性的刑罚是盲目的，而失去人性的刑罚是空虚的。我们在理性审视刑罚功能时应关注刑罚的内在精神与终极价值，使对刑罚价值的思考成为对人之本源的思考。

第二节　监禁刑教育矫正功能之观察与省思

刑罚的矫正功能是刑罚发展到近代才提出的概念，表明人类对于刑罚现象认识的又一次提高。监禁刑的产生使刑罚矫正功能的实现成为可能。实现矫正功能有多种途径，教育、心理、劳动等为主要的途径。教育矫正为采用

---

① 约翰·罗尔斯：《正义论》，何怀宏等译，中国社会科学出版社 2001 年版，第 77 页。
② 韩轶："论法益保护与罪刑均衡"，载《刑法论丛》2016 年第 1 期，第 176 页。

时间较早、采用范围极为广泛的途径。监禁刑的教育矫正又称为教化，顾名思义，即教育和感化，是通过依据教育原理和情感交流形式矫正罪犯以达到社会所需要达到的状态。在我国民国以后，行刑中教育矫正的理念受到重视并付诸实施。当时对教育矫正的定位是：监狱行刑目的之实现，必须依靠教化的力量，施予教育，健其体格，养其不足，展其所能，再灌输知识，授予技能，使监犯中无知识者成为有知识者，曾受教育者使其水准更上一层。如能凭借所学知识与技能，回归乃至服务社会，既可期收"刑期无刑"之效，且有益于国家昌盛。监狱改革与现代行刑的发展，使教育矫正在监狱矫正中愈发具有了重要地位，并曾经以一种行刑模式的方式活跃在监狱历史的舞台上。从监禁刑发展的历史看来，教育矫正在不同的发展阶段，其受重视的程度不同，但随着行刑目的更多地关注罪犯复归社会，教育矫正地位越来越受到强化。

一、对监禁刑教育矫正功能的理论分析

对服刑罪犯的教育矫正是在监禁刑行刑之语境下进行的。罪犯教育矫正是依法执行监禁刑下的特别教育活动。它是由监禁刑派生的，是执行监禁刑的重要组成部分，它随着监禁刑的判决而开始，并将随着监禁刑的解除而告终，贯串于监禁刑执行的全过程。因此，需要在监禁刑功能的范围内，分析罪犯教育的功能。从教育的角度看，罪犯教育矫正属于教育的范畴。罪犯教育无论多么特殊，它归根结底仍然是一种教育，隶属于教育的范畴，所以对罪犯教育矫正功能的分析，也必须置于教育功能视野的具体功能才能成为罪犯教育的功能。如果某项功能根本不是监禁刑的功能或者教育的功能，那么就更不可能是罪犯教育的功能，所以只有在刑罚功能内部或教育功能内部，各功能进行选择和分析，才可以得出罪犯教育到底具有什么功能的结论。

（一）监禁刑功能下的罪犯教育矫正功能

罪犯教育矫正是具体执行监禁刑的内容之一，是一种强制性的教育。作为刑罚，监禁刑是通过对罪犯剥夺人身自由而对其进行惩罚的。惩罚是刑罚

最为基本的属性和功能。但是，我们也需明确，刑罚并非为了惩罚而惩罚。刑罚的最终目的是罪犯刑满后能够顺利回归社会，而不再犯罪。为此，作为主要刑罚的监禁刑，还应该具备矫正功能。教育矫正是行刑矫正最为基本的矫正措施，也是监禁刑行刑的基本功能。教育即教化培育，以现有的经验、学识推敲于人，为其解释各种现象、问题或行为，其根本是以人的一种相对成熟或理性的思维来认知对待，让事物得以接近其最根本的存在，人在其中，慢慢地对一种事物由感官触摸而到以认知理解的状态，并形成一种相对完善或理性的自我意识思维。人有着自我意识上的思维，又有着其自我的感官维度，所以，任何教育性的意识思维都未必能够绝对正确，而应该感性式的理解其思维的方向，只要他不偏差事物的内在；教育又是一种思维的传授，而人因为其自身的意识形态，又有着另样的思维走势，所以，教育当以最客观、最公正的意识思维教化于人，如此，人的思维才不至于过于偏差，并因思维的丰富而逐渐成熟、理性，并由此走向最理性的自我和拥有最正确的思维认知，或许，这就是教育的根本所在。教育是一种教授育人的过程，可将一种最客观的理解教予他人，而后在自己的生活经验中得以自己所认为的价值观。教育，是一种提高人的综合素质的实践活动。

监禁刑的教育矫正功能是指，在行刑中，监狱对于犯罪人通过思想、文化、劳动技能的教育，促使其转变为守法公民。教育是培养人、造就人的活动。教育因教育对象、教育方式、教育内容不同而体现出不同的特色。监禁刑行刑中对罪犯的教育也呈现出其自有的特色。由于罪犯教育面临着帮助罪犯顺利回归社会的特别前提，在监狱的特定环境下，对罪犯这一特殊主体实施教育，因此这一特殊的教育在培养目标、教育侧重点、教育途径等方面都会体现出与社会一般教育不同的特征。社会一般教育，以从小学至大学教育为例，是对受教育者直接给予品德培养和知识传授，为社会造就和输送所需要的人才。罪犯教育的目的却与之不同。它首先是以改造人为目的，然后才是造就人，并把造就人与改造人紧密结合起来，为社会造就和输送合格的人才，也就是再社会化成功后能够适应社会，并不再犯罪的刑释人员。简而言之，罪犯教育是一种以矫正、改造人为主要标志的再教育，具有改造的功能。罪犯教育对犯罪人的这种改造功能主要表现在以下几个方面：转化世界观，铲除犯罪根源；教导社会规范，矫正恶劣习惯；提高文化素质，改善智力结构；培养生产技能，造就有用人才。

（二）教育功能下的罪犯教育功能

前述已提到，教育因方式、对象、内容、对象不同，其发挥的功能也有所不同。以教育作用的对象为分析维度，为便于对罪犯教育功能的考察，我们可将教育功能区分为教育的个体功能和社会功能，并进行具体分析。

1. 教育个体功能下的罪犯教育个体功能

教育的个体功能是围绕着人之需求而开展的教育。根据马斯洛关于人的需求的理论，人的需求分成生理需求、安全需求、爱和归属感、尊重和自我实现五类，依次由较低层次到较高层次排列。假如一个人同时缺乏食物、安全、爱和尊重，通常对食物的需求量是最强烈的，其他需要则显得不那么重要。此时人的意识几乎全被饥饿所占据，所有能量都被用来获取食物。在这种极端情况下，人生的全部意义就是吃，其他什么都不重要。只有当人从生理需要的控制下解放出来时，才可能出现更高级的、社会化程度更高的需要，如安全的需要。教育对人的发展的功能，也就是对个体身心发展所产生作用和影响的能力，具体包括使人由自然人成为社会的人，即人的社会化，使人掌握在社会生存的最基本的能力；使人的素养和能力进一步提高，成为他自己，使自我的人格和才能得到充分的施展，即人的个性化；通过教育使个人价值得到充分发挥，从而享受、获得幸福。作为教育的一种，罪犯教育对罪犯同样具有个体功能。具体表现在以下几个方面。

（1）罪犯教育具有个体再社会化功能。罪犯教育，实际上是一种再社会化教育活动，也就是在受教育者已经经历一定时间的社会教育而告失败后，监狱按照社会的意志和要求，对他们重新进行塑造的活动，可称为再教育或再社会化。罪犯教育具体表现为：通过有计划、有意识地按照一定社会的要求帮助罪犯个体形成新的社会所需要或提倡的观念，抵制社会所批评或反对的观念，从而实现罪犯个体观念再社会化；按照社会的要求，进行文化、生活习惯的指导或规范，促使罪犯个体能力的社会化；通过对罪犯个体的职业教育和训练，促进罪犯个体能够在刑释后顺利找到工作以解决谋生问题。

（2）罪犯教育具有个体个性化功能。不同的犯罪人实施犯罪有不同的原因，不同的犯罪人具备不同的特性，对他们的教育应具有针对性。罪犯教育对罪犯的个体个性化起着重要的作用，这种作用具体通过行刑个别化原则在行刑中的实施而得到体现。各国在监狱行刑过程中都十分注重罪犯个性发展问题。较早为罪犯个性化改造而适用的措施可认为是对罪犯的分类和对监狱的分类，在这基础上进行分类教育。随后美国率先采用了循证矫正措施。虽然循证矫正采用的是多种矫正方式灵活运用的方法，但教育仍然不失为一种极为重要的方式。我国近年来也开始引入这一措施并在实践中取得一定的成效。罪犯教育为罪犯个体个性化提出了要求，提高罪犯基本素质，充分挖掘罪犯个体潜能的功能。

（3）罪犯教育具有个体享用功能。罪犯教育通过文化、思想、劳动技能的教授满足了罪犯的本能需要，为追寻幸福打下基础。具备了一定的文化知识，罪犯的认知和思考能力得到提高，同时，罪犯教育给罪犯个体以体验和感受幸福的能力。我国监狱基本都能做到根据服刑罪犯的情况，开办各种能够体现特长的培训班和兴趣班，例如书法班、绘画班、舞蹈班，以帮助罪犯在各自感兴趣的领域有所发展，陶冶其情操，发展其道德，使其能够不断提高认识自己生命的价值和意义的能力，体验和感受到精神的幸福。

2. 教育社会功能下的罪犯教育社会功能

教育对社会发展具有积极的作用，在社会政治、经济、文化等领域均会产生重要的作用和极大的影响。从理论研究的角度，人们按照社会最重要的领域来划分，将教育的社会功能划分为教育的社会政治功能、社会经济功能和教育的社会文化功能等。与教育具有社会功能一样，罪犯教育也具有社会功能，具体表现在以下几个方面。

（1）罪犯教育具有社会政治功能。在教育政治功能的三种表现中，由于罪犯教育不同于一般教育的特性，即罪犯教育的对象是罪犯，罪犯教育的场所是监狱。因此，很明显，罪犯教育不具有为社会培养政治人才的功能以及有为社会政治制造舆论、营造思想环境的功能。但是，罪犯教育具有促进社会政治民主化的功能。一个国家和社会的政治建设的发展方向之一就是政治民主化，其目的就是要使更多的公民参与到国家的政治事务当中，做到关心政治、提高政治责任感。罪犯教育通过对罪犯进行思想政治教育、科学文化知识教育、民主法制教育等，增强了罪犯的公民意识、政治参与意识、民主意识以及政治责任感，提升了他们参与政治、参与民主事务的能力，使他们能自觉地、有效地参与社会政治生活。

（2）罪犯教育具有社会经济功能。在教育社会经济功能的三种体现里，通过分析我们发现，罪犯教育除了不具备产业的功能外，其他两种功能，在罪犯教育里都有体现。一是罪犯教育具有劳动力再生产的功能。罪犯教育，特别是罪犯科学文化知识教育、职业技术教育以及劳动教育，使罪犯掌握一定的科学知识、生产经验和劳动技能，提高了他们的劳动能力，从而提高了劳动率，促进社会经济的发展；二是罪犯教育具有科学知识再生产的功能。罪犯教育通过传递的手段有计划地实施培训，通过科学知识的宣传与普及，罪犯教育对科学知识进行再生产，使科学知识转化为直接的生产力，从而促进社会经济的发展。

（3）罪犯教育具有社会文化功能。这是因为教育社会文化功能的三个子功能，在罪犯教育都有所体现：首先，罪犯教育具有传递与传播文化的功能。一是通过教育，向罪犯个体传承文化，使罪犯个体对文化进行内化，从而使文化得到发展。二是向社会传播文化，这主要是通过教育改造的罪犯将文化观念带到社会。其次，罪犯教育具有创造、更新文化的功能。罪犯教育通过向罪犯传递文化，接受这种文化的罪犯，在原有文化的基础上又通过自己的实践不断补充、发展、丰富原有的文化，从而进行新的文化的创造。当然，与教育的这一功能相比，罪犯教育在这方面的功能要弱得多。最后，罪犯教育具有普及文化、提高人的文化水平的功能。这表现为：罪犯教育的一个很重要的方面，就是在罪犯中大力开展扫盲、脱盲教育。这是监狱文化教育的一个重点，也是目前成效显著的文化教育工作之一。监狱通过开展罪犯教育，使原来少数罪犯所掌握的知识、技能，被更多的罪犯所掌握；罪犯教育的普及文化的功能还表现在改变罪犯的生活方式等方面。

二、对监禁刑教育矫正功能的实务考察

（一）罪犯教育的提供者

我国的监狱教育主要由监狱自行承担，所以各所监狱差异很大。在我国，对罪犯的教育主要是通过监狱自行承担为主，社会力量协助为辅的方式。我国监狱在省局层面设教育改造处，一般情况下人员配置情况为一名处长、两名副处长，五至六名处室工作人员。其职责是负责全省监狱系统的教育改造工作，年初制订下发年度教育改造工作计划，年底负责全省考核，平时对教育改造工作进行监督和指导。监狱机关层面专门设置教育改造科，科长一名，副科长两名，科员八至十名直接开展对罪犯的教育工作并进行管理，完成省局下达的任务，对监区教育改造工作进行指导和考核；监区一般设分管教育改造的副监区长一名、教育干事一名专门负责开展监区的教育改造工作。

（二）罪犯接受教育的时间

如果直接以监狱警察用于教化的时间作为对罪犯教育的时间则是不科学的做法，我们可从罪犯接受教育的时间来计算。从我国目前的情况看，罪犯接受教育的时间包括四部分：第一部分是"5+1+1"教育改造模式中专门教育的时间，第二部分是灵活利用零星时间接受教育，第三部分是接受个别谈话的时间，第四部分是职业培训教育时间。"5+1+1"教育改造模式也就是从每周7天的时间为一周期，罪犯每周5天的时间用于劳动，1天的时间接受教育，1天的时间休息。这1天的接受教育时间的具体安排，不同的监狱、不同的监区有不同的做法，没有统一的标准。有些监狱由监狱机关教育科组织罪犯学习半天，由监区安排半天。有些监狱对一天的学习时间进行了灵活处理，将一周的学习时间分散到每一天，以达到较为良好的学习效果。

我们在云南省丽江监狱调研时发现，监狱用一天的时间来学习，在具体操作上有些不切实际。大多数罪犯文化程度较低，且均不适应在一天内坐在教室学习。由于监狱纪律严格，大多数罪犯能坚持自始至终遵守教学纪律，但学习效果很差。零星的学习时间，也就是每天在罪犯劳动之余，由监区教员根据需要对罪犯进行思想、法制教育，有时也会组织社会帮教。监狱教育的还有一部分时间就是个别谈话的时间。根据规定，监狱各监区的人民警察对所管理的罪犯，应当每月至少安排 1 次个别谈话教育。除此之外，逢节假日增加 1 次，重点对象再增加 1～2 次。每次谈话时间一般不少于 5 分钟。对罪犯的职业技术教育主要是根据省局的计划，结合本地的实际资源、职业培训机构的特色，选择符合条件的服刑人员参加培训，并组织最后的取证考核。时间因具体的培训内容而有所不同。

（三）对罪犯教育的方式

监狱对罪犯的教育方式是多样化的，总体来说是集体教育和个别教育相结合的方式。集体教育一般由监狱通过闭路电视播放教员授课和讲座，由全监狱罪犯在各监区现场统一收看。播放的内容可能是监狱教员同步授课的内容，也可能是监狱选用相关专家授课的视频。集体教育还包括监区自行组织的授课，一般就在监区教师进行。扫盲教育也是集体授课，采用的是小班教育，由教员现场授课。个别教育一般指监狱警察与罪犯在谈话室进行面对面的交流。这样的教育更多进行的是思想教育。除了在监狱中参加学习之外，罪犯还可通过参加函授课程，获得大专、大学文凭。这样的罪犯接受教育的方式相对较少，毕竟总体来说，罪犯的文化程度较低，有能力参加自学考试的罪犯不多，加之监狱内罪犯劳动任务较大，较难抽出更多的时间进行学习。

（四）监狱教育的内容

监狱教化的主要内容为文化教育、思想教育、技能教育等。文化教育分为扫盲教育、基础教育、中等教育（又称为"中学教育"，它是指相当于中学水平的文化教育）、大学教育（是指向罪犯提供的高等教育）、特殊教育（是为那些有学习障碍的罪犯提供的特殊教育）。技能教育包括生活技能教育和劳动技能教育。生活技能教育，是指让罪犯学习在社会生活中必须具备的基本技能的教育。这些技能小到包括寻找工作或者就业技能、消费技能、社区资源使用技能、健康与安全技能、子女养育与家庭技能等，大到独立生活技能、生存技能、社会生活适应技能等，内容丰富、细致入微。劳动技能教育就是根据监狱生产和罪犯释放后就业需要为内容的职业技术教育。其作用是使受刑人学会生产技能，并在生产中树立劳动观念，培养劳动习惯，从而使他们复归社会以后，成为自食其力的劳动者，成为对社会有用的人。思想教育的作用就是受刑人认罪服法，并深挖犯罪的思想根源，从而使主观恶性得到改造，犯罪恶习得到矫正，并树立起正确的法治观、道德观。从云南省丽江监狱的情况看来，文化教育主要集中在扫盲和小学的教育上，初中、高中以上文化教育就很少开展了。这不仅受限于监狱本身教育资源，同时也需要考虑罪犯劳动指标的按时完成。监狱对于即将刑满的罪犯会强化生活技能教育，安排专门的场所，培训罪犯办理工商业务、社保业务、银行业务等，以便于刑释人员能较好适应社会。监狱还聘请专业人员对罪犯进行厨师、理发室等技能培训，培训结束后经考核授予国家认可的相关证书。思想、法制教育是监狱较为重视的工作，在内容上除了普法教育外，还有道德、传统文化思想、犯罪现象和犯罪原因等为主题的授课内容和讲座。

三、对监禁刑教育功能的反思

（一）监禁刑教育实效性有待提高

我国监禁刑教育以"三课"（思想、文化、技术）教育为核心，虽取得一定的成绩，但不可忽视的是仍存在一定的问题。从其教育的实效性看，仍然有较大的提升空间。多年来三课教育内容变化不大，难以与狱外客观现实保持同步，实现与时俱进。在方式方法上虽有努力创新的一些举措，但总体来说也较为简单。例如，在个别化教育当中的谈话教育由于时间短，所谈的内容极为有限，形式主义成分多。我国监狱在引进社会教育资源方面有所行为，但仍处于尝试阶段，未能从根本上解决监狱教育资源的有限性。总之，由于受我国监狱教育方式的封闭性、教育主体的单一性的局限，监狱教育对于帮助罪犯顺利实现再社会化方面效果不显著，社会帮教在罪犯的教育改造中并未发挥其应有的作用，常常流于形式。

在三课教育中，思想教育被视为我国一项改造罪犯内心的重要内容。这与国外监狱的做法不同。在我国，思想教育在监狱德育中占了很大的比例。为了实现"将罪犯改造成为守法公民"的目标，教育改造在教育的内容上下了很大的功夫，并规定了思想教育的内容：认罪悔罪教育；法律常识教育；公民道德教育；劳动常识教育；时事政治教育。

思想教育的目的是使罪犯从心底认识到自己行为的危害性和严重性，从而进行积极的悔改并主动要求改造，最终实现预防与防止再次犯罪的目的。为实现此目的，监狱采取的最为常见的教育方式是进行法律和政策的宣讲和价值观、人生观、道德与伦理教育。这在实务中产生了问题：在调研中，我们访谈了不同文化程度的罪犯，发现三观教育内容过于抽象和枯燥，文化程度低的罪犯纷纷表示难以理解和接受；而文化程度高的罪犯对此类教育在不同程度上存有抵制之心，认为教员在这方面的教育能力有待提高。法律是最为基本的要求，道德是更高境界的要求。对罪犯的教育主要在于防止其再次犯罪，而很难改变其所认定的观念和道德水准。道德作用开始于它的实践性，而监狱道德教育实践性的缺乏是它对罪犯产生作用的边界。在对罪犯量化考核的机制下，取得较高成绩的功利心理占据主导地位，就道德教育而言仅是为了任务而进行的一项工作任务，它的影响力比较微弱。

文化教育是监狱教育较为基础的工作，鉴于目前我国监狱中罪犯的文化程度和监狱本身的师资力量，扫盲和小学教育为文化教育的重心。尽管有人认为文化水平的高低与犯罪之间没有必然的联系，但是在云南省丽江监狱工作多年的资深警察们笃信文化水平的提高，必然会提升人的认知能力，自然也就会减少一定的犯罪。这样的认识来源于长期与文化程度较低的罪犯接触和了解，有一定的合理性。从目前的文化教育情况看，教员除了监狱警察外，还有部分文化程度较高的罪犯也会担任教学任务。有限的教育资源和简单的教育方法使监狱文化教育成效受限。在调研中，我们发现在扫盲班学习结束的一部分罪犯，仍然不能阅读一些通常的通知类的书面资料，还有的极少数罪犯甚至不会签署自己的姓名。

（二）监禁刑教育与监狱安全之间的关系颠倒

监禁刑行刑的最终目的是罪犯顺利回归社会。为了这一目的的实现，监狱需实施教育手段。监狱的教育手段得以顺利实施的前提就是监狱的安全。可以这么说，监狱安全是监狱各项工作得以顺利进行的前提。从这个意义上，我们可以说监狱安全就是监狱教育的手段。监狱的安全警戒训练、安全警戒设施的加防和安全方案的实施其根本目的是围绕着包括监狱教育在内的工作的保障。

监管安全是一种手段，是统筹性手段中的组织管理要素，因此，处于配角的位置，在手段的所有要素中只占部分比例。监狱教化是监狱的功能之一，因而后者的目的与手段是本源的，前者的目的与手段是后者的派生。这是从刑罚目的的视角进行梳理的结论，在理论上是站得住脚的。然而在监狱实务中，监管安全与监狱教化的"目的—手段"关系发生了错位，监管安全的手段变为本源性"目的"，监狱教化的"目的"受到了排挤，甚至是为监狱安全服务。这种变化的外在表现是角色发生了变化，监管安全变为"目的"。之所以会发生这样的本末倒置的转变，原因在于监狱的管理高层非常重视监狱安全，这一点可从监狱内容的很多文件规定可以看出，把监狱安全与各监狱第一领导人的责任直接挂钩，把监狱安全作为评价监狱工作成效的首要标准。因此，监狱系统从上到下，将一切工作的开展围绕监管安全。除此之外，监狱安全与监狱教育之间手段与目的之间的颠倒还在于监管安全与监狱教化这两项指标的衡量标准。监管安全的衡量指标十分明了，如在监狱发生罪犯脱逃、非正常死亡、自伤自残、监狱暴乱等情况即可视为未达到监狱安全的要求。这些否定性评价的威力可以震慑监狱系统的各层各级。而监狱教育的衡量指标是宏观的，如"再犯率""改好率"为典型的判断教育改造成效的指标，这是肯定性评价指标，目前尚无实质上的否定性评价，因而对于各监狱和相关责任主体而言基本无直接不利结果可言。理性的选择必然是倾向于防止遭受损害、痛苦、祸患或不幸，因而宾主关系的倒置如此严重，也尽在"情理"之中。

从近年来的情况看，监狱在安全方面的投资较大，在信息化建设中重头基本用于安全方面，教育信息化方面的投资比例较少。从时间方面来看，监狱、监狱警察、罪犯三者用于教化和学习的时间在整个改造中所占的比重很小，难以对教化形成有效的保障。对此，笔者认为，监管安全是监狱工作的基础，对其应给予应有的重视，但是监狱行刑的目的应该是整个监狱工作的核心，包括监狱安全在内的监狱其他工作是为监狱行刑目的服务的。这是监狱工作不至于背离其宗旨的关键。

（三）监狱教育与教育原则的冲突

虽然教育对象具有特殊性，监狱教育仍属于教育学的一个分支，在教育实践中仍然离不开对普通教育基本原则的遵守。教学原则来自教学实践，是为了达到有效教学所必须遵循的基本要求和原理，既指导教师的教授方面，也指导学生的学习方面，影响到教与学的各个环节。遵循教育原则是发挥教育效果的保障。在理论界，学者们对教学原则存在观点分歧，但是启发性原则、循序渐进原则和因材施教原则是教育的基本原则是没有争议的。监狱教育因其特殊性与此三个教育原则发生了冲突。

1. 启发性原则与行政强制之间的冲突

教育是教授者与学习者互动的过程，在互动中教授者通过引导、启发等方法让学习者学到并掌握知识。知识本身并不具有教育的属性，美国教育学家约翰·杜威认为，知识价值并不能必然产生教育的工具价值，"没有一种学科，它本身自然地或者不顾及学习者的发展阶段，就具有固有的教育价值"。[①] 因此，教学需要教学双方努力配合，特别需要教授方对学习者的针对性启发。启发性原则是教育的基本原则，客观反映了人们对知识的认知规律，

---

① 周序："教育中的生活世界：从'回归'到'超越'"，载《现代远程教育研究》2015 年第 3 期，第 26 页。

在教师的主动引导和激发下，帮助学生思考与探究下，学会分析问题、解决问题，养成主动学习的习惯。启发性原则建立在教学双方较为自由的选择基础之上，一个天资聪慧的学生需要一个与之适应的优秀教师，相反一个在某方面没有天赋与兴趣的学生，任凭多么优秀的专家来启发，也只不过是枉费心机。另外，学习环境应该是开放和自由的，这是启发式教育所需要的客观环境。学生的天赋与兴趣会在一个压抑的环境中被慢慢扼杀。

监狱对罪犯的教育是在行刑背景下进行的。罪犯教育是在封闭的与社会隔离的环境下，罪犯在接受惩罚的过程中所接受的教育。这样的教育无法营造自由、开放的环境，否则将背离行刑的背景。在监狱，罪犯学什么，何时学都是由监狱作了安排的。监狱单方意愿安排的具有强制性的教育首先与罪犯的学习意愿冲突，无论怎样优秀的教师难以很好地启发学生学习的兴趣和动力。监狱的行刑兼具司法和行政的双重性质，其司法属性主要表现在将罪犯剥夺人身自由权置于监狱行刑；其行政属性表现在监狱对罪犯在狱内生活的管理是一种行政管理。行政权是指行政职权的行使是行政主体单方意思表示的行为，是行政机关行使国家行政管理权的行为，具有显著的单方性和强制性。正是行政权的单方性与强制性构成了监狱教育罪犯的客观障碍。

监狱教育虽为教育的一种形式，但更多体现了行政属性，也就是监狱教育就是监狱履行其行政职权的具体形式之一。正是这样的属性注定抹杀学习者——罪犯的学习兴趣。兴趣是一种天生的倾向，在教育中对学习者兴趣的启发是至关重要的。对没有兴趣的教学，学生就会失去对知识价值的评判和获取知识的偏好。为了让罪犯认罪服法的思想教育，为了提高罪犯素养的文化教育，为了适应社会的需要而进行的职业教育，更多地体现了行刑机关、国家和社会的意愿，很难吸引罪犯本身的兴趣。相反地，在监狱教育中表面上反映出来的罪犯积极学习的状态却是由于功利驱使。监狱对罪犯的考核中其中一项就是学习表现，为了取得较高的考核分数，罪犯都会选择积极努力学习。在访谈中，被访谈的罪犯无一例外地表示认真参加学习是为了获得好的考核成绩，以争取减刑、假释的机会。监狱教育的行政权属性与教育的启发性原则相冲突，这是监狱教育与生俱来的弊端，随着行刑社会化理念的进一步渗透，监狱教育的行政权属性会有所淡化，在不同环节有在冲突，但是作为刑罚的执行，其单方性和强制性是不可能完全丧失的，两者的矛盾将一直存在。如果教育的任务有如"把丝线织成完整的布"那样改善罪犯的知识结构，而又不以再犯这种功利标准来检测监狱教育的成功与失败，那它缓慢的作用谁也不敢否认。对教育内容内在价值的肯定，并没有给罪犯的学习兴趣带来多少刺激。

2. 循序渐进原则与罪犯刑期的相对不固定之间的冲突

循序渐进原则，是指教学要严格按照学科的逻辑系统和学生认识规律，有顺序、按进度地使学生从逐渐积累知识到系统地掌握知识。俗话说，一口吃不成个胖子，学习也是这样的，需要从少到多地积累。对于每一门知识的学习时间，除了学科的内容外，还需要考虑到学习者的认知能力。从教学的步骤来看，监狱教学的系统性受制于罪犯的刑期。罪犯学习计划的制作最受牵制的是罪犯的刑期。一项很好的教学计划，会因为罪犯刑期的提前结束而终止，也会因为罪犯违纪受到的狱内惩处而搁置，而此时，该罪犯仍未完成一项系统的学习。简言之，罪犯的刑期是相对不固定的，而教学计划是系统性的，相互之间的不匹配无法缝合。实务中，被判有期徒刑，甚至是无期徒刑的罪犯，有获得减刑或假释的可能。刑期相同的罪犯会因为行刑表现的不同，最终执行的实际刑期也就不同。如果教学计划的设计考虑了这种可能被减刑或假释的刑期，预估了其在监狱实际服刑的时间。那么看似精心的测算，潜藏着巨大的风险。这种预估暗示了罪犯可能获得司法奖励，若由于客观和主观因素导致奖励落空，罪犯希望破灭引起了警囚关系的紧张，无数的许诺无法兑现带来的监组管理的风险，就是最好的例证。另外，教学计划的设计是以罪犯的原判刑期为基础，还是以可能减刑的实际刑期为基础？如果以原判刑期为基础，那么教学计划的时间会长于罪犯的刑期，因为罪犯获得司法奖励是普遍的现象；如果以预测的实际刑期为基础，那么谁有权力，和能力预判罪犯的司法奖励？

从教学的起点来看，罪犯入监的时间、入监的批次与间隔无法预测，年龄、文化程度分布散、跨幅大，按系统教学的要求，监狱和监区两个层面对每个批次的罪犯都要编制新的教学计划，每一个批次都有一个新的教学开始。结合刑期、年龄和文化程度的不同，同一批次的新的教学又可归出几个新的类别。假设每年6个批次，以中长刑期10年为计，经过这样的分类，会有多少的班和级。

以往，世人对罪犯的教育都只是臆想着要对他们进行分类，这不仅是轻率的，而且是脱离实际的。分类容易做到，哪怕无穷的分类也是可能的，但是监狱有限的资源无法应对无穷分类的无限要求。归根结底，罪犯的教育无法做到学制与刑期的结合，是学制与刑期之间的矛盾。这个矛盾，无论对短期刑罪犯还是对长期刑罪犯都无法设置系统的学制规划。循序而渐进，熟读而精思。循序渐进的原则不管作用于哪种对象的教与学，千万不能采用那种迅速改正的方法，因为心灵活动的范围只能由心灵逐步地开辟出来。系统的重要性不言而喻，诚如苏联教育学家乌申斯基所言："知识只有形成了系统，当然是从事物本质出发来形成的合理的系统，才能被我们充分掌握。脑子里装满了片断的、毫无联系的知识，那就像东西放得杂乱无章的仓库一样，连主人也无法从中找到他所需要的东西。"[1] 但是行刑制度、罪犯的个体情况以及监狱的有限资源使得循序渐进教学原则植入监狱教学的过程中受到牵制。

3. 因材施教原则与监狱师资力量之间的冲突

教学的目的就是让学生掌握知识，因此教学目的的实现需要根据学生的实际情况，有的放矢地进行有区别的教学，获得最佳发展。这就是因材施教原则的内涵。因材施教是教学中一项重要的教学方法和教学原则，在教学中根据不同学生的认知水平、学习能力以及自身素质，教师选择适合每个学生特点的学习方法来有针对性的教学，发挥学生的长处，弥补学生的不足，激

---

[1] 李静："语文教师专业化发展两个误区的探讨"，载《成才之路》2013年第23期，第48页。

发学生学习的兴趣，树立学生学习的信心，从而促进学生全面发展。因材施教对于教师、家长、学校以及教育公平的实现都具有重要意义。

在教学史上出现了不同的教学组织形式，较为典型的有个别教学制、班级上课制、道尔顿制、分组教学制、特朗普制等。监狱明显不具备实施后三种教学方式的条件。在监狱中实行个别教学制，显然也是不可能的，有限的教学资源限制了这一教学组织形式的开展。若在监狱教学中推行班级制，除了要考虑罪犯刑期、年龄，更实际的是要考虑罪犯的兴趣、爱好、性格、气质、知识、能力、品行等个性特征。因此，教学计划要对同一个批次的罪犯进行归类，这种归类若以监区为单位，则会因为人数得过少而形成教学成本的浪费；若以监狱为单位，从监管安全的角度出发，大规模的分类教学是不允许的，这会给罪犯群体性暴乱提供机会，为违禁品的流通创造条件。因此，监狱的教学组织形式的转向不是受教学规律的引导，而是刑罚与教学抗争的产物。

在监狱教育实务中，集体教育方式是不得已的选择，占了很大的比例。这存在着罪犯的数量很大而且监狱本身不具备这么强大的师资力量等方面的原因，但是毫不重视教育的因材施教原则，显然只是把力用在刀背上。如前所述，罪犯之间存在由刑罚带来的差异，不仅如此，罪犯本身的兴趣、爱好、性格、气质、知识、能力、品行差异千变万化。在教学组织形式上，它要求监狱教学的班别化。教学组织形式是为完成特定的教学任务，把教师和学生按一定要求组合起来进行活动的结构。监狱教学组织形式转向集体教育，其实是选择了辅助教学组织形式的讲座教学。教育学意义上的讲座是由教师或请有关的专家不定期地向学生讲授与学科有关的科学趣闻或新的发展，以扩大他们知识面的一种教学活动形式。监狱的讲座面向全监所有的罪犯，但并不是将所有的罪犯集中在一个会场，而是以监区为单位将罪犯安排于分会场，罪犯通过闭路电视接受讲座教育和教学。在这种方式下，讲座教学的弊端无可避免。在同一个集体学习现场，罪犯在刑期、年龄、文化程度及兴趣爱好等方面存在很大的差异。同样的内容讲授给差异很大的罪犯，因其违背了因材施教的教育方法，其教育的效果可想而知。主讲老师或专家无法掌握罪犯的个性情况，这一点管理罪犯的监狱警察有时尚难以做到，更何况一个对罪犯个性情况不了解的专家。主讲人无法掌握现场罪犯的接受程度，罪犯是否能理解、是否感兴趣，主讲人远在闭路电视的另一端，基本不能作出准确判断。所以他无法激励罪犯进行思考，引导罪犯进行辩论；无法针对学生的能力布置作业和对其进行强化练习……同一个讲座在另一个场合可能会让听众产生强烈的共鸣，而在监狱里，则需要分会场的监狱警察来维持秩序，才能保证现场的安宁。这种辅助的教学形式，在目前的监狱教学中占据主导地位，教学的走过场程度可见一斑。罪犯的复杂情况（年龄、文化、刑期、兴趣等），监管的高要求，使监狱的教学难以适合于任何一种教学形式。

四、结　语

监狱教育虽因其教育的环境和对象的特殊性，收效令人担忧。然而作为一种矫正措施，教育仍然是不可替代的，符合行刑轻缓化趋势。对教育功能效果的提升可从教育师资力量社会化的思路下功夫，借社会教育力量对罪犯教育，从而扩大教育方式和内容，改变教育行政化的局面。在有条件的情况下，改变罪犯接受教育的环境也是提升教育功能效果的另一途径。在很多国家监狱对服刑人员不进行思想教育而代之以心理矫治。这也是我国行刑实践中需要探索的问题，在实践中适当缩减思想教育的时间，增加心理矫正的时间。在加拿大，"监狱不对囚犯进行思想教育，但是很重视一般学校课程教育和就业技能培训，也进行'制怒'等心理矫治。监狱还提供条件让囚犯自查自学法律文件，或者与其律师等商讨法律问题，但是这一过程的目的是维护囚犯的利益，不是使其认罪服法"。[①] 在日本也不采取强制统一的教育形式来加强罪犯的思想和法律教育。此外，国外监狱在教育资源的问题上主要依靠社会。罪犯教育的提供者是根据具体情况而有所不同的。一部分教育，特别是文化和技术等级要求较低的教育，由监狱中合格人员提供。但是，大量

---

① 叶春弟："程序与实体：当前监狱教育矫正的理性反思"，载《犯罪研究》2012 年第 2 期，第 78 页。

的教育是由监狱外面的机构提供的。其具体操作方是各级监狱管理部门，由其负责雇用教育工作人员，由监狱管理部门或者监狱与全国性或地方性的教育机构签订合同，由教育机构根据合同提供教师和制订教育计划。当然，虽然罪犯教育的承担者多种多样，但是，比较正规的监狱教育，通常都是由普通教育部门提供的。他山之石，可以攻玉。国外的一些成功的教育经验可为我国行刑实践所吸收。

第三节　监狱劳动矫正功能之观察与省思

关于劳动矫正在我国行刑实践中更多地使用劳动改造一词。从较为直观的角度看，一个罪犯在监狱的矫正成果，首先看罪犯对于自身罪行的认识程度和愧疚程度，其次看罪犯在刑释出狱后融入社会和适应社会的能力。前者主要取决于监管改造和教育改造的效果，后者则取决于劳动改造的成绩。对罪犯的劳动矫正能够培养他们的劳动习惯和劳动意识，帮助他们掌握劳动技能，为以后的重新就业打下基础。因此，劳动矫正作为改造罪犯的重要途径和方式，其重要性不言而喻。西方国家曾经实行过惩没型自由刑和监禁型自由刑，对财产型罪犯进行劳动改造，对政治犯和过失犯单纯监禁，但是并未取得理想的效果。人类的监禁历史说明对某些罪犯仅实行监禁，反而会让他们感到孤独、寂寞、苦闷，甚至精神崩溃。在监禁过程中，劳动能够缓解罪犯被关押而产生的负面效果，起到既能增强体质，又能缓和罪犯对监狱的生活枯燥和寂寞，使罪犯找到一种心理寄托。虽然不同的国家对于劳动矫正在监禁行刑中的态度和重要性认识有所不同，但国际上很多国家把劳动作为改造矫正罪犯的内容之一。例如，英国法律规定，成年罪犯必须参加有关劳动，以此提高重返社会的谋生能力。德国的法律则规定，罪犯的劳动是一项义务。日本把罪犯的劳动作为罪犯更生改善和重返社会的一种处遇措施。俄罗斯、波兰、阿根廷等国法律都规定每个判刑人都应当劳动，劳动对于被监禁者来说是强制性的，如果犯人没有正当理由而拒绝劳动，将被看作严重违反纪律，并受到纪律制裁。还有许多国家刑事法律都有罪犯劳动内容，但不少国家未做硬性规定，实际上是根据情况自愿参加。① 我国《刑法》和《监狱法》均规定了凡有劳动能力的罪犯，都应参加劳动，接受教育和改造。可见劳动改造是培养罪犯劳动习惯，增强罪犯自力更生能力的手段。这种功能是其他改造手段所不能替代的。从新中国几十年的成功改造罪犯经验表明，劳动改造是矫正罪犯的重要方法之一，甚至是最主要的方法。在监狱矫正罪犯工作实践中，劳动是罪犯服刑生活的主要内容之一，罪犯每天服刑生活的黄金时间是在参加劳动。笔者在文中拟从矫正的视角探讨劳动改造。

一、对监狱劳动矫正功能的期待

新中国监狱的发展采用了不同于以往的劳动改造模式，劳动改造学的理论基础有别于西方、清末与民国时期，而来源于马克思列宁主义"劳动改造"的观点，并可以追溯至达尔文的进化论。劳动改造学的理论认为：劳动使类人猿的手、发音器官和脑髓变得自由和成熟。劳动是整个人类生活的第一个基本条件，劳动创造了人本身。这样的理论思想随着俄国十月革命取得成功上升为国家意志，转化为法律。1922 年的苏俄刑法典规定刑罚的任务之一是以劳动改造实行感化，使违法者适应于共同生活的条件。受苏联的影响，新中国确立了劳动改造罪犯的模式。1951 年召开的全国第三次公安会议决议指出，劳动改造是改造罪犯的主要手段，至此之后，劳动改造在我国的罪犯改造中占据了主导地位，而教育改造至今仍然扮演配角。这从"5 + 1 + 1"改造模式中的"5 天劳动，1 天教育"中可见一斑。

我国劳动改造模式的建立与运行实践依靠两方面的条件，一方面借鉴了苏联劳动改造的经验，新中国监狱学最初的劳动改造法学观念及其知识结构主要蹈袭自苏联；另一方面是新民主主义时期革命根据地劳动改造的实践经验，革命根据地的劳动感化院，实行教育改造的方针，积极开展思想教育和

---

① 王成生主编：《罪犯劳动概论》，法律出版社 2001 年版，第 23 页。

生产劳动，成为后来人民民主专政的劳动改造机关的雏形。我国劳动矫正罪犯的认识来自马克思列宁主义唯物论：存在决定意识，人的意识随着生活条件、社会关系、社会存在的改变而改变。改变一个人的思想或意识，应当改变与其相关的存在。因此，罪犯在一定条件下可以通过劳动转化而从专政的对象变为守法的公民。劳动为人类提供了生存物质资料，劳动创造了人本身，所以劳动是改造手段的具体内容。

劳动改造的目的是要把罪犯改造成守法公民和社会主义建设有用之才。如果罪犯经过劳动改造不能改变成新人，重新犯罪，或身无一技之长，无从自食其力，对社会主义建设一无所用，刑罚就没有完成它的任务。劳动矫正功能是以劳动为载体和形式，通过依法强迫罪犯参加生产劳动而矫正罪犯所达到的状态。它同时也被设定了多种功能，如解决监狱运行的经费；维持狱内秩序；矫正好逸恶劳的劣习。

监狱劳动的矫正性最为突出，以致它掩盖了劳动的其他目的。齐林在《犯罪学及刑罚学》中认为，狱内劳作有五种不同的功效："用一种业务来缓和监狱生活的厌倦；利用劳动的时间占用罪犯在狱内的时间，从而抑制罪恶的发生；罪犯劳动产生经济效益，可以减轻供养的费用，减少执法成本；罪犯在劳作过程中可增强协作能力，提升职业水平；罪犯劳作可起到维持监狱纪律的作用。"[1] 吴宗宪在《当代西方监狱学》中认为，西方监狱劳动的作用主要是为了培养犯人的劳动技能、劳动习惯和为释放后的重新就业等做准备。[2] 孙雄先生认为：通过劳动，给予罪犯劳动报酬，可以扶助家属生活，也可作为出狱后从事营业的资本，还可增加国库收入。[3]综上，监狱劳动功能的传统目标可以概括为：

一是通过劳动，树立正确的世界观。监狱劳动通过改变"社会存在"来改变罪犯错误的价值观。犯罪多种多样，但可总结为起因于错误的世界观、

---

[1] ［美］齐林：《犯罪学及刑罚学》，查良鉴译，中国政法大学出版社 2003 年版，第 450 页。

[2] 吴宗宪：《当代西方监狱学》，法律出版社 2004 年版，第 757 页。

[3] 孙雄：《监狱学》，商务印书馆 2011 年版，第 11 页。

人生观、价值观。监狱通过组织罪犯劳动，把罪犯置换在一个新的社会存在之中，这就为转化罪犯的犯罪思想，转变其错误的世界观、人生观、价值观奠定了基础。

二是通过劳动，矫正恶习。通过生产劳动，使罪犯知道劳动的艰辛，培养其热爱劳动、珍惜劳动成果的思想和勤俭的作风。监狱的劳动纪律和规章制度，培养罪犯的社会责任感和遵纪守法的习惯。监狱劳动中生产流水线的相互配合，有助于罪犯矫正好逸恶劳的恶习，培养责任感和团队合作精神。

三是通过劳动，学习谋生技能，创造新生。监狱组织罪犯劳动生产、技能培训，使罪犯掌握回归社会后所需要的谋生技能。现代监狱中的劳动不是野蛮时期的苦役，被赋予了帮助罪犯复归、培养合作精神等多种含义。《联合国囚犯待遇最低限度标准规则》认为监狱劳动应足以保持或增进囚犯出狱后诚实谋生的能力。监狱组织罪犯劳动，等于让罪犯在监内仍从事基本的社会实践活动，使罪犯在为社会创造价值的同时，为自己在劳动中习得谋生技能，出狱后自食其力，创造新生。

四是通过劳动，维持狱内纪律。从实践上看，罪犯不劳动的结果是无所事事、精神抑郁，罪犯身心健康得不到保证，或无事生非，会带来秩序混乱。组织罪犯劳动，可使罪犯保持良好的人际交往，遵守组织纪律，规范个人行为，维持狱内秩序。

二、对监狱劳动矫正功能的实务考察

(一) 参与监狱劳动的主体

根据我国法律的规定，凡是有劳动能力的服刑罪犯都应该参加劳动改造。这一点在行刑实践中落实得较好，除了年老或生病的罪犯外，罪犯都参加劳动矫正活动。当然，并非所有参加劳动的罪犯都从主观上愿意参加劳动。在调研中，对于"你是否愿意参加劳动"的问题，服刑人员的回答情况如图3-9 所示:431 人占所参加问卷答题人的 60% 的服刑人员回答不愿意参加劳动，290 人占所参加问卷答题人的 40% 的服刑人员愿意参加劳动。

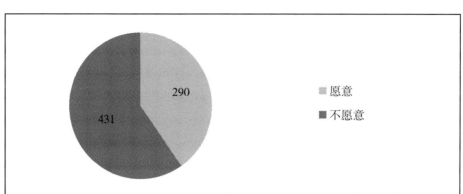

图 3 – 9　你是否愿意参加劳动

不愿参加劳动的服刑人员认为劳动负担过重，劳动本身所含技术含量不高，不利于解决刑满释放后的谋生问题。而愿意参加劳动的服刑人员绝大多数劳动能力较强，能通过劳动获得较高的考核成绩。在行刑实践中无论罪犯主观上是否愿意参加劳动，客观上都能积极参加劳动，都希望能通过劳动成果得到较高的考评成绩，争取尽早得到减刑或假释。

（二）监狱劳动的时间

在罪犯服刑期间，劳动矫正占用时间多。从"5 + 1 + 1"改造模式看，罪犯劳动的时间每周长达 5 天，罪犯花费在劳动生产上的时间依然占据首位，这挤占了罪犯开展文化技术学习、文体生活和思想塑造的时间，使得教育改造在时间上处于不利地位。此外，根据劳动任务的情况，也时常出现需要延长劳动时间的情况。在访谈中，我们了解到，近年来，监狱明显缩短了劳动时间，总体来说都能控制在每天劳动 10 小时以内。为了按时完成劳动项目而延长劳动时间的情况减少了很多。

（三）监狱劳动的内容

劳动改造的目的是促使罪犯习艺、自食其力。劳动的内容自新中国成立后，随着社会的发展也呈现出一定的变化。新中国成立之初到 20 世纪 80 年代，我国监狱劳动内容较为广泛，狱外从事建筑、农业、矿业劳动占很大比重，修理业和家具加工承揽工作也较为常见。监狱警察和罪犯往往共同从事劳动，并在劳动过程中建立了友好的关系。20 世纪 90 年代后，我国除了少数从事农业劳动的监狱之外，主要是在监狱车间进行来料加工。由于监狱车间技术装备条件差，能够引进的生产项目有限，出现了多年反复从事 3 到 5 个项目。这些项目技术含量低、利润薄。这样的情况在经济不发达地区尤为突出。在调研中我们发现，云南省丽江监狱的手工加工主要是做线圈、手机电池的盖帽以及当地的毛纺厂的一些披肩的简单加工。这样的手工加工业对于刑释后解决罪犯谋生问题帮助很小。

目前，我国监狱生产模式很难与职业技术培训结合起来，罪犯在劳动中不仅学不到技术，反而封闭在车间内，成了流水线的"机械人"，不利于罪犯出狱后适应复杂多变的社会环境和寻找赖以谋生的工作。监狱用在农场上或户外工作的囚犯数量已非常少，这归因于监狱安全的压力。一项罪犯在释放之后根本不会用以谋生或修炼自己的技术培训，它的价值不仅有限，而且加重了行刑封闭的弊端。

（四）监狱企业是组织罪犯劳动的机构

2003 年以前，监狱作为国家刑罚执行机关同时也是组织罪犯劳动的机构，承担着罪犯改造和组织生产的两项难以兼容的职能，换句话说，当时的监狱不仅是个执行刑罚的政治实体，同时也是进行生产的经济实体。监狱职能定位的矛盾可能会带来极大的风险——执法腐败的滋生、改造质量低下等严重后果，监企分离势在必行。从 2003 年 1 月，司法部通过监狱体制改革试点的方式，逐步试行了监企分离的举措，在总结经验的基础上扩大试点范围，最终在 2012 年年底司法部完成了监企分离的监狱体制改革，做到了监狱经费全额保障到位、监企分开、收支分开、规范运行。自此，监狱企业成为组织罪犯从事生产劳动的机构。

监企分开的监狱体制改革对监狱企业的职能给予了明确定义："监狱企业集团公司及其分公司、子公司是改造罪犯工作的组成部分，主要任务是为监狱改造罪犯提供劳动岗位，为改造罪犯服务。"监狱企业是监狱生产性劳动的组织者，与监狱的关系是"两块牌子，一套班子"，监狱企业的生产活动自然具有改造罪犯和实现经济效益双重目标。监狱负责厂房、土地、机器、原材料等生产资料的供给以及产品的销售，国家给监狱提供财政支持，监狱作业既要符合市场经济的需要，进行可以产生良好经济效益的生产，又要有利于罪犯行刑适应社会的技能，这是一项十分艰巨的任务。监狱企业设总经理，总经理既是监狱的副监狱长、党组成员，又必须是企业的法人代表。监狱企业底下分为生产管理部、基层管理部（一部管犯人企业、二部管工人企业），监狱之所以有工人是因为历史原因，我国曾有政策是留队政策，劳改人员中比较得力的就留下来了，现在就转变成了工人。现在这些工人做的工作比较多，主要做一些物业管理，水电、卫生、开车灯工作。这部分人随着时间的流逝是会慢慢消失的。监狱企业和监狱之间业务有密切联系，监狱企业的生产部门还曾经管理罪犯的劳动累积分、生产报酬、生产安全，现在职责是挂到了狱政科，但是生产业务的联系、对罪犯的培训工作还是由监狱企业来承担。

监狱企业是经济组织，但不是一个纯粹的经济组织。它承担着组织监狱罪犯劳动生产的任务，也为罪犯提供劳动改造岗位，为其掌握一定的劳动技能服务。作为企业，它与一般的企业不同的特征是：首先，监狱企业的劳动力是罪犯，企业本身无法对劳动力进行选择。其次，监狱企业劳动环境的特殊性。罪犯被关押于监狱，在监狱的车间从事劳动，这就决定了监狱企业不可能外辟或外扩场所组织生产，所能从事的业务有限。最后，监狱企业在选择生产项目时要考虑到项目是否有利于监管和生产安全，是否有利于罪犯劳动改造和回归社会就业，是否为环保项目、经济效益的大小等多种因素。总之，监狱企业在组织生产时，很多时候难以按经济规律从事。

监狱企业一般因地制宜寻找劳动项目。从云南省丽江监狱的情况看，现在的项目基本上都是沿海地区找的，本地难以找到合适的项目。监狱引进的项目要确保合法性、环保性、要有经济效益等，作为丽江监狱所在的区域，在组织生产方面缺乏原材料、技术等，监狱只能提供厂房，所以项目基本上是提供劳务性质的工作。在选择项目的时候，监狱企业不得不首先考虑什么项目能够长时间进行，什么商家的信用好，劳务费用会不会按时支付等合同能否顺利实施的条件，其次才考虑对罪犯回归社会的谋生能力因素。从丽江监狱现行的条件来说，无法具备让监狱企业自己选择项目的条件。

监狱罪犯群体的组合不是劳动分工和市场选择的结果，而是狱政管理的结果。监狱劳动按监区为单位设置流水线，人员的确定主要考虑的是刑期、罪犯触犯的罪名、监狱的安全等因素，在此基础上考虑罪犯的兴趣和特长。实务中两个在兴趣和特长上可以成为劳动最佳搭档的罪犯，会因为监狱在狱政管理上的重要考虑而被拆开。这个重要考虑包括交叉感染、人身危险性等。狱政管理上的重要考虑成了劳动中交往与合作精神培养的阻拦。监狱劳动规范是罪犯群体机械团结在规则上的表现形式。罪犯从社会中被隔离，在监狱人为组合成罪犯群体。在这样的一个小社会中罪犯严格受到监狱的管理和干预。从这个意义上说，罪犯群体是在压制性规范作用下类似于机械团结的组合，对劳动带有天然的排斥。在正常的环境下，人在劳动中加深了对劳动的认知，产生了交往、团结、自立、自信，或者相反，产生了对劳动的困惑情绪。监狱劳动的压制性规范，使罪犯在认知劳动之前，先认知压制性规范。在监狱劳动的背景下，压制性规范具有极其重要的作用，罪犯对压制性规范的认知大大超出了对监狱劳动本身的认知。在压制性规范的约束下，罪犯被动地劳动着，缺失了在劳动中应该产生的自主性和责任感。

（五）从分配形式看，监狱不实行"按劳分配"的制度

罪犯劳动并不获得工资，仅能获得少量的生活补贴，监狱平均地解决罪犯的衣服、食物、住宿、医疗、卫生、娱乐等待遇问题。罪犯劳动能创造一定的财富，有弥补国家财政的作用。罪犯劳动利润与国家拨付给监狱的款项是收支两条线。罪犯劳动利润除了上交国家，还要有一定比例用于给予罪犯报酬。于是，在劳动利润、国家财政、罪犯劳动报酬三者之间形成了一个比例。罪犯劳动同工同酬难以实现是这个比例失衡的表现，它的实质是罪犯权利与国家权力之间较量的结果。罪犯在监狱劳动中所得的报酬与付出是不平

衡的，这种现象在美国监狱也存在。"今天，这种劳役仍是刑罚的一个固有部分，许多犯人在监狱中从事着劳动，而只拿到象征性的工资。这种工资更多的是保证犯人遵守监狱制度的巧妙办法，而不是对犯人劳动贡献的报酬。"① 我国监狱法也规定了罪犯参加劳动，应当按照有关规定给予报酬，但实务中罪犯劳动获得的资金回馈只是狱内生活补贴。从调研得来的数据看，在云南省丽江监狱罪犯劳动可得到的生活补贴多则 250 元，少则 150 元左右，罪犯的最高报酬与最低报酬差距较小。

对于罪犯劳动是否应该有报酬，学者对此意见不一。在实践中各国做法也不一致。但是有一点是可以肯定的，随着行刑社会化的深入，罪犯劳动获得报酬是可以期待的。这与各国发展程度和监狱文明程度有关。目前，我国罪犯劳动未能获得相应的劳动报酬。劳动报酬在调动劳动积极性上的作用不明显，罪犯难以通过劳动付出与收入的感觉来形成对自立的真正认知。通过劳动报酬的发放激发罪犯的劳动积极性，使罪犯产生对劳动的热爱，这是难以实现的。

三、对监狱劳动矫正功能的反思

（一）劳动改造理论的缺陷

1. 劳动创造人与劳动改造罪犯的时间条件含义不同

恩格斯在论述劳动创造人，也就是劳动使类人猿的手变得自由时，明确指出它所用去的时间是几十万年。"我们的祖先在从猿转变到人的好几十万年的过程中逐渐学会了使自己的手适应于一些动作"。劳动创造人的时间是非常久远的，这样的创造绝非可以在一个人有限的生命里发生。劳动改造人的实践是极为有限的，取决于他的刑期，具体来说短则几个月，长则二三十年或终其一生。从时间看，劳动改造人与劳动创造人是不能相提并论的。从猿到人的转变和罪犯到守法公民的改造这不是同一个层级的问题。

---

① 富童："近代监犯申诉权立法研究"，载《湖南师范大学社会科学学报》2015 年第 5 期，第 99 页。

2. 劳动创造人与劳动改造罪犯的内容不同

恩格斯所指的劳动对类人猿的肌肉、韧带、骨骼产生作用，并得到遗传发展，使类人猿逐渐变为人。"手变得自由了，能够不断地获得新的技巧，而这样获得的较大的灵活性便遗传下来，一代一代地增加着"，"只是由于劳动，由于和日新月异的动作相适应，由于这样所引起的肌肉、韧带以及在更长时间内引起的骨骼的特别发展遗传下来……"劳动创造人中的劳动改变的是人的机能。如今，人之所以为人是因为他的机能与类人猿有了本质的不同，并形成了一种相对稳定的状态。劳动改造中的劳动作用指向的是罪犯习惯的形成与道德的培养，这与恩格斯所指劳动创造人的内容不同。

3. 劳动创造人与劳动改造罪犯的衡量标准不同

劳动创造人的衡量标准是类人猿转变为人。这是一个对已然状态的求证，衡量标准是显而易见的。劳动改造罪犯是希望通过劳动，罪犯能够增强再社会化的能力，树立劳动观念，学会生产技能，养成劳动习惯，提升谋生能力。劳动改造罪犯的成效指向罪犯改造的未来，具有不明确性。罪犯顺利再社会化的标准通常是指人的思想观念、人的能力和素养都具备社会化的标准，那么一个罪犯需要多长时间，具备怎样的条件才能符合改造好的标准。这是难以确定的。在实践中，往往以再犯率的大小来说明监狱改造的成效，但这也是极为片面的。一个出狱后就没有再犯罪的刑释人员一定是再社会化成功的人吗？这显然是个不充分的命题。劳动创造人与劳动改造罪犯的衡量标准和方法不同。劳动改造罪犯使其建立正确的思想观念需要多久，标准是什么，这是因人而异的，既不能按罪犯主观恶性来定，也很难按罪犯的刑期来定，这种衡量在技术上难以操作。

（二）劳动矫正功能的实务反思

罪犯在监狱劳动中消极状况的形成有特定的条件，监狱劳动的实务反思将论述罪犯在劳动实践中的消极状况。

1. 劳动矫正的倾斜性

劳动矫正具有较强的实践性。在劳动中罪犯以其切身行为感知劳动的每一过程和细节，劳动成果是具体的、有形的，并能够被准确计量。这与监狱教育相比较而言，劳动矫正具有更强的操作性和评价性。正因为如此，在现实操作中，造成了对劳动矫正本身的倾斜，即劳动矫正过度注重经济效益。监狱对罪犯的矫正效果是通过考核来体现的。考核的分数由文化教育、思想教育、劳动表现、遵守监规等方面组成。劳动表现的考核比重占据了所有考核内容的重头，罪犯思想文化学习的成绩处于附属地位。超额完成劳动任务不仅可以抵消日常考核扣分，还可以作为年底记功考评的主要依据。这也就是无论罪犯主观上是否愿意参加劳动，但都能积极参加劳动的原因。在经济负担与利益的驱动下，用劳动的好坏作为衡量改造质量高低和改造完成与否的一项重要标准，明显是不够充分和全面的。这严重偏离了劳动改造的初衷，违背了以改造人为宗旨的工作方针，是对监狱社会化改造思想的背离。此外，监狱劳动改造还具备较强的功利性。监狱劳动通过劳动规范与罪犯的减刑、假释建立起了联系。劳动规范与计分考评制度的结合，使劳动具有了监狱性质。罪犯对劳动的认知增加了劳动本身之外的含义。这种含义便是功利性。监狱劳动与罪犯司法奖励的联系，给罪犯提供了这样一种明示或暗示：积极参加劳动可能会早日离开监狱。劳动在罪犯的眼里已不仅是劳动本身，还是获得司法奖励的媒介。个人分数形成了罪犯对劳动的单个意识，监组分数形成了罪犯对劳动的共同意识，这种共同意识是罪犯群体中简单的共同情感，形成了一种对劳动功利性目标追逐的气氛。这种共同情感一旦形成，反过来又影响群体中的成员对共同情感的维护。在劳动中表现出的怠惰，是对计分考评制度的不满；在劳动中表现出的积极态度，是对计分考评制度的维护，实际上都是劳动功利性的表现。监狱劳动中的功利性破坏了劳动对罪犯诚信品质的认知。涂尔干认为，犯罪是一种触犯了强烈而又明确集体意识的行为，在机械团结的社会，这种行为要受到压制性的制裁。入狱之前，罪犯受到了法院的裁判；入狱之后，罪犯在监狱劳动中又受压制性规范的调整。如前所述，罪犯对监狱劳动存在抵触与排斥。此外，就是向长期服刑人员的劳动改造倾斜，即更加注重对长期服刑人员的劳动改造，形成短期与长期服刑的处遇标准不一致。特别是牵涉到争取减刑、假释等奖励积分或其他的未能保持一致。在一定程度上来说，长期服刑人员着实有更为强烈的缩短刑期的愿望，执行机关也希望通过一定期限的改造使刑期较长的罪犯回归社会。同时，考虑到刑期长的罪犯的人身危险性和应受惩罚性，自然也会导致更多地关注刑期长的罪犯的改造。因此，劳动改造的倾斜使得短期服刑人员的改造不够到位、使得长期服刑人员的改造不够扎实，从而造成劳动改造自身的急功近利，自然就不能很好地实现改造的目的。

2. 罪犯劳动越来越走向禁锢化

在监狱安全的压力下，近年来，监狱越来越多地控制着罪犯在服刑期间因故出外的情况。20世纪90年代，在东南沿海经济发达省份兴起了监狱劳务加工，将生产项目带到监狱，在监狱车间生产加工。由于沿海地区加工业发达，业务量丰富，监狱洽谈业务便利，能为罪犯提供多种技术。从劳动的协作来看，劳务加工比过去的大田农业劳动更有社会协作性，但从改造看，劳动加工让罪犯足不出户，天天待在封闭的厂房里，周而复始地从事着简单的、机械的劳动，罪犯实际可能与社会接触的机会比过去更少，罪犯对外界环境变化的感受更缺少直接性。正是由于这种封闭性生产的特征，监狱劳务加工受到青睐。然而，我们不得不重视的是，这种劳务加工逆向地使罪犯的改造劳动更具有监禁特征，与行刑社会化趋势相悖，不利于罪犯顺利回归社会。

3. 劳动矫正活动中的技术含量太低

监狱劳动由于受空间和劳动力的限制，往往从事的是以体力劳动为主，脑力要求较少的生产项目。这个问题，在沿海地区并不突出，但在我国大多数地区，弊端极其明显。在劳动过程中，罪犯没有多少需要掌握的劳动要领。近年来的劳务加工更是激化了这种趋势，它所包含的技术含量甚至比不上农业劳动所固有的实用技术内涵。长期在封闭的监狱车间反复重复着这样繁重的劳动，对罪犯的身心健康极为不利，同是这样的劳动改造难以对刑释人员重返社会起到积极的作用。在调研中，服刑人员对"你觉得监狱里的劳动，对培养自己刑释后自食其力的技能是否有作用"的回答情况看，431人，占所参加问卷调查的总人数的60%认为是没有作用的。

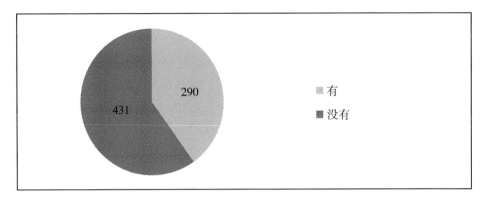

图3-10 你觉得监狱里的劳动，对培养自己刑释后自食其力的技能是否有作用

4. 劳动矫正中存在劳动异化的现象

劳动矫正是以矫正罪犯为主，完成生产任务、获得生产效益为辅的活动。这个在理论上清楚明了的问题在实践中却总是处于两难的抉择中。面对矫正效果与经济效益的选择，监狱更愿意选择经济效益，因为经济效益对监狱更具有现实性。虽然监企分离使监狱和企业分工，并实行收支两条线，但在监狱的财政拨款不能到位或不足监狱支出的情况下，监狱企业生产效益的留存部分仍然能够解决现实问题。监狱在罪犯劳动问题上的价值取舍，带来了罪犯劳动矫正异化，使定位为造人的制度很有可能演变为一场没有尽头的造物运动。这是曾在我国监禁刑行刑史中发生的弊病，需要引以为戒。

5. 劳动矫正社会化的两难——社会化与市场化

监狱劳动矫正因监狱企业职能的双重性而导致其生产社会化和市场化两难的境地。劳动矫正社会化是监禁行刑的应有之义，也是劳动矫正运作的一个方向，更是今后劳动矫正运作的一种环境。监禁刑的行刑背景决定了监狱劳动目的不是一种市场化的行为，它应当服从于矫正规律而不是市场规律。监狱劳动本身是一种生产活动的行为，市场化的规律难免不会影响到其劳动本身。监狱劳动矫正社会化使劳动及与其相关的资源都要依市场规则运作。

社会化和市场化这一对相互矛盾而又同时融入监狱生产劳动中的两难问题，如何在一个具体的劳动组合体内，划分他们的分量，做到既要适用改造规律，又要适用商品经济规律，这是一个难以解决的问题。即使该问题在理论上能够论证清楚，在实践中也难以操作。

四、结　语

在国际上，罪犯劳动越来越成为罪犯服刑的一项内容。其本身具有的积极性是显著的，但其本身具有的矛盾也是难以解决的。目前，针对罪犯劳动，人们对其争议主要集中在：罪犯是否应被强制劳动；罪犯对劳动项目是否有选择权；罪犯劳动是否应该同工同酬，甚至是否应受国家劳动保障制度的保护等。在实务中，监狱需要不断探索劳动社会化和市场化、劳动封闭化和回归社会化之间的矛盾。社会是在解决矛盾中不断发展的，刑罚的执行也是同样的道理，在不断解决矛盾中向行刑科学化、文明化的方向进发。

第四节　监禁刑心理矫正功能的观察与省思

关于罪犯心理矫正的界定一直以来存在着争议。有观点认为，犯罪心理矫正主要属于医学范畴，是建立在严格的临床治疗概念基础上的心理矫治技术与措施，是精神医学或医学心理学的研究对象，包含行为矫正与心理治疗两方面。这一界定可在理论研究范围视为狭义的罪犯心理矫正。[1] 从这一视角认识的罪犯心理矫正就是将主要依靠精神病学知识和技术应用于监狱行刑过程中的罪犯矫正问题，分析罪犯的心理、行为问题，然后有针对性地进行心理治疗、行为矫正。另有观点认为，罪犯心理矫正属于心理学范畴，包括心理咨询、心理治疗以及行为矫正等活动，对罪犯服刑期间的心理矫正按心

---

[1]　王圆圆："论犯罪心理矫治：现状、问题与对策"，载《四川经济管理学院学报》2008 年第 3 期，第 48 页。

理学的方法进行治疗。这也是一种狭义的概念。美国当代法律心理学家罗伯特·威克斯指出：从理论上讲，犯罪人心理矫治可以既包括精神分析，也包括行为方法。不同的矫治活动既可以由专业人士进行，也可以由受过训练的准专业人员在监督下进行。治疗活动可以一对一进行，也可以在集体情境中进行。① 这种对罪犯心理矫正的界定主要是指从心理学的角度研究监狱里为促使罪犯的心理和行为发生变化所采取的一系列改造措施的总称，认为凡是能够对罪犯产生积极影响，或是使罪犯产生积极变化的活动均包含在内。它不仅限于对罪犯的行为矫正，还重点关注罪犯的教育矫正，除了对出现心理问题或异常心理的罪犯的心理治疗外，更多地侧重于社会意义上的矫正治疗。这是广义的心理矫正的含义。

在理论上，学界对罪犯心理矫正概念的界定莫衷一是，难以达成共识。在实践中，所进行的罪犯心理矫正亦自具特色。首先，罪犯心理矫正的对象是罪犯。这里的罪犯既指关押于监狱的罪犯，也指除了监狱或矫正机构以外，其他服刑场所服刑的罪犯，包括社区矫正的罪犯。其次，罪犯心理矫正采用以心理学方法为主，兼采其他方法的矫正措施。罪犯心理矫正所使用的技术和方法是多样的，除了包括心理学范围的心理卫生与心理健康教育、心理咨询、心理治疗和行为矫正，也包括与上述活动有关的罪犯心理评估与诊断、疗效评估、再犯罪心理预测等内容外，凡是能够对罪犯心理产生积极影响和积极变化的活动，都可以称为罪犯心理矫正活动。总之，罪犯心理矫正就是监狱运用心理科学的原理和方法，通过对罪犯展心理健康教育、心理评估、心理咨询与治疗、心理危机干预等一系列活动，帮助他们消除犯罪心理及其他心理问题、维护心理健康，重塑健全人格，提高适应社会的能力，以促进改造目标的实现。② 这是一个从准广义的角度来界定罪犯心理矫正。因此，我们需要将罪犯心理矫正与罪犯心理矫治概念区别开，罪犯心理矫治是指建立在严格的、科学的专门治疗方法概念基础上的心理矫治技术与措施。它是

① 吴宗宪：《国外罪犯心理矫治》，中国轻工业出版社2004年版，第23页。
② 章恩友：《罪犯心理矫治》，中国民主法制出版社2007年版，第3页。

监管医学与临床心理学的研究对象，分为"矫"和"治"两个方面，也就是运用医学心理学的专门技术和手段，对罪犯的不良行为习惯进行矫正和对罪犯的心理障碍进行治疗。简单地说，罪犯心理矫治包括医学治疗，而罪犯心理矫正只是运用心理学矫正，不涉及医学内容。本书研究的罪犯心理矫正主要包括监狱心理咨询、心理健康教育、罪犯人格和认知改变、罪犯的安全感和人际关系等方面，均不包含医学治疗内容。

一、对罪犯心理矫正的期待

人不仅有本能和直觉，而且有理性和意识（或自我意识）。人的理性和意识（或自我意识）使得人在社会中具备观察、评价、控制、选择等能力。对于外界环境和刺激，人能够通过观察，从而进行分析、思考，并作出评价。在评价的基础上，对自己的情绪、行为进行控制，最终作出选择。外界环境的影响和人的自我修养，共同造就了人类个体的特定人格，特定的人格倾向一旦形成，它就一方面支配个体行为选择并通过个体的选择性行为得以外化，另一方面会在环境的不断影响和自我意识的不断修正下继续发生变化——更加健康或者趋于变异。我们可以总结出：人的行为选择是由外界环境的影响和人的自我修养所决定的，同样的外界环境面对不同的自我会作出不同的行为选择。因此，提高人的修养，具备健全的人格，也是对服刑人员进行矫正的内容之一。

人格获得健全发展的标志之一是具有良好的社会认知能力和社会适应能力。健全人格者总是表现为能够冷静地面对和应对外界环境的压力与诱惑，能建立起良好的社会交往关系，并且能够使自己的价值得到实现和创造力得到发挥。人的内在自我控制的重要性，自我控制能力是作为精神性存在的人所特有的一种能力，它是由人的道德感、社会责任感、良心、羞耻心等组成的人的一套自我调节和行为缓冲机制，能够使人在复杂的情境中表现出充分的理性，从而避免过激行为的发生。

罪犯是实施过犯罪行为的主体，但是人为善恶综合体的本质并没有改变，其作为人的基本心理特征向善的心理并没有完全消失，罪犯作为人的理性和意识的存在，向善的基本人格因素和悔罪感的存在，为罪犯的心理矫治提供了人性基础。这就是罪犯心理矫正的认识基础。通常认为，罪犯心理矫治在监狱管理中起着以下的作用。

（一）帮助罪犯适应监狱环境

监狱的环境和社会的环境是截然不同的。首先，在监狱，罪犯的行为是受到限制的。各项行动均会受到法律法规或监规纪律的约束，日常的生活包括作息时间、工作、学习等均有相关规定与要求，无法做到按自己的意愿行事。在监狱中的罪犯不仅离开了熟悉的环境，而且与亲人分离，对家庭亲人的思念与期盼，会导致许多新入监罪犯的心理处于压抑状态或失衡状态。对于服刑环境的不适应和对原先社会生活的向往与留念，以及对未来服刑生活的恐惧可能会产生心理与情绪问题。此时，心理矫正人员可通过心理咨询及团体心理辅导等形式来帮助这部分罪犯解决所面临的心理问题，缓解不良情绪反应，帮助他们尽快适应监狱的服刑环境。

（二）帮助罪犯消除个人缺陷

犯罪行为是特定的社会背景、环境和个体选择性的行为相结合而发生的，它的发生丁犯罪人而言是具有可控杂地的。这个可控的关键因素在丁个体心理健全程度，也就是具有良好的社会认知能力、社会适应能力和自我控制能力。因此，一个人只有具有健康的心理，才能冷静地面对和应对外界环境的压力和不公，才能以积极的姿态、以合乎道德和规范的行为方式实现自己的价值，发挥自己的创造力。换言之，减少犯罪的发生，从个体的角度必须要加强对人们心理的引导，使之能健康的发展，对人的缺陷心理进行治疗，对病态的人格特征予以矫治。

监狱犯罪心理矫正包括预防性的矫正措施和改造性的矫正措施两方面。预防性的矫正措施以服刑罪犯以后不再实施犯罪为目的而采取的措施。改造性的矫正措施是针对罪犯已实施的犯罪，为其寻找根源，使其认识到自己行为的危害性，其最终目的也是防止类似的犯罪行为再次发生。前者是针对某些罪犯的"危险信号"所采取的矫治工作。对于这类人，及时加以教育和引导，以帮助其摆脱消极环境和不良思想的困扰，克服情绪障碍，最大限度地将犯罪倾向消灭于萌芽状态。对于后者，通过认知疗法可以帮助罪犯改变错误认知，提高认知能力，树立正确的认识与观念，使罪犯在今后的生活中能正确对待所面临的问题及困难，不要再因为认知错误而发生违法犯罪的行为。犯罪心理矫正通常运用的行为疗法对于矫正不良习惯、消除罪犯的行为问题，具有很好的效果，成功的行为疗法不仅可以帮助罪犯改变不良行为，而且可以培养罪犯良好的行为习惯。心理矫正中的犯罪动机可以帮助罪犯了解与掌握自身犯罪的偶然性或必然性，增强罪犯对自身的了解，从而有针对性地改正过去的错误。此外，心理矫治还可以帮助罪犯疏泄消极情绪，发展自控能力，改善人际关系等。

（三）治疗和甄别精神类疾病

监狱的服刑环境是封闭和压抑的。罪犯在这样的环境下生活，不同程度地会产生心理问题，通常表现为烦躁、焦虑、抑郁等，严重的可能会患精神类疾病。监狱开展的心理治疗的对象一般为程度较轻的心理问题，也就是常见的心理问题及一些个性缺陷问题等，而较为严重的精神类疾病由于监狱条件的局限，往往要送到专门的精神病院进行治疗。总之，对于较轻的精神类疾病或心理问题的罪犯，监狱采取针对性措施进行治疗，对于较重的精神类疾病，监狱更多的是起到鉴别与送医的作用。

（四）增强自控能力

在犯罪行为中，有相当一部分情形属于罪犯在极度冲动下实施的。这往往体现于暴力性犯罪。在外界的刺激下，行为人失去理性，实施了犯罪行为。行为终了后，这些人一般都会产生懊悔心理。然而，再次受到刺激后，这些人又会采取过激行为。这些属于自控能力较弱的人，实践中是通过个体咨询、心理宣泄、音乐治疗、团体辅导、沙盘投射分析等心理矫正措施得到改进，实现增强罪犯的自我控制能力的目的。

（五）改善人际关系

很多罪犯，特别是实施暴力犯罪行为的罪犯往往在处理人际关系时表现不佳，呈现出较低的包容性和极强的与他人的对抗性。罪犯心理矫正通过其特有的知识和技术可以帮助罪犯学会建立和维持良好的人际关系的方式，学会调整良好的处理人际关系的心态。

（六）帮助罪犯再社会化

监禁刑矫正的目的是促进罪犯顺利再社会化，帮助罪犯在服刑期间学会重新适应社会环境。罪犯服刑说明其首次社会化失败，这是由多种原因造成的，但最主要的原因是其自身缺乏责任感，心态不良等原因造成。犯罪心理矫正可用自身方法缓解罪犯这些问题，从而达到矫治罪犯使他们能够寻求到一个守法的生活类型的目的。

总之，心理矫正在罪犯改造实践中发挥着非常重要的作用。从罪犯角度来讲，这是一种较为柔和的矫正方法，帮助罪犯实现心理恢复和发展，满足罪犯行刑的心理调适以及日后再社会化的心理需求。从监狱警察角度来讲，运用心理矫正对罪犯进行改造，实际上也就是多一种更科学化的改造方式，既有利于提高警察的工作效率，也有利于保障监狱警察依法履行职务。在日益强调保障罪犯权益的处境下，要提高监狱行刑的效果，就需要借助更加科学和文明的行刑措施，心理矫正当属科学文明的行刑措施。从监狱角度来讲，其行刑目标就是罪犯的顺利再社会化。运用心理矫治使改造任务更具针对性，能够对症下药，更能从根本上促使监狱向人性化、文明化发展。从国家社会角度来讲，刑罚的目的从报应向功利最后向罪犯回归社会发展，这是刑罚文明的体现。实施罪犯心理矫治适应国际行刑制度的趋势，符合时代的发展要求。

二、对罪犯心理矫正的实务考察

监禁刑从产生之初就包含了矫正罪犯的内容，劳动矫正和教育矫正是通常的矫正措施，心理矫正并非随着监禁刑行刑而产生，它是对罪犯矫正历程中的新的矫正措施。当然，这并不影响行刑矫正之初，监狱官员都会不同程度地、自觉不自觉地运用着心理学的原理和方法。从我国的情况看，20 世纪80 年代罪犯矫正工作的心理咨询工作开始，随着心理学知识的传播和人们对心理学知识在改造领域运用的重视，并通过司法部出台相关规定的方式，不断强化心理矫正工作在监狱工作中的地位，并对监狱心理矫正工作提出了新要求。目前，我国心理矫正工作总体来说已全面开展，但仍需向深入性和实效性方面发展。

（一）罪犯心理矫正主体

罪犯心理矫正活动的主体为矫正人员，他们一般均为掌握心理治疗基本理论和基本技能的人。在具体实务中，他们通过一定的中介物，如语言、表情、姿态和行为，转化为客观刺激物，有计划、有目的地影响罪犯的认知、情绪和行为，调动罪犯自我改造的积极性。在国际上，矫正人员通常为心理学方面的专家或心理咨询师，他们在监狱的委托或聘用下为服刑罪犯进行心理矫正活动，在矫治活动中起着主导作用，把握着整个矫治活动的方向。我国目前罪犯心理矫正工作普遍由教育科承担，监狱教育科的业务也就包含了教育罪犯和为罪犯从事心理矫正两项职能。通常情况下，在教育科内部对于两项工作是有分工的。也有一些省份的监狱成立专门的心理矫治科专门负责罪犯心理矫治各项工作与活动的开展与实施。此外，每个监区均有监区长或副监区长以及一名三级以上国家心理咨询师负责心理矫正工作，但严格来说他们均是兼职人员，同时还负责监区的日常相关工作。从云南省丽江监狱统计的数据看，监狱具有心理咨询师资格的人员有114人，其中国家二级心理咨询师10人，国家三级心理咨询师104人，但大部分具有心理咨询师资格的人员所从事的工作基本与罪犯心理矫治工作无任何关系。在丽江监狱专职从事罪犯心理矫治工作的人员只有2人，兼职从事心理矫正工作的人员为20人，具有心理咨询师资格但又未从事该工作的82人。在专业人员培训方面，云南省丽江监狱每年都会组织一次到两次的心理矫治方面的培训班，但由于受训时间较短、培训内容不系统、培训对象不固定，对专业人员的业务技能提高并没有太大的实际效果。这在我国是具有代表性的情况，从某种角度上说明了近年来监狱警察认识到了心理矫正工作的重要性，并愿意投身于该项工作，但在实际工作中，岗位的设置和安排是必须服从组织安排的。作为监狱对于人员的安排需从必要性和紧迫性出发优先考虑人员和机构的设置。这就在客观上造成了心理矫正方面人员安排的匮乏，也就是虽有人才储备，但不得不先满足更为紧迫的岗位，例如监狱安全、监狱生产。总之，我国监狱中从事罪犯心理矫治工作的专业人员队伍建设尚处于起步阶段，无论从数量还是质量都有待提高。这与国外罪犯心理矫正人员的配置相比差距甚大。国外监狱中从事心理矫正的人员一般包括矫正心理学家、精神病学家、社会学家、个案工作者、咨询员与其他人员等种类，[①] 每个工种不仅分工明确，而且还能相互衔接、配合。而我国监狱从事罪犯心理矫正的工作人员基本都是监狱干警。这些干警中大部分人员尚未接受过系统的心理学方面的教育，只是在上岗前通过国家心理咨询师职业等级考试并取得心理咨询师资格证书。这些人员的工作范围一般涵盖了监狱的所有种类心理矫治工作人员的工作范围，其实效性可想而知。

（二）罪犯心理矫正的机构设置

目前，我国心理矫治工作机构的设立与监狱机构的设置相吻合，共有四个层级：一是省、市监狱管理局建立罪犯心理矫治工作指导中心，负责指导全省市的罪犯心理矫正工作，制订工作计划、指导并监督工作的实施。二是监狱层面成立罪犯心理矫治机构，一般设于监狱教育科，负责具体实施省局计划、指导监区完成心理矫正工作。三是监区建立心理咨询室和心理矫治工作室，在省局、监狱的指导下具体实施罪犯心理矫正工作。四是罪犯中成立心理互助小组。该小组由监区从罪犯中遴选心理较为健康、改造表现较为良好的人员担任组长，表现一般的罪犯为组员。监区对组长进行定期培训，提高他们对小组内的其他成员进行日常的心理辅导能力。在组长的主持下，罪犯心理互助小组定期召开心理讨论会，开展心理剧的表演、各种心理诊所的模拟等有利于心理矫正的各种活动。罪犯心理矫正机构的设置丛业务范畴看，从上至下为指导和被指导、监督和被监督的关系。这种四级心理矫正体制从

---

① 张晶："法制现代化进程中的中国现代监狱制度价值解读"，载《金陵法律评论》2005年第1期，第132页。

理论上看还是较为全面与合理的，但在实践操作中，由于劳动占据了矫正的主导地位，以及心理矫正人员的有限、矫正效果的隐性，导致心理矫正工作未能体现出应有的价值，特别是监区层面与罪犯层面的心理矫正工作呈现出形式化的特征。

（三）心理矫正工作的开展情况

监狱对罪犯心理矫正工作包括心理测试、心理评估、心理健康教育、心理咨询、心理问题矫治、危机干预、矫治效果评估等内容。

1. 心理测试

心理测试是指通过一系列手段，将人的某些心理特征数量化，来衡量个体心理因素水平和个体心理差异，用科学设计的量表来测量观察不到的人格结构的一种科学测量方法。在实际操作中，心理测试（测验）一般用设计符合信效度的问卷方式进行，一个有用的心理测试必须是有效的（即有证据支持指定的解释试验结果）和可靠的（即内部一致的或给予时间一致的结果）。也就是说，所有人需要平等对待，对测试问题的认知均等率是很重要的。目前，我国监狱对罪犯的心理测试适用的是《中国罪犯心理测试量表》，这是我国专家学者们在大量实验研究的基础上，根据已有的心理学测试量表，结合犯罪心理学及犯罪学等学科建立起来的，具有较强的操作性。测试量表根据罪犯入狱、服刑和出狱的阶段性设计了针对性极强的入狱之心理测试、服刑期间的测试、出狱前的预测。

入狱心理测试是对每一罪犯刚入狱时进行的，矫治员根据测试结果对罪犯的心理状态做初步评估，并作为三个月集训后为罪犯分配监区的依据。对于服刑期间的适应性测试，并非针对每一罪犯，一般是对服刑表现较差的罪犯进行，并对有较严重心理疾病的罪犯建立特殊心理档案。对于出狱心理测试，原则上是对每一即将刑释的罪犯进行，测试其改造的效果以及再犯可能性，为社区矫正机构和刑释人员返还基层组织的管理工作提供参考。

2. 心理评估

心理评估是在心理测试的基础上进行的。心理矫正员对心理测试的结果进行详细、科学的分析后，对罪犯的心理状态作出评估。在初步评估的基础上，矫治员对其中症状明显的罪犯，结合焦虑量表、抑郁量表以及明尼苏达多相人格问卷进行测试比对，进一步进行疑病、抑郁、癔症、精神病态等评估，排查出心理健康与不健康的罪犯，运用中国罪犯个性测验和艾森克个性问卷对罪犯进行测试，进一步甄别罪犯个性有无缺陷，结合面谈及相关材料，确定出重点人头。罪犯服刑期间的心理评估更多针对的是服刑表现较差的罪犯，其评估结果，为罪犯矫治方案的制订依据。罪犯出监心理评估是在对出监罪犯的心理状况进行测试的基础上进行的，矫正员一般将出监测试结果与其入监和服刑期间测试情况进行对比，对罪犯的心理状况作出全面评估，预测重新犯罪的可能性，为地方安置帮教部门进一步教育提供参考。

3. 心理健康教育

从理论上说，心理健康教育必须针对不同类型的罪犯心理特点开展心理教育，传授科学的人际交往技巧和情绪控制技术，化解不良心理隐患。因此，有条件的监狱心理健康教育首选小班甚至个别教育的方式。然而，我国目前监狱心理矫正人员有限，罪犯须将大多数时间用于劳动。因此，心理健康教育往往以大班上课的方式进行。除此之外，监狱还会开展各类以心理健康教育为主题的教育活动。在日常的监管工作中，丽江监狱以心理健康指导中心规范化建设为载体，使用音乐治疗仪为情绪烦躁的罪犯播放轻柔舒缓的音乐，改善罪犯的性情与情感，使罪犯在轻松愉快中体验到人类丰富多彩的情感；同时，监狱利用广播系统，每天为罪犯播放各种有益调节情绪、调整心态的音乐；此外，监狱还邀请社会心理专家现场交流，在互动过程中传授心理健康知识。

4. 心理咨询

心理咨询是指运用心理学的方法，对心理适应方面出现问题并企求解决问题的求询者提供心理援助的过程。需要解决问题并前来寻求帮助者称为来访者或者咨客，提供帮助的咨询专家称为咨询者。来访者就自身存在的心理不适或心理障碍，通过语言文字等交流媒介，向咨询者进行述说、询问与商讨，在其支持和帮助下，通过共同的讨论找出引起心理问题的原因，分析问题的症结，进而寻求摆脱困境解决问题的条件和对策，以便恢复心理平衡，提高对环境的适应能力，增进身心健康。在服刑期间，罪犯可能因为服刑带来的不自由、不能与亲人见面等原因感到压力和不安，为此，监狱对罪犯还提供心理咨询帮助，解决罪犯在服刑期间的心理不适和心理障碍。在丽江监狱，所有从事心理咨询的专职和兼职人员均有职责为罪犯提供心理咨询，罪犯可自由选择他们信赖的咨询师提供帮助。这一做法，促进了罪犯提出咨询的主动性和积极性，也使监狱心理咨询效果有所提高。

5. 心理问题矫治

罪犯心理矫治实际上是罪犯矫正工作的别称，是运用心理学理论与技术，对罪犯进行的矫正教育与心理治疗，以配合教育改造，消除罪犯的反社会性，医治其心理障碍、人格失调及其他精神疾患，达到恢复心理健康，重塑健康人格，提高适应社会能力的目的。

心理学领域有许多有效的心理矫治方法，通常可分为两类，一类是认知领悟疗法，另一类是行为矫正疗法。这两种疗法是运用心理学的原理与技术，对人的心理与行为障碍（如心理活动中出现的轻度创伤、某些变态心理、儿童和青少年的不良习惯动作、社会适应障碍、品行障碍以及酗酒、吸毒、自杀等较为严重的心理与行为问题）进行矫正和治疗。在具体实践中常常是两者兼用，互为补充的。通常，心理矫治工作分两个步骤进行：首先是目标的设立；其次是具体矫治内容的计划和落实。在基本设定矫治目标之后，要详细地安排好具体的矫治工作的内容计划。内容涉及咨询的时间、地点、矫治者和被矫治者、矫治所采取的方法、预期达到的目标、可能出现的问题及解决的方法等。

6. 危机干预

危机干预，从心理学的角度来看，是一种通过调动处于危机之中的个体自身潜能来重新建立或恢复危机爆发前的心理平衡状态的，危机干预已经日益成为临床心理服务的一个重要分支。危机是指人类个体或群体无法利用现有资源和惯常应对机制加以处理的事件和遭遇。危机往往是突发的，出乎人们的预期。

如果不能得到很快控制和及时缓解，危机就会导致人们在认知、情感和行为上出现功能失调以及社会的混乱。因此，危机干预便成为人类处理危机，给处于危机之中的个人或群体提供有效帮助和支持的一种必然的应对策略。在监狱中，危机干预是确保监狱安全的一项重要措施，是按照危机发现、评估确认、预警发出、危机干预和善后处置等流程环节，迅速启动处置危机问题。

实践中，为了保护监管安全这一核心利益，出现了危机干预过度的情况。在未达到干预条件的情况下，实施干预措施，这不仅浪费心理矫正资源，同时也会使心理矫正的工作陷于被动，咨询师较难做到保密原则的操守要求，咨询方与被咨询方难以建立信任关系。

7. 矫治效果评估

对工作的总结和反思是提高工作质量的措施，矫治效果评估能总结出矫治工作的成败，以期利于后续的改进。因此，对罪犯的心理矫治效果的评估也就是检验矫治是否采取了正确的方法、矫治的过程是不是符合规范要求、矫治的结果是不是达到了预期的目标等一系列问题进行评价和监督。

总体来看，监狱心理矫正的效能处于一般水平。从问卷调查的反馈结果看，认为心理矫正效能较好的罪犯只占调查罪犯的23%，认为矫正效能不明显的占27%，而心理矫正效能没有效果的占50%，如图3-11所示。

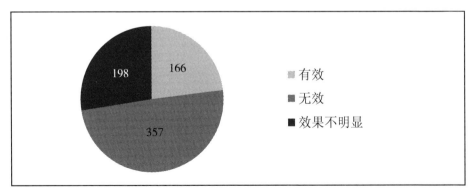

图3-11　如你接受过心理矫治，请评价效果

三、对罪犯心理矫正的反思

（一）保持矫治关系平等性是罪犯心理矫治活动的难点问题

1999 年，美国卫生局长发布了一份报告《心理健康：卫生局长的报告》，报告引用了美国最高法院的一段话："有效地心理治疗……依赖于一种信赖和信任的气氛。在这种气氛中，病人愿意坦率地暴露事实、情绪、记忆和恐惧。由于个人向心理治疗专家咨询的问题是一些很敏感的问题，因此，在咨询过程中进行的秘密交流可能会引起尴尬或者难堪。由于这个原因，暴露的可能性会阻碍成功的治疗所必需的信任关系的发展。"① 这说明心理矫正人员与矫正对象之间是否建立信任关系对于矫正成功至关重要。在我国罪犯心理矫治工作中，矫正人员往往是监狱警察。作为监狱警察承担着教育、监督罪犯的职责，对于知晓危机监狱安全的事项有及时报告的义务。因此，监狱警察在从事心理矫正工作的过程中，难以摆脱监狱警察的身份，常常在矫正活动中表现出居高临下的姿态，不能坚持矫治活动中最基本的平等原则和非评判性态度，从而难以获得罪犯的信赖，使矫治活动难有效果。

角色的矛盾与冲突是很明显的。警察与矫治人员，罪犯与被矫治人之间的不同角色的要求和期待存在着难以回避的内在矛盾与冲突。这种矛盾和冲突是不可能通过心理矫治工作的自身努力加以消除的，充其量只能尽力有所缓解。矫正工作碰到效果的有限不得不使监狱方面努力解决这个问题。目前较为常见的措施是：努力建立矫治人员与罪犯之间融洽的人际关系，减轻对立意识。为实现此效果，首先矫治人员努力通过提高专业技能，改善工作态度，以平等、热情、诚恳、耐心的态度以及着便装等方式，淡化警察角色，增加亲和力，努力维持与罪犯之间的积极矫治关系。其次，监狱慎重使用危机干涉措施，确保矫正人员最大限度为罪犯保守秘密和隐私。最后，通过开展活动，宣传心理矫正的作用和意义，让罪犯从内心接受心理矫治。

---

① 吴宗宪编著：《国外罪犯心理矫治》，中国轻工业出版社 2004 年版，第 80 页。

（二）心理矫治自愿性与监狱改造强制性的矛盾

心理矫正是指在掌握矫正对象心理结构特征的基础上，运用心理矫治手段，促使被矫正对象的心理结构向良性方向转化，使其自觉抑制不良的心理冲动，成为能够合理控制其情绪和行为的人。从某种意义上，心理矫正犹如病人看病，病人在知晓看病的益处和风险的情况下，要求医生为其治疗，因此，"知情后同意"是心理矫治工作中的一项基本伦理准则，也是罪犯心理矫正的一项准则，是指特定矫治活动可能产生的益处和危险完整准确地告诉罪犯之后，由罪犯自己决定同意接受矫治活动的做法和原则。这是心理矫正工作得以顺利开展的前提。然而，在监狱系统中，心理矫正是一种对罪犯的改造手段，依据监狱的改造职能解释，应该具有强制性，因此，在监狱，心理健康教育、心理测试、心理矫治、心理评估等工作都是监狱方面主动介入的。这与心理矫正本身的属性是相冲突的。这一冲突是监狱改造职能和罪犯接受心理矫正权利之间的问题，难以通过监狱本身的努力而化解。

（三）罪犯心理矫治的环境不利于从事心理矫正工作

不言而喻，大多数罪犯平均的心理健康水平是明显低于社会正常水平的。这一点源于大部分罪犯是在被判刑入狱前已经形成的不良心理状态或者心理障碍，也就是在心理状态出现问题的情况下实施了犯罪行为，在服刑过程中因为"监狱化"问题受到强化。少部分罪犯即使原来没有心理问题，到监狱服刑后，在封闭的环境下，也会出现一些心理问题。

美国的齐巴多教授曾在斯坦福大学征募一些没有犯罪记录的大学生做了一个实验：一些人做"看守"，一些人做"犯人"。有四名"犯人"头四天就有了严重的心理创伤反应，6日后齐巴多教授觉得这对参与者心理打击太大，停止了实验。[①] 无论是齐巴多教授的实验还是各国的监禁历史都充分说明了在封闭管理下的人的心理往往是"灰色"的，很难有积极的心态。封闭的环境，再加上比例较高的心理状态不佳的人群，只会使这样环境下的人的

① 储槐植：《刑事一体化与关系刑法论》，北京大学出版社 1997 年版，第 510 页。

心理处于危险的边缘。在这样环境下所从事的心理矫正活动，效果堪忧。

（四）罪犯心理矫治现行理论亟须本土化

起源于西方国家的心理矫治理论和技术是植根于西方社会环境和文化的成果，有其特殊的地域性。正所谓：橘生淮南而为橘，橘生淮北而为枳。这样的特性决定了简单将其植入东方文明土壤时必然出现的水土不服。在西方国家生成的罪犯心理矫正技术和量表难以直接适应我国监狱工作的环境特质。西方国家向来崇尚自由与个性独立，因此该国开展心理咨询时仅需要面对求询者一个人，而在我国开展心理咨询则要面对求询者所处的整个社会环境，有鉴于此，我国的罪犯心理矫治理论不能仅仅复制西方的心理矫治理论与技术，还需要联系我国本土文化背景等多个方面，推陈出新，形成本土化的理论研究。从我国监狱工作实际看，监狱工作的核心更多的是围绕着惩罚、看管以及劳动而设计，并由此不断强化监狱工作者的思维和行为习惯，形成了我国监狱工作的环境特质，这种特质，在一些具体环节上格格不入于西方国家已形成的罪犯心理矫治工作模式。另外，中国人特有的思维、行为、文化特征甚至生理也与西方国家的个体有着明显的区别。近年来，我国在心理矫正方面取得了一定的成果，研制出了适合我国情况的量表。但是，研制成果依然有限，远远不能满足我国的心理矫治工作发展急切的需要。

（五）罪犯心理矫治管理工作在监狱中定位存在偏差

在我国，罪犯心理矫治一直被定位为罪犯教育改造的组成部分，是教育改造工作在新时期的深化和发展，是教育改造罪犯的科学、文明手段。从机构设置也可看出这一情况。大多数监狱的心理矫正工作隶属于教育改造科，配备一名副科长及若干科员专门负责罪犯心理矫治工作，在人员配备和经费保障上均没有硬性规定。这就造成了不同监狱对心理矫正工作配置的人力和财力因监狱领导的重视程度不同而有所不同，同一监狱因工作侧重点不同而置心理矫正工作时重时轻。在实践操作中，对罪犯心理矫治工作的性质与要求上，经常被等同于监管医疗、教育改造的结合体，这种定位也使得罪犯心理矫治陷入一种尴尬的境地。

总之，罪犯心理矫治工作从其理论基础知识、技术技巧上而言应该是一个独立的体系，是与教育改造工作并列的工作，而不应该是隶属于教育改造工作体系。

四、结 语

发端于清朝末年监狱思想启蒙和制度萌芽，发展于新中国劳动改造实践和监狱制度构建，逐渐成熟于 21 世纪中国现代监狱制度模式探索与创新的中国现代监狱，在矫正罪犯、维护社会安定方面起到了积极的作用。特别是在我国改革开放以来，我国监狱在探索完善现代监狱制度方面取得了长足的进步。在硬件方面进行信息化建设、实现科学规范管理；在软件方面，加强监狱人民警察队伍监狱，进行依法治监建设。近年来，监狱建设的软硬件成就可体现在监狱制度建设方面。监狱对于警察的管理、对罪犯的管理、监狱工作的运行都有制度保障，避免了管理的随意性，为实现监狱法治化管理打下基础。在探索监狱发展的历程中，我国监狱进行了深入的监狱文化建设，以文化的力量营造健康的监狱环境；监狱为了打破封闭的局面，进行了"走出去、请进来"活动，加强与社会的联系，借助社会力量和资源改造罪犯；监狱在改善罪犯狱内生活条件和保障罪犯合法权利方面也取得了长足的进步。总之，中国现代监狱制度的产生与发展是建立在中国国情，广泛吸收借鉴近现代以来西方狱制改良的成功经验和宝贵成果基础之上的。当下，具有中国特色的现代制度架构和模式雏形业已基本形成。当然，从传统监狱制度向现代监狱制度的发展过程中，由于受到多重因素的干扰和影响，在很多方面与现代监狱制度的基本精神和目标要求依然差距很大，仍需进一步深化改革和创新突破。我国监狱发展中存在的瓶颈可总结为：监狱安全与罪犯回归之间的关系，劳动矫正与教育矫正、心理矫正之间的关系尚未厘清。

我国监禁刑行刑的目标是非常明确的，那就是"惩罚改造罪犯，预防和减少犯罪，最终使罪犯成为社会的守法公民"。为了实现监狱工作这一根本目标，我国监狱机关探索和实施了一系列有效惩罚与改造罪犯的方法和手段，如警戒看守、安全管理、信息化管理、分类管理、强化集训管理、奖惩考核、劳动改造、教育改造、感化改造、心理矫治、医疗矫治、行为矫正、文化改造、环境改造、艺术矫治、社会帮教。应该说，这些手段和方法是在惩罚与改造罪犯工作中，监狱及其民警经过反复运用和实践而不断总结提炼出来的，也是新时期惩罚改造罪犯所必不可少的。但在监狱实践工作中，却往往以劳动效益和监狱安全作为目标，出现目标与手段的错位。劳动矫正是矫正罪犯的途径之一，监狱劳动所创造的效益也会给国家和社会带来积极的效益，但将生产劳动当成惩罚改造罪犯的主要手段，甚至是唯一手段，这就将劳动改造目标化和异化，也损害了监狱工作总目标的实现。监狱安全稳定是监狱工作得以顺利开展的前提，但是如果用监管安全或安全管理取代监狱工作根本目标，就阉割了中国现代监狱制度的灵魂和精髓，甚至会使现代监狱制度演变为落后的监禁刑。

从监狱工作来说，监狱的本质是刑罚执行机关，监狱是对罪犯执行自由刑的场所，其根本职责是对罪犯实行惩罚与改造，从而达到预防和减少犯罪的目的。可见，检验监狱工作是否体现了本质，是否完成了本质性工作，最重要的是看监狱是否真正对罪犯科学地实施了惩罚与改造，是否达到了惩罚改造目的，是否真正预防和减少了重新犯罪，是否真正维护了社会和谐稳定和长治久安。从当前有些监狱所呈现出的现象和特征来看，监狱近些年发展很快，监容监貌焕然一新，监狱财政投入巨大，罪犯教学楼、心理咨询楼、文化中心一应俱全，罪犯的改好率、违纪率、文化教育及格率、技术教育获证率、顽危罪犯的转化率等指标逐年提高，民警的文化学历、心理咨询师比例、专职教师比例、教育改造经费投入比率等指标也都逐年提升，这确实说明监狱在惩罚改造罪犯方面取得了很大成绩，但是看似安全、稳定的外表下，由于缺乏科学深入的犯情分析和耐心细致的个别教育，实则是危机四伏，隐患重重，近年来刑释人员居高不下的重新犯罪率已给我们敲响了警钟。

近年来，我国监狱在罪犯改造上多注重加强制度、规范及其他硬件建设，注重对罪犯改造中他律的规范，这是应该肯定的，但是，也从某种程度上忽视了对罪犯自律意识和自律思想的启迪和教育，使得日常思想教育有所削弱，也使罪犯的思想改造，尤其是自律意识的强化和培养受到影响。实践证明，监狱作为国家重要的刑罚执行机关，作为社会主义精神文明的展示窗口，作为孕育文明、生产文明、创造文明和传播文明的特殊场所，在依法治监的同时，必须加强以德治监，只有这样，才能忠实履职，圆满完成国家赋予监狱的重大历史使命。

破解和消除中国现代监狱制度面临的以上瓶颈和障碍，必须采取一系列强有力的改革举措，明确监禁刑行刑目标和行刑手段之间的关系，科学界定和解析监狱惩罚改造职能这一特殊本质，凸显中国现代监狱制度的"改造刑"实质，正确处理劳动矫正与其他矫正之间的关系，构建一系列有益于监狱深化发展和形成良性循环的体制机制，建立和强化罪犯违规惩戒和监狱民警执法权益保障机制，构建提升监狱智能引领与凝练监狱文化品质机制，构建监狱与社会信息互通、资源共享、工作联动的体制机制等。

第四章

监禁刑的发展方向

第一节 从监禁刑悖论看其发展的必然出路
——行刑社会化

一、罪犯监狱化是罪犯再社会化的障碍

监禁刑作为一种在人类刑罚史上较为文明的刑种，至今在各国刑法中占据主导地位。与死刑、肉刑不同的是，监禁刑不剥夺罪犯的生命权，也不对罪犯的身体进行伤害。可以说，监禁刑是完全脱离同态复仇的刑罚，从这个层面上说，监禁刑的产生在刑罚史上具有里程碑的意义。对监禁刑的设计其目的就是实现以替代惩罚的方式实现犯罪人与被害人、犯罪人与社会和国家关系的修复。监禁刑还以其时间的长短对应犯罪人罪行的轻重。在肯定监禁刑积极意义的同时，我们也不得不面对行刑封闭化的行刑方式与行刑社会化的目的之间的矛盾。对罪犯人身自由的剥夺无疑是将罪犯关押于固定的处所，也就是监狱，这是监禁刑惩罚罪犯的核心内容。不论是行刑机关还是国家和社会，都善良地希望罪犯在被关押期间能反思自己的错误行为，并提高自身的修养，刑释后能顺利再社会化，成为合格的公民。然而，善良的愿望总需现实可行的条件。把罪犯置于封闭、孤立的监狱，让他们按监狱规章制度和监狱警察的命令完成行事，按要求起床、劳动、学习、休息，甚至参加娱乐活动，在他们刑满释放后却要求适应社会开放环境，自主行为符合社会规范，这是不切实际的。克莱门斯在其《矫正导论》中认为，"将一个人长年累月关押在高度警戒的监狱里，告诉他每天睡觉、起床的时间和每日每分钟应做的事，然后再将其抛向街头并指望他成为一名模范公民，这是不可思议的"。① 监禁刑行刑与生俱来存在悖论：客观上对犯罪者羁押于监禁场所执行刑罚，主观上追求的是罪犯的再社会化。这使得罪犯再社会化的实现变得步

---

① 汪明亮："积极的刑事政策论纲"，载《青少年犯罪问题》2012 年第 5 期，第 36 页。

履艰难，甚至有可能使罪犯的反社会性进一步加强。这是行刑的手段与目标、过程与效果之间深刻的矛盾。监狱在剥夺犯罪人的人身自由的同时客观上达到了削弱其正常的生活能力，将其置于社会边缘的病态人。监禁刑行刑中形成的罪犯监狱化①是罪犯实现社会化的阻力。

人的习性、思想主要是受环境的影响。良好的环境中一般都能培养良好的习性和思想，反之，就会形成扭曲、病态的习性和思想。监狱中的人是由犯罪的人群和监狱警察组成，监狱的环境是封闭和孤立、与社会隔离的。在这样的环境，监狱警察代表国家承担着执行刑罚、惩罚罪犯以及管理罪犯、矫正罪犯的职责。应该说，监狱推行的是体现社会主义核心价值观的主流文化。然而，在封闭的环境、大量的犯罪人群条件下往往滋生了与主流文化相对抗的监狱亚文化。监狱亚文化是指服刑犯人将监狱社会中的与犯人文化中的规范、价值观和非正式规则内化的社会化过程，也就是罪犯对于监狱亚文化的学习与接受以及罪犯机构化人格的形成。由此，监狱文化由主流文化和亚文化构成。监狱主文化是指监狱当局提倡并营造的帮助罪犯改造的积极文化，可通过监狱的制度、规则、行为规范以及监狱的管理方式、生活方式等得到体现。亚文化则是指罪犯亚群体在监禁生涯中逐渐形成、自觉或不自觉地信奉和遵行的文化。其内容是与主流文化偏离或对立的，其作用会削弱主流文化的功效。即便如此，监狱亚文化的产生在客观上有其不可根除的条件。罪犯在监狱服刑必定遭受监禁的痛苦，监狱亚文化是对主流文化的背离，是一种具有反社会属性的文化，它根植于监狱生活的封闭性，根植于罪犯排解孤独、获得安全感的本能需要。可以说，罪犯监狱化在一定程度上是为了应付或缓解"监禁的痛苦"而产生的。监禁就是与社会隔离，监禁就是必须接受与在社会环境下强度和密度都大得多的约束。"监禁的痛苦"因犯罪人的自由、财物和服务、异性关系、自主性和个人安全受到剥夺而产生。②离开

---

① 监狱化首先是西方国家的监狱社会学家研究、考察罪犯在监狱行刑过程中受监狱环境影响而形成的特殊人格的概念。

② ［英］布莱克伯恩：《犯罪行为心理学》，吴宗宪等译，中国轻工业出版社2000年版，第231页。

熟悉的社会环境，进入封闭的监狱，罪犯不可避免地会出现孤独、压抑、恐惧、紧张等情绪。这样的情绪折磨着罪犯。为了缓解痛苦，罪犯自觉不自觉地接受了亚文化，把自己凝结为某种团体。监禁的痛苦和监狱的环境促使监狱亚文化的产生。罪犯不仅是监狱亚文化的接受者，同时也是监狱亚文化的制造者。

一方面是监狱主流文化的灌输和传递，另一方面是监狱亚文化的滋生和蔓延。罪犯就在主流文化和亚文化相冲突的氛围中服刑，并接受矫正。总体来说，对两种文化，罪犯都具有一定程度的接受。正向、积极的监狱主文化是通过教育方式为罪犯被动接受的，至于接受程度却因人而异。负面、消极的监狱亚文化是在罪犯服刑中通过自身感受、通过与罪犯交流主动的接受的。共处监狱环境，实施过犯罪行为的相同经历，罪犯对这种监狱亚文化有一种共鸣，对亚文化的接受更为深刻、生动。由于两种文化都存在传播的过程，而对象就是共同的个体，因此两种文化接触是难免的，相互冲击也是不可避免的。从表面看，监狱主流文化是占绝对优势的，但是两种文化是此消彼长的。对于这个问题的观察需要正确客观的视角。监狱主流文化的市场扩大了，阵地增多了，亚文化的空间就会缩小。

监狱化对罪犯的影响是深刻而持久的，对此，我国台湾学者张甘妹曾经总结到：监狱内之拘禁生活，受刑人无自主性，使受刑人逐渐丧失独立性、自尊心及责任感；与多数犯罪人之接触，促成犯罪知识与技巧之相互学习，与不正常的监狱文化之同化，使受刑人道德退化，丧失羞耻心；与社会隔离之监禁生活、受刑人的烙印等，使受刑人意识到被社会排斥、孤立及社会地位之贬抑而丧失自尊心、促成自卑与自甘堕落。① 犯人在接受监狱亚文化的过程中，逐渐将犯人当中流行的对抗社会的行为规范和习惯内化从而形成一种反社会的畸形人格，其与监禁本身所追求的对罪犯的再社会化是完全背道而驰的。总之，监狱行刑的悖论造就了罪犯观念和人格二重性，体现出了监

---

① 姚贝："论宽严相济刑事政策视野下轻罪的处理"，载《学术交流》2008 年第 9 期，第36 页。

狱化的特征。

（一）监狱化导致罪犯身份的烙印化

监禁刑具有隔离功能，表现为将罪犯从社会隔离出去，以保护社会安定。罪犯在监狱内通常以刑期为限服刑，因时间和空间条件所限，至少在罪犯服刑期间，防止了其侵犯社会的可能。但是，在一个相对封闭的环境接受惩罚，从某种意义上也在向民众宣布服刑罪犯是恶的，他们有害于社会，甚至没有资格留在社会生活。隔离罪犯的确起到了贬损罪犯形象的效果。这种效果是社会对罪犯的否定性评价，把罪犯这一恶名与某一个人或某一类人固定地联系在一起，无形中导致社会对罪犯的疏远。监狱化还导致罪犯的自我否定性评价。在与社会环境不同的监狱服刑，每天被告知如何行为、被告知细小而繁杂的禁止事项，这无疑向罪犯内心强化他们就是犯过罪的人，受到社会的排斥和孤立。德国犯罪学家施奈德指出："监狱化意味着罪犯已经降低的人格再一次下降，在监狱的判决执行过程中可以观察到罪犯人格的下降和被打上耻辱烙印的过程，那完全是强烈伤害了罪犯的自我价值观，使其在犯罪生涯中陷得更深。"罪犯身份的烙印化使罪犯自身产生了畏惧融入社会的心理，也使社会不愿接受他们的再次融入。

（二）监狱化导致犯罪人机构化人格缺陷

虽然现代刑罚理念更多提倡监狱的矫正和教化功能，但是监狱是一个惩罚罪犯的场所，这也是不可否认的。将罪犯置于监狱，实现对罪犯人身自由的剥夺，势必需要严格的监狱纪律作为保障。对罪犯的教化往往也是在强制状态下进行的，因此严格的监狱纪律也是必不可少的。这些严格的纪律让罪犯在监狱规定的区域内活动，规定的区域休息，规定的时间和地点吃饭、劳动、学习……在监狱生活中，罪犯除了服从管理的自由外，很少有自主活动的自由。对于不服从管理和纪律的，就必须面对行政甚至刑事制裁。对于任何一个人而言，长期处于失去自主性、习惯于依赖服从、拒绝独立思考的状态，自然而然也就形成了机构化人格缺陷，成为一个完全没有个性特征的人。

实现再社会化需要正常的社会互动，个体只有在互动中才能发展出个性和自我，而监狱生活对犯人社会互动的实现有着很大的负面影响，社会互动在犯人生活中的缺失，很容易使人格孤僻，不能对社会其他成员或社会本身产生认同，从而不利于正常社会人格的实现。

（三）监狱化导致罪犯的疾病化

监狱化容易使罪犯在心理和精神上产生疾病。监狱封闭的行刑方式容易给罪犯带来心理和精神上的严重伤害。这不仅是监狱学家们实验的结果，还是被人类监禁史不断证明的结果。人的社会属性说明了人的健康发展是需要开放、自由的社会环境，离开了这样的环境，人就会出现一些心理问题。实践证明，监狱中的罪犯普遍存在不同程度的心理疾病，主要表现为抑郁、悲观、焦虑、敏感、恐惧、脾气暴躁、被害妄想、精神失常等。这些心理问题会使罪犯丧失个人内化的主动性和积极性，成为再社会化的阻力。犯罪学家施奈德认为："鉴于环境的人工化和隔离状态，本身是监狱治疗失败的一个重要原因，监狱生活的孤立性与完全制度化使罪犯被非社会化了。"① 人们常说：监狱是个大染缸。这话在某种意义上是具有一定的合理性的。监狱中关押着一大群各色罪犯，集中关押不可避免地会发生沟通和交流。在交流中，相互学习到一些犯罪的技巧和经验，使得本来就有的犯罪性得到进一步强化。而独立关押更会损害人的心理健康。监禁的封闭环境为犯人提供了不健康的类群体环境，受畸形的人生观和世界观的影响，罪犯群体对罪犯个体的影响往往都是负面的和消极的。监禁行刑的确在客观上造成了罪犯再社会化的障碍。

二、行刑社会化是改良监禁刑的突破口

（一）行刑悖论的存在不足以废除监禁刑

在历史发展长河中，监禁刑扮演过推动人类刑罚文明向前发展的重要角

---

① ［德］汉斯·约阿希姆·施奈德：《犯罪学》，吴鑫涛译，中国人民大学出版社1990年版，第27页。

色，至今监禁刑仍然在各国刑罚体系占据着主导地位，发挥着惩罚罪犯不可替代的作用。然而，该刑种自始存在的固有的悖论，使其在矫正罪犯目标的实现上产生了障碍。刑罚学家、监狱学家们的多次改良，其结果收效甚微。最终人们对监禁刑产生了质疑，甚至有学者预期监禁刑的适用趋于消亡。的确，监禁刑的执行所导致的犯罪人监狱化的问题，客观而现实地说明了监狱虽然比刑场和肉刑执行场所更为文明和进步，但也并非是实现改造目标的理想场所。监禁刑的矫正功能实际上是十分有限的。有学者认为，以国家名义对犯罪者自由权的剥夺问题上，总体而言，没有证据表明对犯罪者的监禁就一定优于罚金、社区矫正、剥夺资格等非监禁刑；从监禁刑本身来看，长刑期不一定就比短刑期更具社会效益，实际执行一定就优于缓期执行。为此，人们不禁会想到减少监禁刑的适用也许是克服监禁刑所固有的行刑方式与行刑目的之间矛盾的措施。这也是有些学者的观点，他们认为只有逐渐减少监禁刑的适用，才能最终使之消亡。Hermann Mannheim 在 1943 年预言道：监禁刑作为大规模对待违法者的一种手段大致就要结束了。Morris 在 1965 年指出：各种监禁机构都是临时的权宜，监禁刑的运行不令人满意，它的未来缺乏承诺；可以确信，20 世纪结束前监禁刑趋于消亡。[1] 然而，除了其悖论外，作为颇具优越性的监禁刑如果被限制适用，甚至消亡，那么又有何刑种来代替它呢？

在行刑悖论的明显化和学者对监禁刑消极看法的影响下，非监禁制裁措施被人们所青睐并寄予厚望，认为非监禁刑不仅能够惩罚罪犯，而且行刑后果不存在阻碍罪犯回归社会的问题，因为他们未曾离开社会。这对于主观恶性较小或罪行较轻的罪犯而言也许是可行的，但是对于社会危险性极大的罪犯，让他们在社会服刑，这在避免行刑悖论的同时，又使社会置于危险的境地，同时也很难控制罪犯再犯。在此，我们不得不承认，对罪犯的隔离也是保护社会秩序的措施。尽管如此，西方发达国家面对行刑的弊端，从 20 世纪 80 年代开始逐步尝试控制和减少监禁刑的适用，加大非监禁刑的适用力度。

---

① The Future of Imprisonment, edited by Michael Tonry, Oxford University Press, 2004, Preface.

在所有的非监禁刑措施中，社区矫正的使用率较高，被人们认为比监狱矫正有更大的优越性。然而，从社区矫正推广较为成熟的美国的情况看，其实施效果并未达到人们期待的目标。在社区矫正迅猛发展的同时，美国监禁人口长期位列世界第一且仍在持续增长，表明社区矫正人口与监狱人口的数量并非简单的此消彼长关系，其监禁刑的替代功能发挥得不理想。从我国的行刑实践看，社区矫正和非监禁刑改革工作处于初期阶段。社区矫正已在全国推行多年，但在具体的实施和细节的落实上，由于城乡之间、发达地区和落后地区之间差别较大，仍需进一步探索和完善。从近年来刑事判决的情况看，非监禁刑的使用率仍然很低。从总体看，在我国犯罪坐牢的观念占据着主导地位。某些学者的预言或许从理论上有一定的道理，但是监禁刑还将长期存在，这也是不争的事实。

现代社会，同态复仇已经被集体惩罚机制代替，刑罚中的监禁是对被破坏的社会关系的替代性修复，它是一种替代修复措施。监禁中，惩罚起源于替代性修复措施。除了死刑立即执行和监外执行，国家对入狱服刑的罪犯施以剥夺或限制人身自由的惩罚。监禁刑惩罚功能有限性的根源也产生于替代性修复措施。即便如此，监禁刑作为一刑种，其独特之优越性也是不可忽视的。因此，尽管监禁刑存在这样那样的弊端，但是这只能成为监禁刑现代化的理由而不是废除监禁刑的借口。监禁刑的彻底废除仅限于理论研究领域，而在实践中是无法操作的，在较长的时间内是不会发生这样的事的。事实也证明迄今为止，没有任何一个国家尝试废除监禁刑，而只是不断地在改良行刑措施，探索最有效的监禁处遇模式。[①] 因此，改良监禁刑的执行是唯一可行的办法。改良的出发点就是找到监禁性刑罚导致再社会化障碍的根源，那就是封闭的监禁环境是阻碍罪犯再社会化的根本原因。

犯罪是人类社会固有的弊端，为了人类的生存和发展，对犯罪的惩罚也是客观需要的。这是人类正义价值观的体现。废除监禁刑是一件严肃的事情，其前提是人们找到完全替代监禁刑刑罚的新的应对犯罪的方法和措施，显然，

---

① 左卫民、宗建文：“论监禁处遇”，载《法律科学》1994 年第 2 期，第 12 页。

至今人们还未找到。

（二）行刑社会化是解决监狱行刑悖论的良好途径

行刑社会化是多门学科包括刑罚学、刑事政策学、监狱学等共同研究的课题。从研究的成果看，不同的学者从不同的视角诠释了这一概念，各有侧重点，难以达成共识。有学者将行刑社会化过多地理解为社会对行刑中的罪犯进行帮教，也就是行刑中充分利用社会资源对罪犯进行教育和帮助。持此种观点者主要有金鉴、马克昌、陈明华等先生。有的学者认为，行刑社会化就是社会对刑释人员的社会化保护，也就是成立社会团体保护和帮助刑释人员。持此种观点的学者当属中国台湾著名刑法学家林纪东先生。还有学者认为，行刑社会化是把监狱由封闭改为半开放甚至开放式的状态，放宽行刑纪律、监狱环境、将改造良好的罪犯附条件、提前进入社会，以避免封闭行刑带来的监狱化问题。以上观点虽各有侧重，但共同点就是将行刑机构的行刑模式的改革与社会力量的参与统一于行刑社会化进程中，将行刑社会化直接锁定在行刑过程中或刑释以后，把行刑社会化作为刑罚执行的一项原则。从实现行刑社会化的目的而言，罪犯避免监狱化的问题需要从立法、司法、执法统筹考虑。从立法开始体现限制监禁刑的趋向，在司法活动中尝试在法律规定的范围内优先考虑适用非监禁刑，在执法阶段，积极争取改善狱内环境，争取社会资源，帮助罪犯回归社会。这样行刑社会化理念才能真正得以实现。因此，我们应该将行刑社会化作为一种刑法理念，让其具有刑事政策层面的意义，这样才能促进刑罚和监禁刑的发展，有效解决刑释人员再犯的问题。这一思路是中外刑法中某些刑种或刑罚制度形成（如缓刑、假释、减刑、社区矫正）的原因，也期望在这一理念的指导下，能够制定出更多有利于刑罚发展的制度。

总之，将刑罚惩罚罪犯和帮助罪犯重新融入社会两方面结合起来综合考虑行刑社会化，我们发现它不仅包含所有刑种的执行社会化，同时还应向前延伸考察到制刑和量刑阶段，向后注重出狱人出狱后的保护措施的社会化。应该说，行刑社会化是一个宽泛的概念。翟中东教授对行刑社会化的认识就是这样的："所谓刑罚执行社会化，就是促进罪犯接触社会，包括增加被判处监禁刑的罪犯接触社会的可能与减少被判监禁刑罪犯的数量；作为一种措施，刑罚执行社会化不仅包括保障罪犯会见亲属的权利、保障罪犯与外界通讯的权利，而且包括增加监狱的开放性、向罪犯提供社区矫正处遇的可能、促进非监禁刑的适用等。"① 从学术研究上，我们认为这是广义的行刑社会化概念。

在诸多刑罚中，监禁刑以其时间的可分性等优势在实践中运用率较高。但是由于行刑悖论的客观存在，使得行刑社会化更显必要。因此，有学者提出的监狱行刑社会化观点，也就是狭义的行刑社会化，是指监狱在刑罚执行过程中，为避免其不良后果，通过积极调动社会因素参与罪犯改造，减少监狱与社会的隔离程度，加强罪犯与社会的沟通联系，促使罪犯掌握生活技能以及相关的文化知识，塑造罪犯在社会正常生活所需的信念和人格，最终促成罪犯复归社会，而采取的确保罪犯与社会生活相接近的行刑措施。② 它不仅突出监狱自身的社会化，同时也强调社会资源和社会力量在监狱改造中的作用。监狱是狭义的行刑社会化的主体，社会是不可忽视的辅助力量，两者的协作促使罪犯顺利回归社会。狭义的行刑社会化包含监狱社会化、罪犯自身的再社会化、刑释人员的社会化三个方面的内容。因此，狭义的行刑社会化是在肯定和承认监禁刑适用的前提下，对其作出的调整和完善，与监禁替代措施、非监禁刑是有本质区别的。本书因探讨的主题为监禁刑发展方向，因此在行刑社会化上主张狭义的概念。

从监禁刑的发展历程，我们也可窥见对行刑社会化的需求与社会开放程度有密切关系。如果社会是封闭的，那么监狱和社会环境之间的区别就不大，罪犯刑满释放后重新适应正常的社会生活的障碍也就小，监狱化问题不明显；反之，如果整个社会是高度开放的，监狱与社会之间的环境差别就很大，罪

---

① 王利杰："关于行刑社会化实践性问题的探究"，载《河南司法警官职业学院学报》2004年第2期，第55页。

② 于海虹：《论监狱行刑社会化的实现途径——以青海省为视角》，青海民族大学2012年硕士学位论文。

犯刑满释放出狱后，重新适应正常的社会生活的障碍也就大，监狱化问题明显。在现代社会，随着社会的开放性日趋扩大，监禁刑的行刑方式日益成为导致再社会化障碍的罪魁祸首。与社会脱节的行刑方式使监狱化问题日趋严重：不仅使罪犯得不到足够的社会教化，而且使罪犯之间不得不相互依赖，进而加深彼此的影响；不仅使罪犯的生活模式化、刻板化，而且使罪犯得不到社会的同情与谅解；不仅使罪犯出现心理及精神问题，而且使罪犯仇视社会。故而，以罪犯再社会化为目标的监禁刑的改良必须要改变监禁性刑罚"与社会脱节"的行刑方式，尽可能建立起行刑与社会的联系，在行刑中注入"社会"的元素。马克思说过："既然人的性格是由环境造成的，那就必须使环境成为合乎人性的环境。既然人天生就是社会的动物，那他就只有在社会中才能发展自己的天性。"① 在行刑中建立起罪犯与社会的联系就是推行社会化的行刑方式的核心，是让监狱不再封闭，行刑取得良好社会效益的关键。

总之，行刑悖论引发监狱改革，监狱改革从开放监狱开始，监狱的开放以与社会加强联系、利用社会资源矫正罪犯为轴心。的确，正如有些学者所说的一样，监禁刑的现代化首先是改造监狱，然后才是改造罪犯。这就是说，监禁刑行刑社会化是刑罚现代化的内容之一。

三、行刑社会化助力服刑罪犯的再社会化

人是在社会化过程中不断成长的，从婴幼儿开始，人就开始自觉不自觉地学习社会长期积累起来的知识、技能、观念和规范，并把这些知识、技能、观念和规范内化为个人的品格和行为，在社会生活中加以再创造。这一学习过程一直持续在人的生命存续期间，未曾间断。不同阶段人的社会化学习情况不太一样，从婴幼儿到成年，称为基本社会化，是人由自然人成长为社会人的阶段；从成年后一直持续的社会化称为继续社会化，是个人不断的自我完善、自我实现的过程。一般来说，人就是包含这两个阶段的社会化。然而，

---

① 马克思：《马克思、恩格斯全集（第 2 卷）》，人民出版社 1957 年版，第 167 页。

如果人实施了犯罪行为，也就说明社会化失败，需要接受重新社会化的过程，这就称为再社会化。

在人的社会化进程中通常体现为社会教化的形式，有家庭教育、学校教育、社会组织教育，还有大众传媒教育。这是人社会化的外因，教育只有得到受教育者的接受并消化，实现个体内化，才能产生效果。因此，内化是内因。社会化不仅是个人适应社会、接受主流的社会规范、养成稳定而完善的个性、确定适当的社会角色的关键，也是社会推行基本规范和价值标准，有效的控制社会，使社会结构得以顺利维持和发展的基础。对于社会化失败的人所实施的再社会化是一种强制性的教化过程，通常由监狱、少管所等机构承担。再社会化是一个重塑人格的过程，其目标是致力于使社会化失败的人接受社会上大多数人遵循的生活方式和行为方式。正如国外有学者指出的："在再社会化的背景中，社会化的过程一般更加集中、更加紧张，其目标是人的改造，而不是人的形成。"①

在社会教化和个人内化的关系上，社会教化是前提，个人内化是结果。成功的社会化需要建立在足量的社会教化的基础之上。为个人内化结果，社会教化往往从多渠道、长时间两方面入手。渠道越多、时间越长，社会教化的"量"越大，个人内化的效果就很好。在监狱中，罪犯的再社会化是在相对"封闭"的"社会"中，对他们施以教化的主要是监禁机关，社会教化的渠道单一，社会教化的内容有限，主要是一些监狱的规章制度、简单的生活技能和某些与社会发展脱节的知识，内容十分有限。单一的渠道和有限的内容决定监禁机构中罪犯再社会化所需要的社会教化严重缺失，罪犯再社会化基础薄弱。足够的社会教化是罪犯再社会化的前提和基础。因此，在罪犯行刑过程中，必须尽量拓展社会教化。在封闭的行刑机构中拓展社会教化，唯一可行的就是打破监狱的"封闭"性，建立起罪犯与正常社会的联系，使得除了监禁机构教化外的其他社会教化可以覆盖到正在执行刑罚的罪犯。通过接触社会，罪犯可以了解社会的发展变化状况，学习新的社会的知识、技能，

---

① 刘翔宇：《开放式处遇制度研究》，湖南师范大学 2011 年硕士学位论文。

更新自己的观念，这就为个人内化这些知识、技能、观念提供了前提和基础。

（一）行刑社会化可缓解罪犯监狱化特征

社会化的行刑方式可以扩宽教化渠道，从而加大教化时间，充实监狱教化的量，从而最大限度地避免监狱化的负面影响，激发罪犯再社会化的动力，塑造罪犯正常的人格。

首先，行刑社会化有助于避免罪犯受监狱亚文化的影响。社会化的行刑方式使罪犯在相对开放的环境下行刑。他们有机会接触社会，接受多方面的信息和教育。这样也就减少了罪犯在封闭环境下不得不组成的犯罪亚文化群体集结的概率，罪犯受到"犯罪性"感染的可能性大减。在相对宽松的监狱环境，由于畅通了罪犯与正常社会沟通的渠道，监禁生活不再孤独、无助，罪犯之间的依赖感也会减轻。同时，与社会的密切接触也能促使罪犯反思自己的行为，这会在无形之间让他们筑起防线，抵制犯罪亚文化的影响，避免自己再次被感染。

其次，行刑社会化有助于缓解罪犯的机构化。社会化的行刑措施包含内容极为广泛，不仅扩宽了与社会接触的机会，也使监禁生活鲜活丰富起来。学习内容、学习方法多样化；劳动项目不仅增多而且与社会接轨，罪犯可按自己的兴趣选择；监狱文体活动丰富多彩。罪犯服刑结束了重复吃饭、睡觉、劳动、学习等的固定活动，狱内生活时时处处激发他们的自主性。这样一来，罪犯机构化特征也就难以形成了。

再次，行刑社会化有助于弱化罪犯身份的烙印化。社会化的行刑方式，一方面，使社会力量参与到罪犯的改造中来，加强了社会与罪犯的接触，让社会深入了解罪犯，促使社会以一种理性的态度对待罪犯，消除或者减轻对他们的偏见；另一方面，罪犯在与社会接触过程中，也会感觉到他们没有脱离社会，社会也没有抛弃他们，从而降低他们的自我否定程度，弱化烙印化的不良影响。

最后，行刑社会化有助于减轻罪犯的疾病化。再社会化是强制性程度最高的社会化，在充满压力、封闭的环境下很容易产生心理疾病。行刑社会化以保持罪犯与社会的联系的方式丰富罪犯生活，缓解罪犯压力，创造多渠道、多方法抒发罪犯情绪，以最大限度避免罪犯出现心理和精神性疾病。

（二）行刑社会化符合社会机构转换的发展方向

人类社会在前资本主义时代处于一元结构。在此结构中政治国家与市民社会是高度融合的，国家垄断了一切社会权力，政治权力无所不及，社会完全丧失了独立的品格，沦为政治国家的附属物。惩罚犯罪成了国家垄断的权力。随着资本主义社会的来临和市场经济的兴起，在民主和法治的基础上，市民社会取得了相对独立的空间和地位，逐渐形成了现代社会的二元结构，出现了权力的多元化与社会化趋势。二元社会结构的形成，不仅对国家和社会结构产生了影响，也对刑事政策思想和犯罪控制模式产生了深远影响。犯罪控制模式"国家本位模式"受到了动摇。

在二元结构社会，伴随着国家对社会的控制范围和控制力缩小，社会的控制力和范围凸显。对于犯罪，除了国家对犯罪人施以刑罚外，社会也有权力参与刑罚实施的过程。社会结构的转型需要与犯罪控制模式的转化和调整相适应。正如储槐植教授指出的，在当代社会背景下的提高犯罪控制效益的根本出路在于，改变刑法运行模式，即刑罚权和刑事司法权从国家手中分一部分给社会，使刑法运行模式由"国家本位"向"国家·社会"双本位过渡，加强国家力量和社会力量在犯罪控制方面的协同和配合。① 刑事执行和罪犯改造作为犯罪控制体系中的重要环节，应随着社会结构转型调整与之相适应的行刑模式。二元社会结构的形成，使行刑社会化成为必要的同时也为行刑社会化提供了必要的社会基础。

二元社会的形成也引起社会个体权利意识的觉醒，这是催生行刑社会化的思想基础。二元社会的实质是强调个体权利和社会权力，削弱国家权力的社会结构。原先的一元社会中的无基本权利的臣民提升为作为权利主体的公民。罪犯作为犯了罪的公民，其权利应该受到保护。作为特殊的公民，重返

---

① 冯卫国："犯罪控制与社会参与——构建和谐社会背景下的思考"，载《法律科学（西北政法学院学报）》2007 年第 2 期，第 106 页。

社会不仅是其目标或是社会的宽容和恩赐，而且是罪犯应该享有的权利，罪犯权利主体的地位明确。

刑罚的最终目标是将服刑罪犯实现顺利回归社会，行刑社会化的目标也是将罪犯培养成为健全的社会公民，最终实现顺利再社会化。在实现罪犯再社会化的过程中，赋予罪犯主体地位和培养罪犯权利意识是极为关键的要素。在二元社会里，各个利益团体依意愿自由组合，在社会中形成独立的利益集团，他们在社会中的各种独立力量形成的网络完全能完成国家凭有限强制力量不能完成的很多工作，这便是行刑社会化的市民基础。在社会从一元化结构向多元化结构的转化过程中，政治国家的权力收缩，市民社会逐渐开始凸显其重要的独立地位和活动空间。在刑罚执行领域，单凭国家的强制力量要控制犯罪和改造罪犯已然不能适应社会需要，"现代化的刑罚执行就是既需要国家强制机关的刚性，同时又需要市民社会的柔情关怀，这样才能体现刑罚执行效果和目的的一致性"。① 市民社会的各种民间团体、志愿者还有各类利益团体，完全能够根据国家、社会、受害人或其家属的需要，以极高的热情配合行刑机关去帮助犯罪人尽快完成再社会化的过程。市民社会的介入，也能很好的监督、预防在刑罚执行中出现腐败。

二元社会为行刑社会化的实际开展提供了有利的思想意识和社会条件。明确犯人权利已并非体现人道主义，而是强调罪犯的主体地位，以更好调动矫正的积极性。在二元社会中，提倡和践行这样的理念是完全可行的：罪犯只是被剥夺了人身自由的主体，而非完全丧失权利的奴隶，罪犯享有宪法赋予他的一切未被剥夺或限制的权利。在这样的环境下，行刑模式变化了，行刑机关及其工作人员同罪犯之间的关系也发生了变化：他们之间不再是绝对的强者与服从的单向关系，而是双方都享有一定权利并承担一定义务的对等关系。

---

① "开放式处遇制度分析研究"，http：//max.book118.com/html/2016/0224/35788790.sht.，访问日期：2017 年 1 月 15 日。

四、行刑社会化契合刑罚理论研究视角从犯罪到罪犯的转化

人类对刑罚的认识最初体现为报复主义和威吓主义的刑罚观，发展于刑事古典主义学派，成熟于刑事近代学派。报复主义和威吓主义刑罚观，以刑罚向罪犯报复、惩罚、制造痛苦为内容，实现刑罚为统治阶级镇压民众的工具。在这样的思想指导下，刑罚不可能以罪犯复归社会为其目的。行刑社会化缺失应有的思想基础，不可能得到实施。18世纪中叶，刑事古典主义学派产生。这是刑罚思想发展和进步的表现。古典学派理论关注"犯罪行为"，强调的是对已然之罪公平的惩罚和报应，实现重罪重罚、轻罪轻罚、无罪不罚。但是，古典学派却并不将犯罪人是否得到教育及矫正作为刑罚需要考虑的问题，所以，在古典学派的理论构造中，有关行刑社会化的理念及落实仍然没有生存的空间。19世纪末期出现的实证主义学派为刑事近代学派之一，该学派对于刑罚理论作出的重大贡献为将研究关注重点由"犯罪行为"转变为"犯罪行为人"，正视刑罚，尤其是监禁性刑罚功能的局限性，主张对犯罪人采取更为主动和灵活的措施，以达到教育矫正犯罪人，从而防卫社会的目标。持此观点的代表人物为龙勃罗梭和李斯特等。龙勃罗梭因看到了罪犯相互交叉感染恶习的弊端，而提出运用以非监禁方式的罚金、缓刑、假释等方法替代。李斯特考察、分析了短期自由刑的危害，主张采用缓刑和累进制以弥补这一缺失。这两位学者的观点中已然包含着行刑社会化的思想。在实证学派学者的推动之下，实现了从行为到行为人的研究视角的改变，从一般预防到特殊预防、个别预防论的发展，从单纯的惩罚罪犯到教育、矫正罪犯观点的改进，使刑罚思想发生了重大变革，也催生了一系列的新制度，为行刑社会化思想的确立提供了制度支撑和更为完善、进步的理论基础，缓刑、假释、中间监狱等社会化行刑制度得以产生和发展，但是该学派所持的是绝对社会防卫的理念，实施社会化行刑措施是为了维护社会利益，而非为罪犯再社会化着想。因此，它的社会化行刑措施只在有限的范围内适用，具体操作还相对较为简单，与我们当下而言的有关"行刑社会化"的综合概念还存

在一定差距。

　　"二战"以后，社会防卫学派诞生了。该学派是一个同时强调保护社会利益和罪犯改善的理论流派。它反思了实证学派对社会利益过度强调的观点，反对牺牲个人利益来成全社会利益，提倡罪犯有复归社会和接受人道待遇的权利。学派对于行刑社会化思想的贡献以格拉玛蒂卡激进的社会防卫论和安赛尔的新社会防卫论为主。他们都十分注重罪犯复归社会的问题。格拉马蒂卡认为，改善那些反社会的人能顺利回归社会是社会防卫最为核心和本质的目的。安塞尔在他的《新刑法理论》中提出了行刑社会化的具体措施，包括：在保留传统的监禁制度的前提下改变绝对的关押办法（如建立开放监狱、实行周末监禁、对即将释放的罪犯适用假释等）；扩大缓刑适用；推广"不剥夺自由的劳动改造制"和"公益劳动制"；罚金刑替代短期自由刑等。社会防卫学派有关行刑社会化的主张建立在促使罪犯复归的目的之上，因此，相较于实证学派初级的、不彻底的行刑社会化主张，社会防卫学派的行刑社会化无论是其思想内涵还是其具体实施，都是相对更为高级且完整的，处处都蕴含了行刑社会化思想的内涵，融入了民主、人道和法制的精神，使得刑罚执行的"社会化"得到了真正的体现，形成了系统的理论。至此，行刑社会化的理念及策略也最终得到了广泛的认可。

五、行刑社会化体现了现代监狱的行刑发展方向

　　行刑社会化所说的社会化，是指监狱行刑机关通过和社会各方面的积极力量合作等多种方式，促进监狱内服刑人员同社会进行正常的各种交流活动，或者是特定的社会组织在机构之外，相对独立地承担一定的对服刑人的矫正工作，使他们接受社会各界参与的矫正和改造活动，得以实践正常社会生活中的基本观念，从而使服刑人员在刑满释放之后能更顺利地回归社会。作为教育刑的产物，行刑社会化是在否定报应刑的基础上提出的新的行刑策略，可以促进犯罪人回归社会。行刑社会化让社会各主体分担一部分行刑任务，也就分散了一部分行刑权利，从而为罪犯改造创造了更良好的环境，此外，

行刑工作在被转化为社会工作一部分的同时，行刑民主和行刑的开放性和透明性也得到更充分的体现。它将行刑主体从单一的监狱管理者延伸到社会更多的人员，使他们能够参与其中进行相关的辅助帮教工作，增加了行刑的社会透明度，加强了实际监督效果。行刑社会化也是行刑科学化的体现——行刑社会化能使监狱管理者更加科学地采取多种措施矫正服刑人。从实质上来说，监狱行刑社会化作为缓解监狱行刑悖论、提高行刑效能及质量的有效出路之一，监狱行刑社会化改革是世界监狱行刑发展的方向的代表，是刑罚政策现代化的题中之意，因而也是我国行刑制度民主化、科学化改革的重要内容。现代监狱发展的方向可总结为法治化、人道化、民主化、效益化，行刑社会化符合其发展方向。

（一）法治化监狱

法治与监狱行刑息息相关。在现代国家，法治是监狱管理的基本方式，是国家监狱管理现代化的重要标志，也是行刑社会化得以实现的保障。现代法治为监禁刑的执行注入了良法的基本价值。建立完备的监狱法律体系是实行依法治监的首要标志。良法不仅体现为在法律的内容是科学的、民主的，还包含了完备的监狱法律体系。完备的监狱法律体系不仅要求上述法律文件要齐全，而且还要求各法律文件的内容要一致，不发生冲突，同时内容上还要形成严密的体系。通过健全和完善监狱管理法律规范、法律制度、法律程序和法律实施机制，形成科学完备的监狱管理体系，并不断提高运用法治体系有效行刑的能力和水平。

对于任何国家而言，监禁刑行刑第一位的最直接的目的是建立和维护安定有序的监狱秩序。秩序的存在是监狱履行职能的必要前提和基础，也是实现监狱法治化的前提和基础。没有秩序，监狱行刑不可能正常进行。行刑社会化下的监狱行刑实现的秩序是包容性秩序。包容性秩序是充满活力的秩序，就是能够使一切有利于罪犯回归的创造愿望得到尊重、创造活动得到支持、创造才能得到发挥、创造成果得到肯定。在监狱行刑过程中，无论是监狱警察还是服刑罪犯，他们的创造能量充分释放，创新成果不断涌现，创业活动蓬勃开展。充满活力意味着在剥夺罪犯法定权利的前提下，充分尊重罪犯未被剥夺的权利，在行刑中调动罪犯的积极因素，盲动因素得到正确引导，消极因素尽可能被化解。

公平正义是现代法治的核心价值追求，也是监狱行刑的价值追求。在行刑中保障和促进公平价值的实现，确保罪犯在行刑中机会平等，保证每个服刑罪犯能够有一个平等接受教育、参加劳动、行刑奖励甚至减刑和假释的机会，从而拓展矫正自身自由创造的空间，最大限度地发挥他们的能力和潜能，为顺利回归社会提供奠定基础。首先，需要做到规则公平。规则是一个统合概念，包括了行刑的法律规则、政策规则。这些规则需要形式上公平，就是人们经常说的法律（政策）面前一律平等，即立法上的平等，全体服刑罪犯，不分民族、种族、曾经从事的职业、宗教信仰、财产状况、受教育程度、曾经实施的罪行，在行刑规则和标准面前人人平等。其次，在刑罚执行中无例外，对任何罪犯的未被剥夺权益，都应当依法保护。对罪犯在监狱内的违法犯罪行为，都平等地依法追究。既不容许不受保护的例外，也不容许不受处罚的例外。对行刑罪犯应该平等按照法律、法规的规定正确地对待，做到一视同仁，实现权利保护和权利救济平等。无救济则无权利。任何人的权利都有可能受到侵害或削弱，当权利受到侵害或者削弱的时候，应当获得平等的法律保护和救济。不能因为服刑罪犯的改造态度好坏或其他原因而受保护和救济待遇不同。行刑社会化有助于在监禁刑行刑中公平正义价值的实现。开放性的行刑使监狱教育资源丰富，罪犯能够接受适合自己的教育；开放性的行刑使劳动形式多样化，罪犯能够选择适合自己的劳动方式；开放性的行刑使罪犯的监禁生活不再封闭和枯燥，在没有与社会隔离的情况下不断提升自己的再社会化能力。监狱机关也能比较客观地通过罪犯的表现，按照规定正确评价罪犯的服刑情况。监狱规则不仅可做到形式上的公平，也可做到实质上的公平，罪犯在服刑时的机会也就平等了。

（二）人道化监狱

从西方的文艺复兴和启蒙运动时代开始，人道主义的思想得到重视和发展，日渐成为系统的思想体系和普遍的价值观。人道主义就是人如何对待人的问题，包括社会中不同身份、不同地位的人与人之间如何相待、社会中人与在监狱的罪犯之间如何相待等内容。人道主义的核心思想是以人为核心，主张尊重人的人格和尊严，因此行刑人道化就是尊重罪犯的人格和尊严，把罪犯当人看，保障罪犯合法权利，这也是现代监狱行刑的基本要求。

罪犯实施了犯罪行为，应当受到社会道德和法律的谴责和制裁，但是受刑罚处罚的罪犯仍然具有人的资格。因此，国家、社会、个人应从人道主义原则出发，尊重罪犯的人格和尊严。在现代社会，人们对犯罪现象有了更为理性的认识：犯罪是社会本身的痼疾，促成犯罪的原因是多方面的、复杂的，绝并仅仅是犯罪人自由意志选择的结果。现代社会对刑罚的目的已不再是单纯的对犯罪的处罚，也不仅仅是通过对罪犯的严厉的惩罚来威慑潜在的犯罪人，追求刑罚的一般预防功能，而是追求报应、威慑、剥夺、矫正一体化，最终以罪犯回归社会为目的的综合行刑目的。在这样的背景下，以实现罪犯的顺利回归为目的，犯罪人在接受社会道德和法律的谴责和制裁的同时也应当受到社会的关爱与帮助。这是与人道主义的行刑理念相契合的。

人道主义的改造机理与行刑社会化的理念是相通的，两者之间不仅目的相同，方法和措施都是相似的，都需要通过犯罪人人格中的情感、需要和良心而发生作用、实现其功能的。具体表现为：

（1）两者都通过感化作用于犯罪人人格世界中的情感，推动罪犯改恶从善。情感对人的社会活动起到显著的促进和阻碍作用。肯定的、积极的情感能够推动人们的活动取得积极的效果；反之会阻碍人所从事的社会活动。罪犯在社会中处于不利的地位，与社会特别是监狱管理人员之间在情感上往往是对立的。人道的行刑处遇、社会化的行刑措施，将有效化解这种对立，罪犯能够感受到社会的尊重和监狱管理人员的关心，这种积极的情感将有效推动罪犯改恶从善。

（2）两者直接作用于罪犯的人格动力系统，关心罪犯的日常生活，改善罪犯的生活条件；关注罪犯的情感世界，把罪犯的喜怒哀乐作为制定矫正措施的依据之一；正视罪犯的自卑，强调罪犯的人权，为罪犯自身的进步和提升创造条件，从而有效地推动罪犯的需要层次的提升。

（3）两者作用于罪犯的道德良心，以人心换人心的方式促成罪犯再社会化能力的提升。在行刑中监管人员和社会对罪犯的爱、关心、信任、尊重等情感会软化罪犯，让罪犯感动，使其愿意主动接受教育和改造，从而促使罪犯再社会化。

行刑社会化增加了罪犯的活动自由、生活自主性，从而大大提升了罪犯生活的条件，实现了行刑处遇的人道化。两者的不谋而合能改善罪犯的物质生活，维护罪犯的人权，使罪犯的人格得到改造并健康发展。以人格矫正为前提、罪犯复归社会为目标的行刑社会化，集中体现着行刑的人道价值，可以说是行刑人道化的深层展开和必然归宿。

（三）民主化监狱

民主一词，原意是指"民众主权"或"多数人的统治"，是少数服从多数，是同专制相对立的一种国家形式，是人类社会用以安排政治关系的一种制度设计。民主最初虽有多数之治的含义，但民主同时也强调对少数人意见的尊重，对少数人利益的保护。随着民主的发展，重视对少数群体或弱势群体的保护越来越成为民主的重要内容。罪犯属于社会中的少数群体，同时处于在强大的国家暴力机器控制下的弱势地位，因而现代各国刑法都极为重视对罪犯权利的特殊保护，这正是法律民主化的纵深体现。

法国人伊佐说过，欲知其国文明之程度，视其狱制良否，可决也。行刑社会化是要求以人为本，以维护罪犯生存和发展的基本人权为着力点，引入社会化资源和社会力量的改造过程中，打破了监狱与世隔绝的封闭性，树立国家刑罚公平正义的司法形象；提高罪犯融入社会的能力，减少重新犯罪的可能性，将社会不和谐因素改造成为社会和谐因素，推动了和谐社会建设。

民主是行刑社会化的重要价值内涵之一。从国家及社会对待犯罪人的态度看，民主意味着宽容精神，对于实施了犯罪行为的罪犯，国家和社会并不抛弃他们，而是给予他们重返社会的希望和机会，这正是宽容性的体现；民主又意味着国家及社会对罪犯主体地位的承认,不仅承认其作为人类一员的资格,而且承认其社会公民的地位,罪犯不仅是义务的主体,而且是权利的主体,其未被依法剥夺的权利仍然受到法律的保护,行刑机构的任意和专横为法律所否定,行刑过程中应认真考虑和对待罪犯的意见和诉求,体现对罪犯权利的尊重。从国家和社会在行刑过程中的相互关系看,民主意味着开放和参与,即行刑活动对社会的适度开放和社会对行刑过程的积极参与。从某种意义上来讲,开放式处遇就意味着行刑民主化,而行刑民主化是法律民主化的表现形式之一。

应当说,行刑社会化既是法律的民主价值的具体体现,又是行刑领域实现法律的民主价值的重要手段。同时,行刑社会化将有助于实现行刑权的规范行使,最终让犯罪人的刑罚落到实处,同时又保障服刑人员合法权益得以实现。这也是监狱行刑社会化中体现出的民主化之义。行刑中强调民主价值,是出于司法公正和保障人权的需要。因此,推行监狱行刑社会化也是行刑民主化的一项重要内容。

(四) 效益化监狱

效益是从一个给定的投入量中获得最大的产出,即以最小的资源消耗量获取最大的有用效果。效益不仅是经济活动追求的目标,也是法律的基本价值目标之一,"法律对于人们的重要意义,应当是以其特有的权威性的分配权利和义务的方式,实现效益的极大化"。[①]

刑罚是一种重要的犯罪控制手段,刑罚的执行不仅要考虑刑罚目的是否能够实现,还要考虑实现这些刑罚目的是否经济、效益。因为国家的资源总体上是有限的。而刑罚的运行成本是极为昂贵的,监禁刑尤其如此。"如果刑罚动态适用产生的结果与刑法目的之间有重合的一致性关系或是契合程度较高,那么我们就能够说刑罚的效益好或比较好,反之亦然。"[②] 也就是说,

---

① 冯卫国:"论行刑社会化的价值基础",载《山东警察学院学报》2004年第3期,第21页。
② 薛瑞麟:"论刑罚效益的概念",载《中央政法管理干部学院学报》2005年第12期,第4页。

刑罚的执行结果和运行状态能够实现公正的有效性，既做到实现刑罚目的，又能控制好成本。

监禁刑执行是刑罚当中运行成本较高的刑种：一方面，要投入巨额的监狱设施建设成本，包括监舍、生活设施、劳动设施、安全设施等；另一方面，国家为了保障监狱工作的正常运行，而在人、财、物等方面的投入和耗费，包括监狱警察的工资福利、罪犯的生活费用、医疗费用等。监狱作为执行刑罚的主要机构，其修建、维持和运作的确需要花费大量的财富。这些是有形的、可用数字准确计算的投资。由于监禁刑的运行而伴生的各种监狱化问题是行刑的负面效果，这是无形的非物质性的成本。它包含罪犯对社会的对立情绪、狱内的交叉感染和非正式群体的形成、受刑人家属所受到的精神痛苦和物质损失等。有鉴于此，监禁刑的效益问题日益受到人们的关注。行刑效益是刑罚效益的重要构成部分，通过行刑活动，刑罚的效益价值才由立法上的规范形态、判决时的宣告形态演化为现实形态。可以说，刑罚的效益能否发挥、发挥到什么程度，行刑是关键因素，而行刑社会化是合理配置刑罚资源、促进刑罚效益最大化的有效途径。

行刑社会化由于减少了对罪犯活动的限制，也就减少了封闭式监禁出现的人力、物力的投入，如监管人员不足、经费紧张、资源不足、监狱基础设施的缺乏等问题，同时增加了罪犯活动的自由，将设施内矫正改为设施内矫正与社会内矫正相结合，从而大大降低了行刑的物质成本，有利于节约国家行刑资源。行刑社会化也使刑罚的负效应得到相当程度的抑制。从社会成本角度来看，它不仅有助于改善犯罪人的人格障碍，有效地防止犯罪人再犯罪，提高其再社会化的复归能力，从而对做戒社会、体现一个国家的法制文明、构建和谐社会的影响都不可估量。总之，行刑社会化降低了行刑成本，实现了行刑的效益。

六、结　语

人类社会的任何一种制度安排，都是建立在一定的人性认识基础之上的，行刑社会化是人们对于人性、犯罪、刑罚深入认识的结果。犯罪是一种极为复杂的社会现象，人们对于犯罪原因及其刑罚的认识，也经历着一个由浅入深、不断完善的过程。犯罪的原因是极为复杂的，既不能简单地把犯罪原因归结为生物学因素，也不能完全归结为社会的原因。犯罪是社会中诸多矛盾因素相互作用的产物，是一种社会代谢现象，具有排污和激励两项促进作用。社会会产生一定量的犯罪，并对一定量的犯罪具有包容性。

人是社会的产物，社会可以改变人、造就人。人又有主观能动性，人可以主动适应社会，甚至在一定程度上改变社会。人是善恶综合体，既有向善的倾向，也有向恶的倾向，究竟向哪个方向发展，则取决于自我的人格修养程度和外部环境的影响两个方面。因此，人是社会关系的总和，人性是历史的、可变的，人性的塑造或是再塑造离不开社会，尤其是对于罪犯的人性的重塑，更是离不开社会的参与。

刑罚实质上具有两面性。一方面，刑罚在剥夺再犯能力、抑制犯罪意念、满足报应情感以及强化守法意识等方面，都发挥着不可替代的巨大作用，刑罚是维系社会生存的必要而重要的手段；另一方面，刑罚的功能又是极其有限的，刑罚不可能消灭犯罪，而适用刑罚不可避免的产生一些副作用，刑罚的滥用甚至会制造新的犯罪。作为刑罚执行的主要方式的监禁刑，其存在着种种弊端，改造效能是极为有限的，监狱并不是实现矫正目标的理想场所。但是，出于社会安全与人类正义的需要，监禁刑仍将在相当长的时间内维持其存在的必要性，监狱的消失尚是极为遥远的推想。那么，要想最大限度地减少监禁刑的弊端，提高行刑改造的效能，根本出路就在于改革传统的封闭而僵化的监狱行刑模式，走行刑社会化之路。

行刑社会化已经作为近现代刑罚执行理念的国际主要潮流和发展趋势，成为世界各个主要民主法治国家的共识，它们纷纷开展了较为深入的理论研究和实践探索。从某种意义上我们可以认为，因为犯罪是犯罪人的行为，要想取得一个良好的行刑效果，作为犯罪对抗措施的刑罚执行必须考虑人性的问题。在当今这样一个日益人性化的时代，刑罚也正在朝着日益人性化的方向迈进，行刑社会化正是刑罚人性化的具体体现，是立足于人性基础之上的一种刑罚思想。

第二节　狱内行刑社会化
——我国监禁刑现代化发展的起点

本书前述章节已对行刑社会化所需具备的社会和法律条件作了阐述，从此我们可以看出，在我国全面施行行刑社会化的条件尚未成熟。然而，目前我们将罪犯置于监狱之外的社会行刑虽然不切实际，但是监狱是执行监禁刑的场所，实现狱内行刑社会化确是切实可行的。狱内行刑社会化，又称监狱行刑社会化，属于行刑社会化的重要内容之一。其核心就是在监禁刑的执行过程中，尽力营造与社会相似的环境，避免罪犯监狱化。为实现此良好的行刑效果，放宽罪犯的自由、拓宽罪犯和社会之间的联系、塑造罪犯符合社会的正常的信仰和人格等都是不可缺少的内容。狱内行刑社会化的主体范围扩大。虽然监狱仍然是行刑社会化的主要主体，但不再把它看作单纯的国家机关，而是视为一种实现社会事业的机构；社会力量也是狱内行刑社会化的主体之一，罪犯也从行刑客体变为行刑主体。监狱行刑社会化的要旨就在于使监禁刑的执行与社会紧密联系起来，运用社会力量参与改造犯罪人，使犯罪人成功地实现再社会化。这是一种在不否定监禁刑适用的前提下针对其执行过程作出的调整，是对监禁刑的改良和完善，因而不同于监禁替代措施或者说非监禁刑。

关于监狱行刑社会化国内也有一定的研究，但是相较于国外研究的情况看，尚缺乏系统性和深入性。学者冯卫国、袁登明、吴旭、张晶等的研究成果能够较为典型地反映我国在监狱行刑社会化方面的研究情况。国内专家学者对监狱行刑社会化的研究较为侧重于对刑事政策以及非监禁刑、对出狱人保护的研究。至于如何实现狱内行刑社会化的问题研究甚少。在监狱社会化改造实践方面，我国也有一定的基础和经验。新中国成立初期的行刑实践中也有一些经验值得我们学习。到社会上从事劳动改造项目、刑释留厂（场）就业安置为罪犯刑释后能够自食其力的方式谋生打下基础。到改革开放后，我国于 1987 年提出了罪犯改造"三个延伸"的措施，充分包含了监狱行刑依靠社会力量的思想。随后司法部在 1991 年提出了对罪犯实施分押、分管、分教的"三分"处遇模式，即分类关押、分级处遇、分类施教，对改善行刑环境和行刑处遇打下基础。除此之外，我国监狱还对罪犯进行技能培训和离监前的就业指导、签订帮教协议、组织"试工""试学"活动、实行亲情会餐、亲情电话、眷属同居制度，设置监狱超市和监狱开放日，设置了监内考场，组织罪犯参加全国统一成人高考和职业技能考试，让罪犯与亲人互发短信的沟通方式。这些措施为罪犯再社会化开辟了广阔的空间。2003 年司法部展开了以监企分离为目标的监狱体制改革试点工作，同年提出了监狱工作法制化、科学化、社会化建设等"三化"建设。2010 年我国还确立了"5 + 1 + 1"改造模式。这些政策和措施的施行，逐步提高了监狱社会化改造的水平。

　　总之，为使罪犯顺利实现再社会化，我国监狱在引入社会力量开展社会帮教、文化技术教育、心理矫治、出监教育、法律援助、刑释安置帮教等社会化改造方面做了一些尝试和努力。然而，由于过于注重监狱安全，对于社会化措施的实行深入性不够，对离监探亲、保外就医、假释等社会化改造措施采用率较低，社区矫正、安置帮教等衔接的出狱人保护更发展缓慢。相较于国外，我国无论是从理论研究还是实践工作上，甚至是思想意识方面，监狱行刑社会化工作仍处于摸索阶段，该项工作仍有较大的发展和完善空间。从我国监禁刑行刑的实际情况看，需要从以下方面着手实现完善狱内行刑社会化工作。

一、开放程度的需求要求对监狱和罪犯进行科学分类

　　监禁刑行刑社会化的实施需要考虑开放的程度以及如何开放，这是实现监狱行刑社会化必须首先考虑的问题。在决定对犯罪人适用开放性刑罚之前，

必须考虑如果适用开放性刑罚，犯罪人是否会对社会构成威胁？是否会令被害人和其他利害关系者感到不安？即需要考虑犯罪人的风险。因此，我们需要针对不同的罪犯评价其社会危害性风险，根据不同的社会危害性，采取不同的开放形式。这样推进罪犯分类和监狱分类制度显得愈发重要。

罪犯分类制和监狱分类制是现代监狱制度中一项普遍的基本制度，也是监狱实施行刑社会化的基础。在当代各主要国家的监狱制度和联合国关于囚犯的管理规则中，几乎无一例外地实行罪犯分类制和监狱分类制，而我国对监狱等级的分类尚处于粗放阶段，不利于狱内行刑社会化发展。

（一）科学划分监狱等级

监狱等级是监狱分类的一个基本形式，也是最具有现实意义的监狱分类。科学制定监狱等级，对不同警戒程度的监狱实行不同的管理模式、防范措施和建设标准，配置不同比例的刑务人员，是提高监狱行刑效能的基本前提，符合监狱行刑社会化的要求。

美国是世界上监狱设置最多样化的国家，通常将监狱分为最高警戒度监狱、中度警戒度监狱和最低警戒度监狱三种等级，对于不同警戒程度的监狱，监管设施、管理方法和罪犯的自由程度都有所不同；在欧洲国家，主要是根据罪犯的危险程度来确定监狱等级或类型，大致分为封闭式监狱、半开放式监狱和开放式监狱。此外，还有一些接收和分类中心、社区矫正中心、治疗中心等。

在我国，通常根据罪犯性别、年龄、刑期对监狱进行分类。一般来说，首先根据刑期和年龄分为重刑犯监狱和轻刑犯监狱和未成年犯管教所，然后在监狱层面又根据性别将监狱分为男犯区、女犯监区。近年来，在监狱中为凸显行刑社会化理念又新设置了入监中心、出监中心。入监中心主要负责罪犯的入监教育和后续的监区分类，出监中心主要负责罪犯出监前的心理调适、就业技能培训等。在实践中，有些监狱虽有入监、出监监区等分类，但由于羁押罪犯人数压力所限，没有条件进行精细化分类，为了完成上级机构的任务，从名义上有这样的分类。

从实现行刑社会化目标的需求看，我国以罪犯的自然外在属性和所判刑期的长短为标准对监狱所做的分类过于简单、粗放，与行刑社会化的理念和发展的观点大相径庭，难以实现罪犯顺利回归社会的目标。我国对监狱的这样的分类仅仅是一种形式化的做法，无论何种监狱，其财力、物力、人力并没有因戒备程度不同而有所不同，监狱的配备基本采用的是统一化的标准。从形式上看，监狱的高墙电网、武警哨岗、戒备森严，说明其工作任务重头仍停留在"看守"这一层面上。从实质看，监狱的管理制度仍然以监狱安全作为工作重心，这是监狱内部考核的关键点。在发生脱逃事故后，监狱往往还会对多年来进行的积极处遇措施如亲情会见、亲情会餐、眷属同居等严格限制受用甚至放弃使用。总的来看，由于受主客观因素限制，我国行刑社会化的措施还停留在比较表浅的层面上，并没有形成统一的定型化制度，在层次和深度上也不够，有的甚至流于形式。

为此，从监狱行刑社会化的视角出发，首先急需对我国监狱进行重新分类。分类的标准依然可以考虑罪犯性别、年龄、犯罪性质、刑期长短以及人身危险性等因素。根据这些因素首先分别设立警戒程度不同的监狱：高度戒备监狱、中度戒备监狱、低度戒备监狱等；然后针对不同警戒等级的监狱制订不同的关押密度、监舍建筑、设施装备、警力配置、管理制度等硬软件标准，即实施不同的管理模式、防范措施和建设标准，实现监狱分类实质化。高度戒备的监狱在行刑社会化的视角下并非不需要，因为对于人身危险性和再犯可能性严重的犯罪人，贸然适用开放式处遇，一方面会带来社会安定方面的隐患，另一方面不利于犯罪人重新融入社会。在我国，恐怖活动犯罪、毒品犯罪仍然严重危及人们的安全，重大的贪污渎职犯罪活动居高不下。对于这些严重危害社会和公民的罪犯，不论从惩罚的角度还是保障社会安全的角度，高度警戒的监狱的确是有必要存在的。因此，虽然高度警戒的监狱给罪犯的个别化改造带来了桎梏，但是在惩罚和打击犯罪方面发挥了应有的作用，此类监狱目前尚有存在的必要，可羁押罪行极其严重、社会危险度高、再次社会化难度较大的罪犯。当然，为犯罪人的身心健康和重新融入社会着想，对于高度戒备监狱内行刑的犯罪人，可以邀请社会各界人士参与对犯罪人的矫正，也可以根据其具体改造情况，累进式地给予特定待遇。犯罪情况是多样化的，罪犯的再社会化难度也是不同的，中度警戒的监狱和轻度警戒的监狱的设置更具有必要性。中度戒备的监狱一般羁押三年以上十年以下有期徒刑、社会危险性较大、短时期内难以实现再社会化的罪犯。在这类监狱中，行刑社会化的措施更是必不可少的。引入社会力量对罪犯进行帮助和教育，采用多渠道、多方式让罪犯接触社会，注重罪犯心理的调试和职业教育。低度警戒的监狱羁押社会危险度较小，被判刑期一般在三年以下有期徒刑，相对比较容易再次社会化的罪犯。改造表现较好，并即将刑满释放的罪犯也可让他们在低度警戒的监狱行刑。在低度警戒的监狱可尝试性探索半开放式管理，让罪犯白天在附近的劳作场或工厂与常人共同劳动，自由交际，晚上点名、核实后收监，这样可以使之与社会接触，为释放后能适应社会正常生活做准备。对于表现良好的，进一步增加其自由度，对于表现差的罪犯，收回附条件下的自由，甚至可以将其送至警戒度高的监狱。正确的激励制度有助于监狱行刑社会化举措效果的提高，既可以提高罪犯改造的积极性，又可以采取针对性的教育改造方法，充分实现罪犯再社会化的目标。暂时离监制度在低戒备监狱会被经常适用。从我国目前的情况看，这一制度都还存在一些问题，首先，《监狱法》和《刑事诉讼法》之间的规定存在冲突的问题，对于适用对象，两者规定有所冲突。其次，我国实践中准许犯人暂时离开监狱的事由十分有限，仅包括探亲、重病就医、生育和哺乳婴儿以及生活不能自理须狱外亲友照顾四种，适用率也很低。因此，需要完善该制度，协调《监狱法》与《刑事诉讼法》的规定，丰富离监事项内容，为犯人建立更多的通往社会的"出口"。我们可以在完善监狱分类的基础考虑建立三个层次的暂时离监制度，即以促进犯人与狱外家庭进行联系为目的的暂时离监，以帮助犯人处理需要在狱外加以解决的个人紧急事务为目的的暂时离监，以促进犯人自我发展、为释放做好准备为目的的暂时离监。

建立不同警戒程度的监狱从根本上改变了罪犯从入监到出监都固定在某个监狱、某个监区，固定警察管理的格局，实现定期根据罪犯处遇级别和剩余刑期的变化，变更服刑的监狱（监区），为逐步实现罪犯再社会化制造条件。

（二）引进罪犯调查与分类制度

不同警戒程度的监狱设置需要在对罪犯调查和分类制度的配合下，才能凸显其应有的价值。我国监狱目前并没有专门的罪犯调查与分类标准，使用的是"三等五级"制度，将罪犯初步分为"从宽管理""普通管理"和"从严管理"三等，然后又进一步分为严管级、基础管理级、普通管理级、监区宽管级、监狱宽管级五个等级，并按照五种相对应的类型进行不同的管理，即疏导型管理、强制型管理、引导型管理、自我型管理和社会型管理。这样的划分在形式上起到了与罪犯分类相似的作用，但与西方发达的罪犯调查与罪犯分类制度相比，无疑还有很大差距。

我国对罪犯的分类虽然有规定，但级别内的处遇差别不大。无论宽管、严管都是一种封闭式的管理。这给我国监狱行刑社会化带来了严重困扰，极不利于监狱行刑效能的发挥。分级处遇中处遇、分级的划分流于形式，且缺乏统一、明确的标准，未能形成有效的"处遇差"，激励效应不显著。处遇级别之间普遍存在中间大两头小的处遇状况。实质上只有从宽和从严两级的少数罪犯能够感受到极差效应，而对占绝大多数的普管级的罪犯则未能感受到明显的处遇差异，并且由于受到严格比例数的限制，普管级中许多积极改造的罪犯不能全部进入宽管级享受较好的待遇，往往极易挫伤部分积极改造的罪犯的积极性，使其对改造产生抵触以致对立情绪。处遇级别之间递进动态不显著。从理论上说，分级处遇的管理制度体现了一个动态的、变化的过程，但在实践中，很多监狱未能做到细致的调查、考评工作，以致不能定期、及时地对罪犯实行动态考评、升降级。总之，我国罪犯分类处遇缺乏科学的划分标准和动态递进的机制，阻碍了监狱在向外延伸方面的执行力，不利于罪犯重返社会。

从推行行刑社会化，建设现代监狱的思路看，对罪犯科学分类势在必行。对此，我们首先应明确分类标准，其次明确分类主体，再次明确分类等级，最后明确分类阶段。

关于分类的标准，常见的有按罪犯的犯罪性质及刑期长短、性别和年龄、主观恶性和改造难易程度、精神状态等标准。这些标准一般都是被综合考虑的，不同的国家对这些标准在罪犯分类过程中的着重程度不同。当代欧美国家在对罪犯的调查分类中，比较强调对罪犯运用多学科的方法（心理学、医学、犯罪学、社会学、教育学及其他专他知识和专门技术），对罪犯的精神状况、身体状况、生育史、教育史、就业史、犯罪特征、有无前科、心理与人格特征、人身危险性、家属及其生活环境、对教育及职业的适应性、志向、新生意愿等进行详细调查，[①] 倾向于关注罪犯的生理和心理状况。罪犯的年龄、性别和刑期等自然因素也是对罪犯分类的依据，但知识往往作为参考项目。荷兰是西方最早实行监狱改革的国家之一，对罪犯的分类上也有其特色，尽可能地把每一个囚犯监禁在最适合于他的个性的机构内，这样既照顾了囚犯的尊严，也有利于囚犯的再社会化。[②]

关于我国罪犯的分类标准应该与行刑目的相契合。在传统刑罚理念下，改造或矫正罪犯为行刑目的，所以分类标准需要考虑的是改造罪犯的难易程度。在行刑社会化背景下，主张的是恢复性行刑观念，行刑的目标是使犯罪人重新融入社会，因此对罪犯应以"恢复类型"为分级标准，即以犯罪人重新融入社会的程度为分级标准。"恢复类型"则更关注犯罪人与被害人、社区的关系。从我国的理论和实践的情况看，我国目前在认可恢复性行刑的前提下，较为主张行刑目的的综合论，因此对罪犯分类应综合考虑罪犯的矫正和融入社会的因素，具体包括罪犯的危险程度、罪犯人格特征的变化、刑期的长短、罪犯的基本情况、罪犯的人格特征等。

---

① 许永勤、陈天本："刑罚执行中的人身危险性研究"，载《中国人民公安大学学报（社会科学版）》2006 年第 3 期，第 115 页。

② 赵运恒："罪犯权利论"，载《中国刑事法杂志》2001 年第 4 期，第 77 页。

随着分类标准的多元化，我国罪犯调查与分类的工作应该改变由监狱干警负责的现状，引进医生、心理学家、社会学家、精神病学家、犯罪学家、法学家等专业人士组成专门进行罪犯分类的机构，进行罪犯的调查与分类，注重用科学的方法开展对罪犯生理、心理方面的调查测试工作，引进先进的现代科技设施，根据罪犯的特殊性实行不同的行刑措施。

罪犯调查与分类还应该分阶段。入监前对罪犯进行首次分类调查，入监初期进行再次分类调查，服刑期间定期或不定期地进行调查，刑期结束前进行六个月的调查分类。入监前的分类调查结果作为确定罪犯服刑监狱的依据，入监初期每个阶段的调查和分类，其功效不同。罪犯入监前的调查和分类作为为罪犯选择不同警戒程度监狱的依据。入监初期的分类调查作为为罪犯选择监区的依据。服刑期间的定期再调查和不定期调查作为服刑期间改变监狱等级或处遇的依据。刑期结束前六个月的调查分类、调查结果，是对不同的罪犯实施不同的回归社会的步骤和训练方案的依据。在设定分级制度之后，面临的具体问题是将具体的犯罪人安置到这些级别之中。这就需要不同罪犯分类与相应的监狱相对应。在提倡行刑社会化的语境下，以犯罪人重新融入社会的程度为核心，需要注重的是评估"关系"而非仅仅是犯罪人。

在做好对罪犯分类工作的情况下，建立符合我国实际的累进处遇制度显得极为必要。累进处遇按从严到宽的顺序可沿用原来的五级制，并在此基础上增加暂时出监制和假释两级。不同警戒等级的监狱对宽严不同的处遇级别要求也是不同的。譬如，中等戒备的监狱对罪犯的从宽处遇和低等戒备监狱对罪犯的从宽处遇也是不同的。然而，对相同戒备等级的监狱各级别罪犯应实行相同处遇方案，并使罪犯处遇级别动态化，实现有升有降。一般情况下，累进处遇制度原则上应当渐进或者渐退，但在特殊情况下，也可以隔级升降。当然，值得注意的是，在行刑社会化的理论基础上，暂时离监和假释制度作为社会化的行刑方式，在制度设计上应注重建构社会支持网络，只有实现了行刑主体社会化与行刑场所社会化的有机结合，行刑目标社会化与行刑内容社会化的良性运行，监狱化的弊端才能得到根治。

二、完善教育改造手段

（一）完善罪犯心理矫正制度

罪犯心理矫正是建立在以心理学的原理和方法剖析犯罪心理的形成过程、原因和规律，以及在服刑过程中所出现的心理问题的基础上，有针对性地采取心理学技术对罪犯进行矫治和治疗，最终实现帮助罪犯适应正常的社会生活目的的行刑措施。在监狱行刑中，心理矫正活动相较于劳动矫正、监管纪律具有较强的柔软性，在一定程度上有利于罪犯的身心健康，有利于调动罪犯配合矫治方案实施的主动性、积极性，同时也有利于矫正罪犯的恶习，消除其反社会的心理因子，重塑其正常心理和人格。这不仅是促使罪犯顺利再社会化的手段，也是推行监狱行刑社会化的重要举措。

国外在监禁刑行刑中一般侧重于对个体犯罪心理动因的分析，侧重于罪犯心理的全面调适和个性改善，运用现代心理学理论和技术来治疗罪犯的心理疾病，取得较好的成效。我国可以借鉴国外的经验，从人员、经费、机构设置等方面入手，将心理矫正从教育矫正中分离出来，成为独立的、重要的矫正手段。这样就可以采取多种多样的形式来开展罪犯心理矫治工作，如设置心理门诊或心理治疗中心、建立罪犯心理矫治档案、开通心理咨询热线电话、开办心理卫生讲座、开设罪犯专用的心理宣泄室或情感疏导室等。对于罪犯心理矫正也需要系统化方向发展。目前，我国心理矫正工作呈现零散化的状态，很少对罪犯自进监至出监进行系统化的心理矫正，只有个别罪犯在行刑时出现问题了，才介入心理矫正措施，极大局限了矫正的效果。总之，建立和适用有中国特色的罪犯心理矫治理论体系与方法、技术，建立一支热爱罪犯心理矫治工作，具有心理学专业知识的工作队伍是实现心理矫治对罪犯再次社会化促进的关键。

（二）提升亲情帮教矫正措施实效性

中国传统文化对家庭和亲情极为看重，亲情、爱情、友情一直是人们社会关系的重要组成部分。绝大多数罪犯进入监狱后都表现出对亲人的极度思念，因此亲友的关心、帮助、教育是一项对症下药的措施，对罪犯矫正效果影响很大。该措施蕴含着亲情的元素，同时借助狱外的力量，是促进罪犯再社会化的行刑社会化所应具备的内容。

我国监狱在亲情帮教方面历来较为重视，开辟了不少新思路，如实行了亲情会见、亲情会餐、书信往来、眷属同居、互发短信等特殊的帮教形式，而且在现实中也取得了很好的效果。然而，当这些措施可能危及监狱安全时，安全第一、安全优先的意识占据了主导地位，亲情帮教也就只能让位于监狱安全。当前，为充分发挥亲情帮教对于行刑社会化的积极意义，我们首先应厘清行刑目的与监狱秩序之间的关系，妥善思考两者发生冲突时的应对思路，而非永远让位于监狱安全。其次，监狱应该建立主动与罪犯亲属联系的制度，互通罪犯在监狱的改造表现和罪犯家庭、家乡变化情况的信息，以便鼓励罪犯亲属更多地参与对罪犯的教育改造，调动他们参与帮教的积极性。监狱还需要探讨提高亲情帮教措施的效果，认真设计每一项亲情活动，提高矫正质量。

（三）吸收社会力量，加强服刑人员适应社会技能的培养

培养服刑人员适应社会的技能需要多方面的知识和技术，仅凭监狱是不够的，要充分依托一切能够利用的社会力量。用于谋生的社会技能可谓复杂多样，不同的罪犯根据自己的兴趣、能力、刑释后复归的社会环境等因素选择需要学习的技能。可以这么说，培养社会技能对于任何一个国家的监狱来说都是不可能单靠监狱本身的力量。目前，我国监狱大多数采取了邀请相关部门领导、专家来监向罪犯作社会形势报告使罪犯了解社会发展变化及社会各项政策，并与罪犯进行会面座谈，给罪犯以各方面的指导和帮助，以解决罪犯精神上的苦恼以及对家庭、就业、未来生活安排等方面的问题。监狱还聘请职业学校的教师为罪犯提供厨师、美容、美发等培训，并在培训结束时，对于通过考核的罪犯颁发相关证书。然而这样的工作，无论从师资力量、培训对象的范围，还是培训内容的范围来看都是极为有限的，不可能从根本上

有效解决罪犯今后的就业问题。因此，我们需要对此项工作从长远的规划出发，从师资力量、培训内容、培训方式、达标标准等方面落实职业培训的社会适用性，详细了解社会用工领域的政策和需求并根据工业、农业、服务业、建筑业等产业的发展。按照行业需要、职业特点、技术水平、行业发展等编制计划对罪犯进行针对性培训；有选择地组织罪犯参观访问社会，提高其改造信心。此外，通过多种形式招募社会志愿者，建立监狱社会志愿者业务工作档案，定期开展培训，使监狱的社会技能培训促进罪犯再社会化的实现。

（四）提升监狱思想、文化教育的实效性

目前，我国监狱教育不能体现教育对象的主体特征，缺乏针对性的"泛化"现象严重，严重制约了监狱教育的发展，严重挫伤了教育对象学习的积极性和热情，使监狱教育形式化，收效甚低。文化教育基本以扫盲教育为主，初中以上文化程度的罪犯没有得到文化教育，思想教育以法律和社会主义道德教育为主，采用单方强制性灌输的方式。关于教育，监狱的考评标准就是课时的完成数，而非实际的教育效果。为实现监狱教育实效性必须更新监狱教育的观念和模式，改变现有的教育体制，根据社会的现状与时俱进地调整教育的内容，采取形式多样的教育方式，从罪犯回归社会和服务社会的需要出发，制定监狱教育的目标和政策，实行全方位的社会化监狱教育，彻底改变监狱教育形式化问题。

在教育内容上应该尽力满足罪犯的合理需求，根据罪犯在心理、生理、犯罪性质等方面的情况，采取针对性的文化教育，做到根据受教育对象的不同，科学、合理地选择和安排教育内容、教育方法和教育形式，使监狱教育更具针对性，更符合社会发展的需要。在师资力量上，积极引进社会教育力量，与他们签订合作协议，明确合作目标和合作要求。在教育形式上，除面授外，还可采用远程教育、个别教育等方式。

三、监狱环境社会化

监狱行刑社会化需要通过开放封闭的监狱环境来实现。开放的含义是广泛的，通话、通信、会见也是一种开放，虽然是开放程度比较低的开放；将罪犯长期或短期置于社会行刑是程度较高的开放。对于暂时重新融入社会的犯罪人，应当根据情况适用开放程度不同的处遇措施。因此，王泰教授提出"自由刑的刑罚剥夺度可调控理论"①。

发达国家比较注重在监狱内，特别是戒备等级较低的监狱内创造模拟社会的环境。罪犯在监舍可以自由地看电视，在生产车间可收听收音机的节目，使他们及时了解更多的社会信息；在监狱的运动场馆可自由选择各种体育运动。即使在英国奥特考斯高度戒备监狱，也有两个高水平的标准草坪足球场。封闭式机构处遇不再指传统的警备森严的监狱行刑，而是对于封闭式机构内处遇的犯罪人邀请社会各界人士参与对犯罪人的矫正。参与监狱罪犯矫正的人员更多的是志愿者和社区或者是雇用专业机构中的专业人员。在英国，"为了促进罪犯与亲友联系，英国监狱除规定普通的会见制度，还规定有两项特殊的会见制度"。第一项为会见保存制度：假如罪犯积累了一定与亲友会见的机会，3次以上26次以下，罪犯可向关押其的监狱提出暂时移送其到距被会见者最近的监狱生活28天，其可以在那里将其节约的会见时间使用掉。第二项为会见帮助制度：对于正在接受各种福利金生活，没有经济能力探监的罪犯亲属，可以向"帮助探监组织"申请探监费用。罪犯亲属每次可以获得履行费用与每夜最高15磅的补助。罪犯上述亲属每14日可以申请探监2次，12个月中最高可以申请26次。②

目前，我国在狱内环境社会化方面程度较低，但已在探索和尝试。在实践中，有的监狱对罪犯实行"市民待遇"式改造，即在保障监管安全和惩罚有效性的前提下，尽可能营造一种使罪犯接近于社会的改造环境，以消除和减弱罪犯因监禁而导致在回归社会时的障碍。其具体措施主要有：在监狱建立超市，为服刑人员过集体生日，允许夫妻在监狱同居，鼓励服刑人员参加

---

① 王泰：《现代监狱制度》，法律出版社2003年版，第152页。
② 翟中东主编：《自由刑流变：行刑社会化框架下的思考》，群众出版社2005年版，第12页。

自学考试，与高校大学生签订一对一的帮教计划等。这样的措施可以产生良好的教育和改造效果，尤其是在我国目前监狱布局调整还没有完全到位、监狱体系仍不完整的情况下，利用并改善现有条件，尽可能地为罪犯创造与正常社会生活相接近的行刑空间，不失为现阶段监狱推行行刑社会化的良策。

(一) 人际交往和谐

狱内人际交往环境，主要包括罪犯与民警交往、罪犯与罪犯交往及罪犯与家属交往所形成的关系环境。其中，监狱人民警察对罪犯的态度及警囚关系的好坏会直接影响罪犯的改造积极性并直接影响其他交往的态度与质量。健康、协调的警囚关系，能诱发或激励罪犯的改造动机，最终促进罪犯改造。罪犯只有对警察产生信任感、亲近感，才能真正相信警察所讲所教。因此，模拟社会环境，首先需要在法律的框架下构建新型的警囚关系。对此，1981年召开的全国劳改工作会议上就曾提出要求民警对待罪犯像父母对待孩子、老师对待学生、医生对待病人，其目的就是要求警囚之间应有"朋友、亲人、师生"等诸种亲密和谐的关系。笔者认为，警囚之间的关系即使达不到这么亲密的程度，也绝不是敌对关系、仇恨关系或奴役关系。它至少应定位于社会上行政管理机构中管理者与被管理者之间的那种正常关系，即相互间人格平等、相互尊重，各司其职、各负其责。在执行公务上，罪犯必须服从监狱民警的安排与指挥。正如行政机关上班期间，被管理者必须服从管理者的公务安排一样。不同的是，监狱警察与罪犯每天 24 小时都是这种关系。当然，若罪犯发生逃避刑罚惩罚的行为，如脱逃或发生其他社会上也经常发生的刑事犯罪行为（如故意杀人，故意伤害），监狱警察就不能再温情脉脉，而要旗帜鲜明地采取严厉甚至暴力手段予以打击。只有定位于这种状态，警囚关系才可能逼真于社会上人与人之间的关系，关系的"社会化"才能真正彰显，和谐正常的狱内人际交往环境才可能真正形成。

在良好的警囚关系的引导下，罪犯之间关系的融洽也是至关重要的。在我国"三人互助小组"为罪犯群体中最为基本的组织，其设置的根本目标是实现罪犯之间的相互监督，以防止罪犯实施违规、违法的情况。在狱内行刑社会化背景下，我们可以"三人互助小组"为基础，营造、引导小组成员之间形成相互帮助、相互监督、共同进步的氛围，并以此为起点逐步建立良好、健康的罪犯之间的关系。

罪犯和家庭成员之间的关系虽非监狱内经常存在的关系，但是他们之间的关系却会主导罪犯服刑期间的情绪，影响罪犯处理与警察和其他罪犯之间的关系。一般来说，罪犯和家庭成员之间的关系是较为协调的，当然极个别的家庭因各种原因，家庭关系也会较为紧张。在这种情况下，监狱就应该主动介入，弄清原因，有针对性地做工作，使罪犯与家属之间重新建立良好的亲情关系，以利于罪犯的改造和回归。

（二）为罪犯创造舒适优美的监禁环境

为有效促进罪犯社会化，创造并保持狱内环境优雅十分必要。在监狱规范化建设的背景下，我国狱内环境建设有了突破性的进步。监狱内窗明几净，规整有序，为罪犯行刑创造了良好的环境。

从有利于行刑社会化的角度，在后续的监狱环境建设中，可进一步模拟社区或学校与公园的环境设计，淡化监狱传统形象，强化社会化色彩，结合布局调整改建、扩建、新建监房，进一步改善罪犯居住条件。在监狱范围内尽量减少警戒语，例如，"我是罪犯，我来服刑"之类的话语不能再出现在监狱墙壁。这样只会增加罪犯身份烙印化。简洁、素雅、温馨、实用的监舍可使罪犯感受到没有被严格管制的环境，有利于其身心健康。监狱环境的绿化也是很有必要的。树木成荫、绿草如茵、四季常青的监禁环境，可以调节并缓解罪犯焦虑、烦闷、压抑的情绪，减轻被监禁的痛苦和精神压力。

（三）为罪犯提供与当地生活水平相当的生活条件

为罪犯提供与当地生活水平相当的生活条件是保障罪犯人权的体现，换言之接受与当地生活水平相当的生活条件是罪犯的权利，也是促进罪犯社会化的基本要求。因此，在兼顾监管安全的同时，监狱应尽力保护罪犯隐私，减少电子探头的运用，使罪犯生活在较为宽松的环境里。此外，要保障罪犯饮食的国家标准，做到罪犯的饮食条件与当地社会的生活水平相接近，要注重罪犯的防寒保暖与防暑降温工作，保障罪犯基本生活设施，如理发室、热水房、储物间、晒衣场、洗衣房等到位，且保持通风采光。近年来，我国监狱对罪犯的饮食条件和生活条件的保障上做得较为到位。司法部对改善罪犯生活条件的问题已下发文件提出要求，各地监狱都能积极按规定落实。监狱还要为罪犯提供医疗保障，在狱内医院要预留足够病房与床位，加强医疗技术支撑，注重康复活动设施与空间的布置等。

（四）赋予罪犯丰富多彩的文化生活

积极向上的文化生活不仅可以营造和谐的监区文化，还可陶冶罪犯情操，有助于帮助罪犯树立健康的人格。在监区内以不定期举办各种有益的比赛，如根据罪犯的兴趣爱好开展书法、绘画、歌咏、朗诵、球类、棋类比赛等，既充实罪犯的业余生活，又可以增强罪犯之间、罪犯和警察之间的良好沟通。此外，监狱也可以举办一些球赛之类的体育活动，培养罪犯之间团结协作的精神。丰富的文体活动是改善封闭的监狱带来的压抑、沉闷气氛的方法，因此，监狱在开展多样化的文体活动的同时，也要注意活动设施的建设和完善，切实保证各种活动的开展有舞台、有阵地、有氛围。

四、践行恢复性司法理念，帮助罪犯顺利融入社会

传统刑罚理论采用替代修复的方式惩罚罪犯，对罪犯通过服刑时间的推移以及服刑方式、处遇级别的不同来完成从刑罚到矫正教育的这个过程。在物质和心理的双重强制之下，对犯罪人通过监狱行刑惩罚，既要使其感受到失去自由的痛苦，让受害人有受"补偿"的安慰，同时让其他社会成员有"恶有恶报"的认同，又使犯罪人在逐渐接受了改造和矫正之后，能消除犯罪思想，不良行为得以矫正，从而正常回归社会，实现刑罚公正和效率的统一。该刑罚理念的缺陷是：真正产生冲突的被害人和犯罪人仅是导致刑事司法程序发动的主体和证据提供者，充斥于法庭之上的是专业人员之间的辩论和专业人员的裁量，行刑过程也是专业人员主导的矫正、改造实践。这是因为由于工业社会的来临，人与人之间的关系越来越隔绝。人们在不同的空间

和时间有不同的角色，我们知道的有关他人的信息越来越少，越来越不可能理解和预测他人的行为。所以当发生冲突时，我们不太会处理。因此，不仅是专业人员带走冲突，而且我们也希望他们能带走冲突。这样被害人被完全抛之脑后，他没有机会与犯罪人会面，被置于程序之外，独自愤怒，甚至通过法庭上的交叉讯问使他受辱，在这种缺乏交流的前提下，冲突的真正原因和背景就不能被探知，被害人没有直接谴责犯罪人，他的情绪也就很难平复。

20 世纪 70 年代以来，随着刑罚所确立的多重动力内部发生的危机或变革的需求，传统刑罚模式的理论困惑和实践缺陷也逐渐暴露得更加明显。众多关注刑事司法的学者开始探索新的刑事司法模式，以期能够更为恰当地与民主法治相契合。恢复性司法是一项新生事物，弥补了传统司法的不足之处，旨在修复犯罪给被害人、社会以及犯罪者本人造成的创伤，它以加害者和被害者之间的补偿性协商为基点，以被告人回归社会为终点。恢复性行刑理念在平衡被害人和罪犯、罪犯和国家之间关系时更具科学性，对监禁刑行刑的改革和完善将起到积极的作用。在执行过程中，工作人员通过引导罪犯认罪、知罪、悔罪、赎罪等恢复性程序，修复受损害的社会关系、赔偿和减少被害人损失。这就需要罪犯、被害人和犯罪所在社区三方开展狱内外互动活动，例如精神上的赔礼道歉、物质上的赔偿和忏悔赎罪等。这不仅有助于加强罪犯与社会的联系沟通，使其无障碍地回归社会；同时也有助于其知罪、悔罪和赎罪，减少重新犯罪。

在监禁刑执行中引入恢复性司法理念，将监狱建设成为恢复性监狱，是近年来英美等国家矫正领域兴起的一种有益尝试。这一思想引入我国较迟，但是为刑事司法界所认同，是狱政管理体制的大胆创新之举，有着十分积极的意义，是有着中国特色的实践尝试。如辽宁凌海监狱尝试的万名服刑人员忏悔罪行等活动，但有意识地、系统地、全面地将恢复性司法理念与程序应用于监禁工作中还从未有过。因此，国外建设恢复性司法制度的思路及经验很值得我们思考和借鉴，尤其是恢复性司法制度那种努力使罪犯、受害者和社会因犯罪而受到的伤害和破坏均得到修复或发送的追求，无疑对构建和谐社会有很大的潜在价值。

在我国监禁刑执行中，"恢复性"的理念与原则应渗透到监禁刑执行的运作、规则的制定与执行中，包括罪犯个人服刑计划的制订，矫正教育项目的设计、诉冤和纪律惩戒程序的执行等各个方面。例如，在恢复性司法体制中，与社区建立起良性互动和满足社区需求应成为罪犯个人服刑计划优先考虑的内容；矫正教育项目应与罪犯实施的恢复性工作有关，应有助于罪犯重塑各种和谐关系和重获自尊；诉冤和纪律惩戒程序应以冲突解决和重建和谐为基础，而不仅是以定罪、责备和惩戒为基础。恢复性刑罚理念的核心要旨包括：赋权—参与；明耻—补偿；认同—融入。在监禁刑行刑中体现和落实这三个核心要旨对于罪犯顺利再社会化提供了社会基础。

（一）赋权的最重要途径就是参与

只有通过切实地参与到冲突的解决中来，享有冲突这一"财富"才成为可能。但是反过来讲，参与并不就代表着足够的赋权。赋予利害相关者的参与权必须是实质性的，他们必须在冲突的具体解决过程中有实实在在的发言权和主导权。具体而言，监禁刑行刑中的主要参与者是服刑罪犯。参与商议是他们的一种权利而非义务。恢复性刑罚并不强迫参与商议的主体以达至其所欲的积极效果，否则也不能称其为"商议"了。犯罪人参与商议可使其直接了解犯罪行为对被害人造成的伤害；犯罪人与被害人的接触可以使那些有忏悔之心的犯罪人得以表达其悔恨之意；犯罪人有机会表达自己不再犯罪的决心，从而更好地融入社区，避免刑罚的过剩或不足。犯罪一旦发生，往往会对社区成员的安全感、对社区的安宁和社区成员间的关系造成不良影响，因此，社区应该在对犯罪的处理中发挥积极作用。当然，社区和家庭也是帮助犯罪人认识自己错误之所在的关键因素，并且负有协助犯罪人重新融入社区的义务。另外，还包括其他人，主要是指有利于唤醒犯罪人的羞耻感的人、社区和家庭之外的受到犯罪影响的人，以及关注该犯罪案件的人。因为我们探讨的是在罪犯被执行监禁刑的过程中服刑罪犯与被害人解决冲突的问题，监狱机关必然需要承担制造条件，合理合法引导解决冲突的责任。在监禁刑行刑中赋权与参与的实现必须要有一定的保障机制：必须保障参与人的安全，必须赋予参与人与参与权相搭配的其他选择权。被害人享有对罪犯在监狱服刑情况的知情权，对于罪犯的减刑和假释有表决权或提出意见权，罪犯在服刑期间对监狱机关自己的服刑表现的评价有知情权，有权参与对本人减刑、假释的程序，对司法机关对其判决、判决的变更不服者，有权提出申诉。

（二）明耻和补偿是恢复性刑罚的过程性要旨

恢复性刑罚运作过程的实质就是进行明耻，以及在明耻基础上的补偿。重新融入的要旨在于使犯罪人"知耻"而非"受辱"；重新融入的过程也就是"明耻"的过程。一方面，犯罪人以外的参与人要通过各种方式告诉犯罪人，"犯罪行为是一种与正常社会价值相悖的行为，是一种为大家所不赞成的行为，是一种应当为之感到羞耻的行为"；另一方面，犯罪人要通过重新融入，明白自己不应该为犯了罪而沾沾自喜、产生被亚文化所认同的尊严感，相反，他必须积极地从正常社会价值的角度来认识自己和看待自己的行为。明耻是补偿的前提，补偿是犯罪人明耻的重要表现。补偿分为物质性补偿和象征性补偿。贝卡利亚为此认为："某个人只能放弃自己的权利，但是不能取消别人的权利。"[①] 该理论认为，犯罪行为侵害的，不但有被害人的直接个人法定权利，还间接损害了全社会的公共利益。传统刑罚主要关注对罪犯的报应惩罚，要求其为被害人赔偿，而忽略了对社会公共权利的补偿。有鉴于此，罪犯应当在刑罚执行过程中，通过监狱社会化改造措施，开展社区公益服务，从事公益性劳动生产等活动。对于在审判之前或审判阶段，对被害人的损失尚未完全补偿或未补偿的，在行刑阶段也应积极促成补偿。我国监狱组织罪犯开展劳动改造，将劳动收益补偿监狱基础建设，既有促成罪犯自食其力之意，也在一定程度上减轻了社会的财政负担，间接体现了这一理论思想。

（三）认同和融入是恢复性刑罚的结果性要旨

如果实现了利害相关者之间的认同，进而犯罪人能够重新融入社会，那

---

① ［意］贝卡利亚：《论犯罪与刑罚》，中国大百科全书出版 2005 年版，第 56 页。

么就可以说恢复性刑罚目的得到实现。认同包含三重含义：（1）认同是犯罪人对被害人的认同，即犯罪人认识到被害人与自己、与其他人一样是对被犯罪侵害的权益拥有自主权的主体，认同意味着犯罪人和被害人的和解，以及相互关系的恢复；（2）认同是犯罪人对自我认识的回答，在道德空间寻找到方向；（3）认同是被害人、社区或家庭，以及其他利害相关的人等对"我们是谁"这一问题的自我回答，认识到犯罪人并非我们的敌人和社会的垃圾，毋宁是我们当中的一员。认同是为了融入，也是融入的必要前提。只有实现了犯罪人和被害人以及其他利害相关者之间的认同，社会不再排斥和蔑视犯罪人，犯罪人也不再把社会置于自己的对立面，才能够实现犯罪人重新融入社会。罪犯重新融入社会，也就是罪犯的再社会化不仅需要罪犯在服刑期间提高再社会化的能力，还需要社会对犯罪和刑释罪犯有正确的认识。在我国监狱正在进行信息化建设的背景下大力推进狱务公开，并借助互联网等平台的使用增强社会公众对监狱工作的了解和对服刑人员的关注。首先，监狱机关应该正视互联网的积极作用，着手培养和完善刑罚执行相关信息及时发布、舆论引导的专业队伍，对涉及监狱的虚假报道要给予及时和坚决的官方回应，消除民众对监狱工作的误解。其次，狱务公开有利于转变社会公众对服刑人员的固有偏见，增进了解，消除歧视，为服刑人员顺利回归社会创造和谐的社会大环境，进而提高他们回归社会后的适应能力。最后，监狱机关要积极与地方刑释人员安置办公室联系，在签订就业合作协议，创建就业基地，为刑释人员就业咨询、就业推介、帮教衔接跟踪回访、亲情帮教、法制教育等方面，为刑释人员回归社会做好准备工作，把刑释人员就业培训问题向社会延伸。同时，通过狱务公开，监狱对社会敞开大门，实现监狱"封而不闭"的新模式，新鲜的社会资源不断涌入监狱，在监禁条件下为服刑人员尽可能地创造社会环境，从而可以有效地消除服刑人员由于狱内封闭环境形成的"监狱化"人格，完成重新"社会化"的任务。改变传统劳动改造生产模式，做好服刑人员就业技能培训，提高服刑人员回归社会适应能力。现阶段，我国经济发展进入新常态，经济增长速度由高速转向中高速，契合了劳动力数量由无限供给向有限供给的转变。过去 30 多年，劳动力供给在减少，现实中企业对专业技能人才的需求量在提高，这就要求监狱必须紧跟经济形势在狱内对服刑人员进行更有利于他们安置的职业技术教育，提高服刑人员回归社会后的生存能力。监狱应突破现有的劳动生产种类和生产模式，改变服装加工裁剪、简单焊接技术等几种技术含量较低的职业技能培养，着眼于经济形势和社会需求，转向专业技工、高素质的服务业人才等社会紧缺型劳动力的培养。这样不仅能够缓解刑释人员就业安置的现实压力，而且能在一定程度上增加他们的收入，提高安置质量。另外，要最大限度地利用国家优惠政策，引进社会力量，实行联合办学，拓展就业技能培训新渠道。同时，越来越多的刑释人员更倾向于自主创业，因此监狱在职业技能培养过程中应该增加相关的内容，有关部门应该对自主创业的刑释个体户给予一定的启动资金支持和税收减免照顾政策来帮助他们渡过难关。

五、结　语

矫正刑罚理论旨在通过矫正犯罪人自身的缺陷，培养其"不犯罪地过正常生活"的能力，从而预防再犯；而恢复目标虽然也纠正犯罪人的缺陷，培养犯罪人的能力，但是并不认为这就足以预防犯罪。想要预防再犯，更重要的是要修复因犯罪而破坏了的社会关系，促进犯罪人和被害人以及其他利害相关者的和解。改造刑罚理论也把重点放在犯罪人身上，试图通过改造犯罪人来预防再犯，但是与"恢复"相比，"改造"一词本身带有群体本位的价值预设和压制倾向，没有体现对个人的尊重以及对社会关系的恢复。恢复目标的设定并没有排除重刑，只是要求所有的刑罚适用必须是为了犯罪人的重新融入社会。认为开放是恢复的必要条件，但是开放并不必然意味恢复，必须根据犯罪人重新融入社会的程度来把握对犯罪人开放的程度。

虽然从西方刑罚现代化历程的外部特征来看，自从进入监禁刑主导的时代之后，其就一直在"用监狱"和"不用监狱"之间徘徊、碰壁或循环，似乎并没有明确的方向感，而仅仅是在"试错"。但是，如果看得更深切一些，会发现推动刑罚变迁的动力并不是在循环或者徘徊；如果看得更长远一些，会发现刑罚的进一步变迁不是回归传统，而是在反思其本身的基础上继续前进。之前的监禁刑和开放性刑罚仅仅重视罪犯的个体性；而现在，在经济、政治、文化、社会等多重动力共同指向民主法治的背景下，则更应重视为个体的犯罪人寻找群体归属，更应重视群体价值和社会关系对于个体的重要性，以及个体重新融入社会的重要性。因而西方刑罚现代化的未来走向是恢复性刑罚。中国刑罚现代化的历史进程与西方有所不同。虽然在中国刑罚现代化的开端，也曾采用封闭性监狱，坚信感化之效果，但是，这一时期的刑罚改良不是自觉的，而是被迫的、自上而下的，在借鉴西方封闭性监禁措施的同时还借鉴了西方的累进处遇制、缓刑、假释等开放性措施。自中国共产党执政以来，苏联的群体本位刑罚规制技术与中国传统更为契合，在中国得到很好的落实。但是群体本位规制技术并非没有隐患，其存在着忽视个人的主体地位和人格尊严的危险。到"文革"时期，刑罚的群体性走向极端，导致了刑罚的弥散化。1978 年之后，情况有所改观，随着思想解放和改革开放，中国开始重新审视西方制度，学者对于中西刑罚制度的比较研究、对于西方良好理念和制度的借鉴和移植越来越普遍。虽然在借鉴和移植的开始阶段，我们仅是从"器物"的层面上看到其有效性，但是随着中国经济、政治、文化、社会的发展，以及随之而来的对民主法治的重视和民主法治国的构建，这种借鉴和移植的更重大意义就在于：不是全盘抛弃中国群体本位规制技术，而是要在这种群体性中培植对个人人格和尊严的尊重；不是用群体来压制个体，使其不能或者不敢犯罪，而是在尊重个体的前提下促使其重新融入社会，恢复被犯罪破坏了的群体价值和社会关系。因此，中国刑罚现代化的未来走向是社会化、恢复性和矫正性刑罚相互融合，这也是变革监禁刑的方向。

参考文献

一、中文著作类

[1] 鲁加伦. 中国罪犯人权研究［M］. 北京：法律出版社，1998.

[2] 张秀夫. 中国监狱法实施问题研究［M］. 北京：法律出版社，2000.

[3] 薛梅卿. 中国监狱史［M］. 北京：群众出版社，1986.

[4] 邱兴隆，许章润. 刑罚学［M］. 北京：群众出版社，1988.

[5] 李贵方. 自由刑比较研究［M］. 长春：吉林人民出版社，1992.

[6] 许章润. 监狱学［M］. 北京：中国人民公安大学出版社，1991.

[7] 张甘妹. 刑事政策［M］. 台北：台湾三民书局，1979.

[8] 林纪东. 刑事政策［M］. 台北：台湾中正书局，1969.

[9] 王云海. 监狱行刑的法理［M］. 北京：中国人民大学出版社，2010.

[10] 吴宗宪，等. 非监禁刑研究［M］. 北京：中国人民公安大学出版社，2003.

[11] 郭建安. 联合国监狱管理规范概述［M］. 北京：法律出版社，2001.

[12] 袁登明. 行刑社会化研究［M］. 北京：中国人民公安大学出版社，2005.

[13] 吴宗宪. 中国刑罚改革论［M］. 北京：北京师范大学出版社，2011.

[14] 曲伶俐，杨晓静．现代监狱行刑研究［M］．济南：山东大学出版社，2007.

[15] 房清侠．刑罚变革探索［M］．北京：法律出版社，2013.

[16] 杨春洗．中国刑法论［M］．北京：北京大学出版社，1994.

[17] 邵名正．中国劳改法理论研究综述［M］．北京：中国政法大学出版社，1992.

[18] 樊凤林．刑罚通论［M］．北京：中国政法大学出版社，1994.

[19] 金鉴．监狱学总论［M］．北京：法律出版社，1997.

[20] 廖斌．监禁刑现代化研究［M］．北京：法律出版社，2008.

二、期刊论文类

[1] 赵运恒．罪犯权利论［J］．中国刑事法杂志，2001（4）.

[2] 瞿中东．中国社会的变迁与监狱行刑社会化政策的选择［J］．中国监狱学刊，2001（6）.

[3] 郭建安．新世纪呼唤监狱体制改革新思路［J］．犯罪与改造研究，2001（3）.

[4] 张绍彦．中国监狱改革论略［J］．北京政法管理干部学院学报，2001（2）.

[5] 冯卫国，于淑彦．开放监狱科学——谈监狱学研究之进路［J］．河北法学，2005（5）.

[6] 高文．我国监狱学理论研究发展的三个阶段［J］．犯罪与改造研究，2010（6）.

[7] 张国敏．自由刑形态研究［J］．中国监狱学刊，2014（6）.

[8] 张绍彦．行刑程序与监狱监督论纲——侧重比较研究和可行性的分析［J］．政法论丛，2012（10）.

[9] 张丽．论完善对监狱行刑的监督［J］．政法学刊，2010（3）.

[10] 金川，唐长国．行刑变更程序之价值分析［J］．河南警官职业学

院学报，2005（6）.

［11］郭英．关于设立罪犯出监监狱的思考［J］．中国监狱学，2004（4）.

［12］何显兵．传统监禁刑的弊端及出路［J］．吉林大学学报（社会科学版），2013（1）.

［13］李同．受刑人权利保障与监狱行刑制度的变革［J］．东岳论丛，2007（1）.

［14］陈晓明．监狱化：问题与对策［J］．犯罪与改造研究，2003（5）.

［15］孙雯．论创建现代化文明监狱与罪犯人权保障［J］．安徽大学学报，2001（5）.

［16］贾洛川．试论现代化文明监狱建设的系统工程［J］．政法论丛，1997（1）.

［17］陈威仪，任文利．影响罪犯刑满释放回归社会的因素探讨［J］．法制与社会，2014（10）.

［18］焦伟．浅析我国历部宪法中的人身自由权条款［J］．法制与社会，2013（2）.

［19］张文，刘艳红．犯罪人理论的反思与重构［J］．中外法学，2000（4）.

［20］杨殿升，余诤．论我国监狱行刑的目的和功能［J］．中外法学，1999（2）.

［21］张绍彦．价值理性与工具理性——21世纪中国监狱的观念定位［J］．中国刑事法杂志，1998（5）.

［22］郭明．新世纪中国监狱定位问题初探［J］．犯罪与改造研究，1999（5）.

［23］史殿国，陆立新．监狱行刑效益论［J］．中国监狱学刊，2000（3）.

三、外文译注类

［1］［美］E. 博登海默. 法理学——法律哲学与法律方法［M］. 邓正来译，北京：中国政法大学出版社，1999.

［2］［美］约翰·列维斯约翰·齐林. 犯罪学及刑罚学［M］. 查良鉴，译. 北京：中国政法大学出版社，2003.

［3］［美］杰西卡·米特福德. 美国监狱内幕［M］. 钟大能，李宝芝，译. 北京：法律出版社，1985.

［4］［法］米歇尔·福柯. 规训与惩罚：监狱的诞生［M］. 刘北成，杨远婴，译. 北京：三联书店，2003.

［5］［法］米歇尔·福柯. 性经验史［M］. 佘碧平，译. 上海：上海人民出版社，2005.

［6］［意］龙勃罗梭. 犯罪人论［M］. 黄风，译. 北京：中国法制出版社，2000.

［7］［英］边沁. 立法理论——刑法典原理［M］. 孙力，等，译. 北京：中国人民公安大学出版社，1993.

［8］［意］恩里科·菲利. 实证派犯罪学［M］. 郭建安，译. 北京：中国人公安大学出版社，2004.

［9］［意］恩里科·菲利. 犯罪社会学［M］. 郭建安，译. 北京：中国人民公安大学出版社，2004.

附　录

监禁刑执行问卷调查表

（监狱警察适用，2016 年 12 月）

　　监禁刑自产生以来一直存在着行刑封闭化和回归社会化之间的矛盾。理论上曾有人预言，到了 21 世纪监禁刑必将被非监禁刑替代，也有更多的人主张在现代社会应该更多地适用非监禁刑。无论理论上争议如何，事实证明至今监禁刑在世界范围均作为主要的刑种，在人们找到更好的刑种之前监禁刑还将长期存在。本问卷拟通过以下的问题，了解并掌握我国目前监禁刑执行的现状，并以此为基础探讨改良我国监禁刑的路径和方法。

　　本问卷共 46 道题，除特别提示外，每题限选一项，各选项无正确和错误之分。请您根据认识和了解在认为应选项前画√。

　　请您放心，本问卷仅为科学研究所用，您对本问卷的任何回答，我们将保守秘密。

　　1. 您是否认为罪犯坐牢是自己所犯罪行应该得到的结果？

　　　　A. 是　　　　　　　　　　　　B. 不是

　　2. 据您的观察，入监初期，大多数罪犯通常表现出来的状态是？

　　　　A. 无法适应环境　　　　　　　　B. 思念家人而痛苦

　　　　C. 无助　　　　　　　　　　　　D. 抵制和敌对监狱机关的改造

　　3. 一般情况下，大多数服刑人员在入监多长时间后体现出较能适应监禁生活？

　　　　A. 3 个月　　　　　　　　　　　B. 6 个月

C. 一年 D. 一年以上

4. 您是否同意对于人而言"最大的痛苦是失去自由"？

    A. 是 B 不是

5. 您个人以为服刑人员当中认为"最大的痛苦就是失去自由"的人所占的比例是多少？

    A. 20%左右 B. 40%左右

    C. 60%左右 D. 80%以上

6. 判刑入狱使罪犯家庭破裂的情形常见吗？

    A. 常见，较为普遍 B 有，但不常见

7. 您认为判刑入狱给服刑人员带来的最大的不利后果是？

    A. 失去自由 B. 与亲人分离

    C. 在熟人面前失去尊严 D. 社会评价降低

8. 当罪犯有再次犯罪的冲动时，监狱的经历对阻止犯罪是否起到决定性的作用？

    A. 是，并且是最主要的因素 B. 不是，不起作用

    C. 起一定的作用，但最主要的作用是亲情

9. 您认为服刑人员出狱后，再次犯罪的原因是什么？

    A. 不适应社会 B. 不能认罪服法

    C. 监狱里学到犯罪技能 D. 本性难移

    E. 服刑人员的主观恶性

10. 一线监狱警察用于直接管理罪犯的时间？

    A. 全部上班时间 B. 大部分上班时间

    C. 少部分上班时间

11. 用于管理服刑人员最有效的制度是？

    A. 累计分制度 B. 生活管理制度

    C. 劳动改造制度

12. 罪犯三人互监小组在管理罪犯过程中起到的作用是？

    A. 非常大   B. 一般

    C. 不起作用

13. 最有助于培养服刑人员形成"社会是有秩序"的观念的措施是?

    A. 劳动纪律   B. 良好生活习惯的养成

    C. 奖惩制度   D. 入监教育

14. 您认为服刑人员出狱后,在没有监督的情况下,是否还会严格要求自己?

    A. 大多数会   B. 少部分会

    C. 不会   D. 有一半的服刑人员会

15. 有人认为,服刑人员要有好的改造成绩就要和监狱警察搞好关系,您认可吗?

    A. 认可   B. 不认可

    C. 部分认可

16. 您认为监狱警察在服刑人员考核中有一定的自由裁量权吗?

    A. 有很大的裁量权   B. 有较小的裁量权

    C. 没有裁量权

17. 您认为服刑人员在服刑过程中最应该进行的教育是?

    A. 参加劳动技能教育   B. 学习文化知识

    C. 接受法治思想教育   D. 心理健康教育

18. 有些服刑人员在队长面前忠厚老实,而在罪犯群中盛气凌人,您是怎么看待这类服刑人员?

    A. 可为警察所用,改造表现好   B. 人品较差

    C. 在监狱环境下不得已而为之

19. 服刑人员在监狱里有传播犯罪技能的现象吗?

    A. 较少   B. 较多

    C. 没有

20. 服刑人员对监管制度的认可度?

  A. 少部分从内心认可，大部分被迫认可

  B. 大部分从内心认可

  C. 几乎没有认可

21. 服刑人员在监狱主要是接受改造还是接受惩罚？

  A. 主要是接受惩罚　　　　　B. 主要是接受改造

22. 监禁刑对服刑人员的惩罚主要表现在哪一方面？

  A. 剥夺自由　　　　　　　　B. 强制劳动

  C. 被迫接受较差的生活条件　D. 受到社会的歧视

23. 在监狱，主要承担惩罚功能的部门是？

  A. 狱政部门　　　　　　　　B. 教育部门

  C. 生产部门

24. 监狱内羁押着众多的罪犯，但监狱的管理秩序总体来看是井然有序的，最能影响监狱秩序的因素有哪些？

  A. 监狱管理制度　　　　　　B. 监狱奖惩制度

  C. 干警的努力　　　　　　　D. 监狱领导的英明

25. 服刑人员遵守纪律的好坏与其道德品质的良善之间的关系？

  A. 两者之间没有关系

  B. 道德品质较好的服刑人员能较好遵守纪律

26. 在对服刑人员违纪行为的处理时会考虑到是否会影响部门利益吗？

  A. 会　　　　　　　　　　　B. 不会

27. 监狱制度在运行过程中受到下列哪一情形抵制（明的和暗的）而效果较差？

  A. 监狱亚文化　　　　　　　B. 机关单位的"懒政"作风

  C. 执行者的综合素质不高

28. 对监禁刑前景的预测？

  A. 监禁刑可能会向肉刑一样被废止

  B. 监禁刑在找到替代刑种前将长时期存在

C. 不可能被替代或者废止

29. 您是否认为所有的服刑人员都应当参加劳动改造？

　　A. 是　　　　　　　　　　　B. 不是

30. 您觉得监狱里的劳动，对培养服刑人员自食其力的劳动习惯是否有作用？

　　A. 有一些作用　　　　　　　B. 有很大的作用

　　C. 很没有作用

31. 从实际效果看服刑人员在监狱里的劳动最为明显的效果是？

　　A. 有利于对服刑人员的管理　　B. 有利于服刑人员改掉懒惰的习性

　　C. 有利于服刑人员自食其力　　D. 有利于服刑人员再社会化

32. 您认为服刑人员在监狱劳动的时间应如何安排更为合理？

　　A. 每天不超过 8 小时　　　　B. 每天不超过 10 小时

　　C. 尽可能地安排时间让服刑人员参加劳动，以避免空闲时间过多而造成难以管理服刑人员的情况

33. 您是否认为服刑人员参加劳动应该有劳动报酬？

　　A. 是　　　　　　　　　　　B. 不是

34. 理想的服刑人员劳动报酬的发放标准应该是？

　　A. 接近社会上的劳动报酬发放标准

　　B. 象征性地发放劳动报酬，不必考虑同工同酬

　　C. 不应该发放劳动报酬

35. 您如何看待"511"教育改造模式中的这一天教育日的时间？

　　A. 很合理，但没有相应的师资力量

　　B. 有改进的余地，可将教育活动穿插在每天的劳动之间

　　C. 不合理，建议废除

36. 如果让您来设计，您觉得监狱教育课程应当如何安排？

　　A. 思想教育、文化教育、心理健康教育、劳动技能教育同时并重

　　B. 文化教育是重头，思想教育量可逐渐减少，同时加大心理健康教

育，劳动技能教育应强调针对性

C. 应进一步加强思想教育

37. 您是否认为监狱根据服刑人员的个人的情况（刑期、文化程度等）设计个性化的教育方案更具实效性？

    A. 是   B. 不是

    C. 虽有一定的合理性，但实践中无法操作

38. 目前监狱教学课程的设计是否考虑罪犯的刑期？

    A. 是   B. 不是

39. 在文化教学过程中是否有布置作业的情况，作业是否有教师批阅？

    A. 有   B. 没有

    C. 有布置作业，但没有教师批阅

40. 电视或媒体教学开展的情况及效果如何？

    A. 经常开展   B. 很少开展

41. 您认为罪犯改好的指标是什么？

    A. 刑释后没有再次犯罪   B. 从内心深处悔罪

    C. 刑释后能较好适应社会、融入社会

42. 在对罪犯教育的过程中，哪一内容效果最好？

    A. 思想教育   B. 劳动技能教育

    C. 文化教育   D. 心理健康教育

43. 监狱中有心理咨询师资格的警察大多数是否专职从事本专业？

    A. 是   B. 不是，只有极少部分从事本专业

44. 心理咨询师接受培训情况？

    A. 每年一次左右   B. 一年两次以上

    C. 很少

45. 目前罪犯心理矫正存在的最主要的障碍是？

    A. 矫正主体地位不平等   B. 服刑人员矫正的被动性

    C. 矫正技术有待提高   D. 矫正设备缺乏或落后

46. 从近几年开展的一对一心理矫治的情况看,有多少比例的服刑人员至少接受过一次矫治?

    A. 80%   B. 60%   C. 40%   D. 20%   E. 10%

问卷结束,非常感谢您以认真负责的态度对以上问题所作的回答。对您的支持和配合表示衷心的感谢。

监禁刑执行问卷调查表

(服刑人员适用,2016 年 12 月)

监禁刑自产生以来一直存在着行刑封闭化和回归社会化之间的矛盾。理论上曾有人预言,到了 21 世纪监禁刑必将被非监禁刑替代,也有更多的人主张在现代社会应该更多地适用非监禁刑。无论理论上争议如何,事实证明至今监禁刑在世界范围均作为主要的刑种,在人们找到更好的刑种之前监禁刑还将长期适用。本问卷拟通过以下的问题,了解并掌握我国目前监禁刑执行的现状,并以此为基础探讨改良我国监禁刑的路径和方法。

本问卷共 36 道题,除特别提示外,每题限选一项,各选项无正确和错误之分。请你根据认识和了解在认为应选项前画√。

请放心,本问卷仅为科学研究所用,你对本问卷的任何回答,我们将保守秘密。

1. 你是否认为自己今天坐牢是自己所犯罪行应该得到的结果?

    A. 是   B. 不是

2. 入监初期,你是否感到无法适应监狱生活?

    A. 是   B. 不是

3. 入监后,你多长时间适应了监狱生活?

    A. 3 个月以内   B. 6 个月以内

    C. 1 年以内   D. 不论时间长短都难以适应

4. 你认为在监狱服刑最为痛苦的是？

  A. 不能与家人共同生活   B. 失去自由

  C. 接受劳动改造   D. 生活条件差

5. 你是否同意"最大的痛苦是失去自由"？

  A. 同意   B. 不同意

6. 刑满释放后，你认为亲戚、朋友会像以前一样与你保持联系吗？

  A. 大多数会   B. 少部分会

  C. 不会

7. 判刑入狱使你的妻子（或女友）离开了你吗？

  A. 是   B. 不是

8. 当你有再次犯罪的冲动时，监狱的经历对阻止犯罪是否有作用？

  A. 有   B. 没有

9. 最能影响服刑人员放弃再次犯罪的因素是什么？

  A. 在监狱被剥夺自由的经历 B. 亲情

  C. 在监狱接受思想、文化、心理教育的结果

10. 你对监狱考核服刑人员的计分考核制度的看法是什么？

  A. 公平合理   B. 有待完善

  C. 显失公平

11. 你对三人互助小组的看法是什么？

  A. 有利于相互监督   B. 有利于共同改造

  C. 相互牵制，很不方便

12. 出狱后，在没有监督的情况下，你是否还会严格要求自己？

  A. 会   B. 不会

13. 出狱之后，监狱的经历对自己行为的自我约束将会产生多久的影响？

  A. 一年   B. 两年

  C. 永久   D. 没有影响

14. 在监狱中你最愿意与哪些服刑人员交往？

A. 同乡　　　　　　　　　　　B. 同民族的

C. 有相同犯罪经历的　　　　　D. 有共同兴趣爱好，谈得来的

15. 你认为好的改造成绩与下列哪个事项关系最为密切？

A. 与监管警察搞好关系　　　　B. 积极从事生产劳动

C. 积极参加监狱教育　　　　　D. 遵守监规

16. 你认为在减刑假释等方面存在不公平的情况吗？

A. 存在　　　　　　　　　　　B. 不存在

17. 你身边的服刑人员有传播犯罪技能的现象吗？

A. 有　　　　　　　　　　　　B. 没有

18. 你在监狱中服从监管的最主要原因是？

A. 从内心接受监狱监管改造制度

B. 只有服从，才能取得较好的改造成绩

19. 在监狱里服刑人员主要是接受改造还是接受惩罚？

A. 接受惩罚　　　　　　　　　B. 接受改造教育

20. 监狱针对服刑人员的奖惩制度是否合理？

A. 合理　　　　　　　　　　　B. 不合理

C. 总体合理，但局部需要改进

21. 对服刑人员奖惩制度的完善需要先从哪一方面入手？

A. 评分机构，改变狱政部门统一评分的情况，不同的考核内容由不同的主管部门打分更为合理

B. 劳动分值过高

C. 学习和文明礼貌的分值形式化

D. 不用完善

22. 监狱的奖惩制度是否对服刑人员起到积极改造的作用？

A. 起到了　　　　　　　　　　B. 没起到

23. 监狱的管理秩序总体来看是井然有序的，最影响监狱秩序的因素是？

A. 监狱管理制度　　　　　　　B. 干警的努力

C. 监狱领导的英明   D. 服刑人员的自我约束

24. 道德品质较好的服刑人员一般都能很好遵守监狱制度和纪律。这一
说法正确吗？

     A. 正确   B. 不正确

25. 您是否愿意接受劳动改造？

     A. 愿意   B. 不愿意

26. 您觉得监狱里的劳动，对培养自己刑释后自食其力的能力是否有作用？

     A. 有   B. 没有

27. 服刑人员在监狱里的劳动，对自己最大的帮助是？

     A. 增强体能   B. 打发时间

     C. 获得较好的改造成绩   D. 学会劳动技能

28. 目前你所从事的劳动内容是？

     A. 加工类   B. 制造类

     C. 农业生产类   D. 修理类

29. 你最想学习的劳动技能是？

     A. 餐饮类   B. 工业制造类

     C. 来料加工类（如制衣）   D. 服务业技能类

30. 你对劳动改造的态度是？

     A. 积极   B. 消极

     C. 一般

31. 在目前开展的各类教育中，效果最好的是？

     A. 文化扫盲教育   B. 心理健康教育

     C. 劳动技能教育   D. 思想法治教育

32. 在教学过程中是否有布置作业的情况？

     A. 有   B. 没有

33. 你个人接受监狱的文化教育、思想教育时最希望哪一种授课方式？

     A. 大班授课   B. 小班授课

    C. 一对一授课

34. 你主动申请过心理矫治吗?

    A. 申请过   B. 没有申请过

35. 如你接受过心理矫治,请评价效果:

    A. 有效   B. 无效

    C. 效果不明显

36. 你未接受过监狱心理矫治的原因是?

    A. 不相信心理矫治会有效   B. 劳动任务重

    C. 申请过心理矫治,未被批准   D. 心理很健康,不需要

问卷结束,非常感谢你以认真负责的态度对以上问题所作的回答。对你的支持和配合表示衷心的感谢。

后　记

《监禁刑之流变》一书的写作已结束。笔者产生写这本书的想法源于对云南省丽江监狱监狱长杨永平的一次访谈。在访谈有限的时间里，杨监狱长从对我国监狱现状的介绍出发，卓有见地地谈到了监禁刑的过去和未来。这是一位具有现代理念、高瞻远瞩的监狱领导，他的远见卓识深深打动了我，也启迪了我。我决心以历史沿革为出发点，以我国监禁刑行刑的实际情况为基础，从刑法学和监狱学的视角来研究监禁刑的过去、现在和未来。

在对我国监禁刑现状的研究过程中，调研是一项必不可少的工作。云南省丽江监狱在我调研期间给予了很大的帮助，有的监狱警察在繁忙的工作之余为我发放和收集问卷调查表，有的监狱警察积极参与访谈，使调研工作得以顺利开展。在此向云南省丽江监狱的领导和警察们表示衷心的感谢！在调研中，我还深切感受到监狱警察对于监狱和监禁刑改良以及监狱事业对构建和谐社会发挥更大价值的迫切希望，对于公正执法和法治建设的坚定信念。我国基层监狱有这样的领导，还有这样的警察，何愁监狱事业不发展！

在调研期间，已从昆明理工大学法学院毕业，在丽江古城区法院工作的何磊听说有昆明理工大学法学院的老师在丽江调研，主动联系到我，并极为谦虚地表示希望能有机会再向老师学习。整个调研期间访谈的记录工作和数据的统计工作都由其承担。在此也对他表示诚挚的谢意！初稿完成后，与我长期合作从事课题研究的肖雯老师为本书做了认真负责的校稿工作。每一个校正的痕迹犹如一丝丝暖流温暖和鼓励着我。在这样一个和谐的工作环境——昆明理工大学法学院工作，又碰到这么多乐于助人的同事、学生、合作单位，除了感激，我倍感幸运！

　　监禁刑流变是一个庞大而复杂的问题，需要研究的内容需进一步细化，其研究深度需进一步加大，我将在以后的科研历程中不断探索。"路漫漫其修远兮，吾将上下而求索"。由于时间和能力所限，本书的观点尚需不断完善，在此真诚期待读者能心怀包容并不吝赐教。

杨锦芳

2017 年 3 月 5 日